KB073821

집현전 학사들이 만든 훈민정음

집현전 학사들이 만든 훈민정음

이철희 지음

좋은땅

머리말

태조 이성계가 조선을 세운 1392년부터 2023년 오늘까지 630년 간의 역사 중 잘못 알려진 일부분을 바르게 잡아 주려고 이 책을 쓰게 되었다.

필자는 역사학자도 아니고 시사평론가도 아니고 단지 경제학을 조금 배운 만년 학도에 지나지 않지만, 우리 역사가 군데군데 잘못 알려진 부분이 있다고 생각하여 필자의 소견을 알리고자 한다.

내가 이 책을 쓰면서 역점을 둔 부분은 세 군데이다.

첫 번째, '제1장 조선의 시작과 끝' 부분에 역점을 두는 까닭은, 역사가들은 조선이 망하게 된 이유를 사색당파 싸움과 외세 침략에 대하여 너무 무방비했다고 강조하고 있기 때문이다.

당파 싸움은 지금도 있고 앞으로도 계속 있을 것이다. 일본의 예를 보더라도 지금도 계파 정치, 패거리 정치를 하고 있고 아베파, 아소파, 기시다파니 하는 것이 모두 정파 간 다툼이다. 이걸 두고 일본 시민들은 크게 비난하지 않는다. 미국도 공화당 · 민주당은 번갈아 정권을 잡으면서 싸우고 있으나 그로 인하여 미국이 망하게 되었다는 소리는 없다.

나는 조선이 망하게 된 까닭은 왕위세습제와 장자 우선 원칙 그리고 왕들의 문란한 성생활에 있다고 생각한다. 조선의 왕들은 후계자를 얻겠다는 명목으로 여색을 지나치게 탐하고 즐겼던 것이다.

조선 27왕 중 단 한 명을 제외하고 모든 왕이 본처(왕비)를 뒤에 두고 후궁(이들은 왕의 임명장을 받고 등급에 따라 녹봉도 받았다)을 6~7명, 많게는 10여 명씩 궁궐 안에 두고, 그것도 모자라 궁중에서 잡일을 하는 궁녀도 제 마음대로 침실로 불러들였다. 이러니 왕들이 국정을 제대로 보살필 겨를이 없었을 것이고 그들 사이에 다툼도 끊이지 않아 결국 조선은 망할 수밖에 없었다.

두 번째, '한글은 누가 만들었나'라는 논쟁을 두고, 일부 인사는 '한글은 세종대왕이 혼자서 비밀리에 만들었다'고 주장하고 있으며, 다른 사람들은 세종대왕의 지도 · 감독 · 후원하에 집현전 학사들이 한글을 만들었다고 주장하고 있다.

이 책에서는 한글은 오롯이 집현전 학사들이 만들었다는 12가지 확실한 증거를 제시하였다.

세 번째, 최근 몇 년에 걸쳐 여러 교수 · 정치인 · 언론인마저 걸핏

하면 "이게 나라입니까."라며 나라를 비하하는 말을 서슴지 않고 내뱉고 있다. 이 말의 이면에는 "이게 나라가 아니다."라는 뜻이 깔려 있다고 생각한다.

자랑스러운 대한민국이 나라가 아니라면 전 세계 어느 나라가 나라다운 나라인가? 미국인가? 일본인가? 아니면 러시아인가?

우리나라는 정말 자랑스러운 대한민국이다.

저자 이철희 씀

목차

제2장 한글은 집현전 학사들이 만들었다

제3장 일본이 조선을 통째로 삼키다

제4장 8.15 해방과 더불어

제5장 6.25 전쟁(동족상잔의 비극)

제6장 6.25 전쟁 이후 비참한 삶

제7장 자랑스런 대한민국

제8장 탈출구가 없다. 빼박이다

제1장

조선의 시작과 끝

제1장 줄거리

이 장에서는 조선의 정치 · 사회 · 관습에 걸쳐 그릇된 점을 밝히려 한다.
첫째, 조선 시대에는 오직 이씨 왕조를 지탱하기 위해 사람 목숨을 파리 목숨만도 여기지 않고 죽이고, 귀양 보내고, 사약을 먹이는 참혹한 작태를 끊임없이 자행하였다. 이런 일은 왕위세습제와 장자 우선 원칙이라는 그릇된 제도로 인해 빚어지게 되었다.
둘째, 왕들이 왕권을 이어 간다는 핑계로 여자들을 노리갯감으로 여겼던 것이다. 궁궐 안에 수십 명, 많게는 수백 명의 후궁과 궁녀를 가두어 놓고 즐기고 그리고 버리는 파렴치한 행태를 벌여 왔다.
이 병폐 역시 왕위세습제에서 비롯된 그릇된 작태이었다.

조선 왕조 연대표

순위	초대	2대	3대	4대	5대	6대	7대
묘호	태조	정종	태종	세종	문종	단종	세조
즉위연도	1392	1398	1400	1418	1450	1452	1455
재위기간	6년	2년	18년	32년	2년	3년	13년
순위	**8대**	**9대**	**10대**	**11대**	**12대**	**13대**	**14대**
묘호	예종	성종	연산군	중종	인종	명종	선조
즉위연도	1468	1469	1494	1506	1544	1545	1567
재위기간	1년	25년	12년	38년	1년	22년	41년
순위	**15대**	**16대**	**17대**	**18대**	**19대**	**20대**	**21대**
묘호	광해군	인조	효종	현종	숙종	경종	영조
즉위연도	1608	1623	1649	1659	1674	1720	1724
재위기간	15년	26년	10년	15년	46년	4년	52년
순위	**22대**	**23대**	**24대**	**25대**	**26대**	**27대**	
묘호	정조	순조	헌종	철종	고종	순종	
즉위연도	1776	1800	1834	1849	1863	1907	
재위기간	24년	34년	15년	14년	44년	3년	

※ 종과 조의 차이: 나라를 다시 일으킨 공적이 있는 왕은 '조'이고, 아니면 '종'이다.

※ 묘호란: 왕이 죽은 후 그 임금의 신주를 모시는 사당에 대신들이 붙인 이름이다.

1 이성계의 위화도 회군

고려 말기를 역사학자들은 원나라의 간섭기라고 표현한다. 고려 임금은 취임 전에 원나라의 승인을 받아야 하고, 고려 임금은 원나라 공주를 왕비로 삼아야 하고, 고려의 예쁜 아가씨를 수없이 원나라에 보내야 하고, 수시로 금은보화를 조공(朝貢)이라고 해서 원나라에 바쳤다.

조공을 조금 적게 보내거나 늦게 보내면 원의 질책을 받았다. 원나라의 감독관이 개경(당시 수도 개성)에 상주하여 수시로 고려 왕실의 일을 간섭하였다.

원나라가 망하고 명나라가 들어섰을 때도 그런 추잡스럽고 부끄러운 관행은 계속되었다.

이에 견디다 못해 고려 우왕은 명나라에 대한 과거 폐습을 버리는 것과 동시에 한 걸음 더 나아가 명나라를 칠 계획을 세웠다. 우선 지난날 원나라가 차지하고 있던 요동 지방을 빼앗을 목적으로 1388년 4월 3일 이성계 장군을 북벌 총사령관으로 임명하고 압록강 가운데 놓여 있는 위화도를 거쳐 요동 지방을 점령하라고 명령하였다.

이성계 장군은 왕명에 따라 대군을 이끌고 위화도로 향하였으나,

처음부터 이 싸움에서 승리할 자신이 없다고 판단하여 위화도에 도착 후 바로 조정에 회군을 간청하였다.

북벌이 불가능하다는 이유를 네 가지 들었다.

① 작은 나라(고려)가 큰 나라(명나라)를 칠 수 없다.
② 여름철이라 군사들이 더위에 쉽게 지칠 수 있다.
③ 이 기회에 왜구들이 침범할 우려가 있다.
④ 장마철이라 활을 쏠 수 없고, 병사들이 질병에 걸릴 우려가 있다.

하지만, 고려 조정은 이성계 장군의 간청을 단호히 거절하였다.

이성계는 싸움터로 계속 진군하면서도 많이 주저하였다. 적군은 수적으로도 우세하였고, 아군은 장거리 원정을 나왔기에 피로가 가중되었고, 보급품도 많이 부족한 상태이었다.

싸움에 지게 되면 현장에서 죽음을 맞이할 가능성이 많았고, 요행히 살아서 돌아가더라도 패전 장군에게는 패전의 책임을 추궁할 것이고, 그렇게 되면 사형 아니면 귀양을 가게 될 것이라고 생각하였다.

이성계 장군은 자기의 회군 요청이 받아들여지지 않자 드디어 1388년 5월 22일 군사들의 말머리를 돌려 개성으로 달리기 시작하였다.

이성계 장군은 개성에 도착하여 우왕을 향하여 협박하는 등 군사적 행동은 하지 아니하고, 자기의 편에 있는 사람들을 향하여 위화도 회군이 불가피했다는 점을 역설하면서 민심을 얻으려고 하였다.

한편, 당시 조정에 대하여 많은 불만을 가지고 있던 사대부(士大夫)를 우군으로 규합하였다.

왕명을 어기고 국권을 찬탈하려는 역성혁명(易姓革命)을 일으키려는 조짐이 곳곳에서 감지되어 우왕의 편에서 이를 저지하려고 하였으나 중과부적(衆寡不敵)이었다. 해는 이미 서산에 기울었다.

이성계는 개성에 들어오면서부터 고려를 전복하려는 음모를 착착 진행하면서 우군을 모으기 시작하였다. 백성을 향해서는 위화도 회군이 불가피했다는 점을 알리는 동시에 자기의 편이 아니라고 여겨지는 세력에 대해서는 무참하게 위해를 가하였다.

먼저, 이성계 장군은 자기와 늘 라이벌 관계였던 팔도 도통사 최영 장군을 제거하였다. 최영 장군은 과거 왜군과의 싸움에 이성계 장군과 함께 나아가 여러 번 이기기도 하였을 뿐만 아니라 청렴결백한 장군으로 덕망이 높았다. 후일 그를 찬양하는 노래도 불렸다.

최영 장군의 노래

1.

황금을 보기를 돌같이 하라

이르신 어버이 뜻을 받들어

한평생 나라 위해 받치셨으니

겨레의 스승이여 최영 장군

2.

이 나라 이 겨레 바로 잡고자

남으로 왜적을 물리치시고

북으로 오랑캐를 무찌르셨으니

장하다 그 이름 최영 장군

다음 차례는 포은 정몽주로 향하였다.

이성계의 다섯째 아들 이방원은 고려 시대 과거시험에 합격할 정도의 수제였고, 과단성 있는 인물이었다. 이방원은 정몽주를 제거하려고 하였다. 이방원은 우선 정몽주의 속마음을 떠보려고 시조 「하여가」를 지어 정몽주에게 보냈다.

하여가(何如歌)

이런들 어떠하며 저런들 어떠하리
만수산 칡넝쿨이 얽혀진들 어떠하리
우리도 이같이 얽혀서 백년까지 누리리라

그러나 절개가 곧은 정몽주는 즉시 「단심가」로써 거부 의사를 분명히 밝혔다.

단심가(丹心歌)

이 몸이 죽고 죽어 일백 번 고쳐 죽어
백골이 진토되어 넋이라도 있고 없고
임 향한 일편단심이야 가실 줄이 있으랴

결국 이방원은 정몽주를 포섭할 수 없다고 단정하고 그를 죽이도록 부하에게 명하였다. 그 부하들은 정몽주가 궁궐 밖으로 나오기를 기다리고 있다가 선죽교에서 그를 무참히 죽여 버렸다.

그 외에도 이성계는 친원 세력과 당시 지배층이었던 문벌 세족들을 모조리 잡아들여 귀양 보내거나 죽여 버렸다.

2 왕자의 난

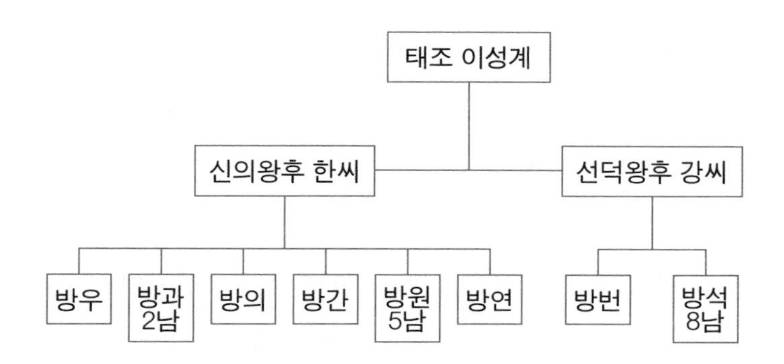

1) 제1차 왕자의 난

이성계는 나이 58세에 뒤늦게 왕위에 올랐으므로 후계자를 서둘러 지명하려고 하였다. 이성계에게는 전처 신의왕후 한씨로부터 얻은 아들이 6명 있었고 후처 신덕왕후 강씨로부터 얻은 아들이 2명 있었다.

고려 시대에도 법률적으로 결혼을 중복할 수 없었으나 이성계는 장군으로 출세하면서 개경 유력인사의 딸과 두 번째로 정식 결혼을 하였다. 전처를 향처(鄕妻)라고 하고 후처를 경처(京妻)라고 하여 첩이 아닌 두 명의 아내를 동시에 두었다.

전처 한씨는 이성계가 왕위에 오르기 전에 사망하여 후처 강씨가 왕후에 자연스럽게 오르게 되었다.

이성계는 세자를 책봉하면서 전처 소생 6명의 아들을 따돌리고 후처 소생의 2남을 세자로 책봉하였다. 이성계가 후처를 많이 사랑하고 있는 터에 후처의 간청을 이기지 못하고 후처의 소생 2남 방석을 세자로 책봉하였다.

그러나 전처 소생 6형제가 볼 때는 가당치도 않은 처사였다. 전처 소생들은 적자(嫡子)일 뿐 아니라 조선 개국의 공신이기 때문에 아버지 이성계에게 강력하게 세자 책봉을 철회하라고 간청하였으나 이 간청이 받아들여지지 않자, 제5자 방원은 이복동생 세자 방석과 그의 친형 방번을 살해하고 동시에 자기와 불편한 관계에 놓여 있던 개국공신 정도전도 함께 살해하였다.

이 사건을 제1차 왕자의 난이라고 한다.

2) 제2차 왕자의 난

제1차 왕자들의 난으로 제5자 방원은 우월한 위치를 차지하게 되었으나 왕자들 간의 싸움이라는 비난이 두려워 우선 둘째 형인 방과를 왕위에 올려놓았다. 그가 조선의 제2대 왕 정종이다.

그 후 2년이 지나도록 정종에게 적자가 없고 후궁으로부터 낳은 서자들밖에 없었으므로 다시 세자 책봉을 둘러싸고 분란이 일어나게 되었다.

이 틈을 타서 이번에는 제4자 방간이 주위 인사들의 선동에 의해 왕위를 탐하고 있었다. 부득이 방간과 방원은 충돌하게 되었는데 방원의 지지 세력이 수적으로 훨씬 우세하여 방원이 왕위에 오르게 되었다. 그가 조선의 제3대 왕 태종이다.

일설에 의하면 제1차 왕자의 난에서 방원의 역할이 컸으므로 그가 당연히 왕위를 차지할 수 있었으나 전략적으로 우선 방과를 왕위에 올려놓고 다음 왕위를 약속받았다고 전해지고 있다. 그래서 정종은 재위 2년 만에 스스로 왕위를 방원에게 물려주었다는 것이다. 여기에 정종의 비 정안왕후 경주 김씨의 간청도 한몫했다고 전해지고 있다.

③ 조선 왕조 가계표

역대	왕명	태생	역대	왕명	태생
1	태조	환조와 의혜왕후의 자	15	광해군	선조와 공빈 김씨의 자
2	정종	태조와 신의왕후의 자	16	인조	(원종)과 인헌왕후의 자
3	태종	태조와 신의왕후의 자	17	효종	인조와 인열왕후의 자
4	세종	태종과 원경왕후의 자	18	현종	효종과 인선왕후의 자
5	문종	세종과 소현왕후의 자	19	숙종	현종과 명성왕후의 자
6	단종	문종과 현덕왕후의 자	20	경종	숙종과 (희빈)장씨의 자
7	세조	세종의 자. 단종의 3촌	21	영조	숙종과 (숙빈)최씨의 자
8	예종	세조와 정희왕후의 자	22	정조	사도세자(장조)와 경의 왕후의 자
9	성종	(덕종)과 소현왕후의 자	23	순조	정조와 (수빈)박씨의 자
10	연산군	성종과 (폐비)윤씨의 자	24	헌종	(익종)과 신정왕후의 자
11	중종	성종과 정현왕후의 자	25	철종	전계(대원군)과 융성부 대인의 자
12	인종	중종과 장경왕후의 자	26	고종	흥선(대원군)과 여흥부 대 부인의 자
13	명종	중종과 (폐비)윤씨의 자	27	순종	고종과 명성왕후의 자
14	선조	덕흥(대원군)과 하동대부인의 자			

4 조선의 구조적 병폐

1) 왕위세습제와 그 폐단

왕위세습제는 그 옛날부터 동서양을 막론하고 끊임없이 행해져 왔다. 왕이 나라를 새로 세웠으니 나라의 주인이라고 할 수 있다. 따라서 왕의 자리를 세습하는 관습도 당연시되었다.

요즈음 우리나라에서 교회 목사들이 교회를 자기 개인 재산인 양 자식들에게 세습하고 있다. 그때마다 교회는 분란이 일어나고 세습을 인정하자는 측과 세습을 반대하는 측이 맞붙어 싸움질을 한다. 하지만, 현재까지의 상황을 보면 불편한 관계 속에서도 세습은 이루어지고 사건은 유야무야되고 말았다.

교회의 지분을 놓고도 이렇게 심하게 다투는데 하물며 왕의 자리를 놓고 싸움질하는 것은 너무나 당연시했다.

이씨 조선은 나라라기보다는 전주 이씨 집안 살림살이에 지나지 않았다. 그러니 왕위세습은 다툴 여지도 없는 것이었다. 그때 백성들이 너무 어리석었고 무지하여 권력 가진 자에게 무조건 복종하고 숨죽이고 살아왔다. 왕위세습제는 따질 필요도 없었고 따질 수도 없었다.

이씨 조선 500여 년 동안 크고 작은 사건들이 끊임없이 일어났지만 그 모든 사건의 중심에는 오직 이씨 왕조를 지키고자 하는 것에 지나지 않았다. 권력싸움이 있을 때마다 이씨 왕조의 피붙이뿐만 아니라, 그 주변에 얹혀사는 대신이나 관료들도 하나같이 이씨 왕조가 무너질까 봐 두려워했던 것이다.

한때 역성혁명(易姓革命)이 옳으냐 그르냐 하면서 당시의 위정자·선비들이 논쟁을 벌였으나 오직 이성계 장군의 위화도 회군을 옹호하기 위한 논쟁에 지나지 않았다.

왕위세습제를 실행하는 가운데 어려운 점은 세습을 받을 자가 없을 때이다. 왕이 갑자기 죽거나, 아들이 없거나, 아들이 있어도 너무 어리거나, 자질이 모자라면 세습이 쉽게 이루어지지 못하였다.

단종애사라든지, 사도세자 죽음, 그리고 고종의 비 명성 왕후와 그 시아버지 대원군과의 불화라든지 수많은 사건 사고가 터지고 수백 명, 수천 명의 인재가 목숨을 잃게 되었던 사실을 우리는 역사 기록을 통해 익히 알고 있다.

현재 왕위를 세습하는 나라는 북한을 제외하고 하나도 없다. 일본, 영국 등의 나라에서 현재까지도 왕위를 세습하고 있으나, 이 나라들의 왕은 명목상의 왕에 지나지 않고 아무런 실권을 가지고 있지 않다. 있으나 마나 한 존재이다.

예전에는 왕위세습제를 실행하고 있는 나라가 무수히 많이 있었으나 왕위세습제는 많은 폐단이 있다는 것을 체험하고 나서 현재 민주국가에서는 '왕(King)'이라는 이름 자체도 없어졌고, 있어도 아무 실권이 없는 허수아비 왕인 것이다.

왕위세습제가 가지고 있는 폐단을 짚어 보면,

① 왕위 세습을 둘러싸고 분쟁이 일어날 소지가 많다.
② 10대의 어린 왕이 탄생할 수 있고, 수렴청정 · 대리 섭정 등으로 폐해가 나타났다.
③ 왕이 어리석거나 성질이 포악해도, 신체상의 결함이 있거나 가족 간의 불화가 있는 경우에도 왕으로 옹립해야 했다.
④ 재위 기간이 한계가 없고, 사망할 때까지 왕위를 지키게 되니, 이에 따른 부작용도 엄청 크게 나타났다.

2) 일찍 죽은 왕

역대	왕명	나이	사망 원인
제5대	문종	39세	건강 악화
제6대	단종	17세	세조가 내린 사약 먹고
제8대	예종	20세	건강 악화
제9대	성종	38세	건강 악화
제10대	연산군	31세	왕위에서 쫓겨나 사망
제12대	인종	31세	계모 등쌀에 병사
제13대	명종	34세	건강 악화
제18대	현종	34세	노론, 소론 싸움에 지쳐서
제20대	경종	37세	안동 김씨, 풍양 조씨 싸움에 지쳐서
제24대	헌종	23세	건강 악화
제25대	철종	33세	조선의 국운과 함께 사망

※ 조선의 왕들은 여러 가지 사정에 의해 비교적 단명하였다. 왕위를 지키려는 스트레스와 과도한 음란으로 건강을 지키지 못하여 나이 40세도 되기 전에 죽은 왕이 11명이나 된다.

조선 시대 왕은 임기가 정해져 있지 않았으나, 그럼에도 불구하고 왕위에 오른 지 겨우 3년 만에 왕위를 내려놓지 않을 수 없는 여러 가지 사정이 있었다. 사약을 마시고 죽은 왕은 단종 한 분밖에 없으나 나머지는 건강 악화로 일찍이 세상을 하직하였다.

3) 어린 나이에 등극하여 수렴청정을 받다

연대	왕명	즉위 때 나이	수렴청정
6대	단종	12세	김종서 등 고명대신의 섭정
8대	예종	19세	친정
9대	성종	13세	세조의 비 정희왕후(조모)
10대	연산군	19세	친정
11대	중종	18세	반정공신의 섭정
13대	명종	12세	중종의 비 문정왕후(생모)
14대	선조	16세	인종의 비 인성왕후
19대	숙종	14세	현종의 비 명성왕후
23대	순조	11세	영조의 비 정순왕후(증조모)
24대	헌종	7세	순조의 비 순원왕후(조모)
25대	철종	19세	순조의 비 순원왕후
26대	고종	11세	흥선대원군(생부)의 섭정

※ 조선의 왕들 가운데 여러 가지 이유로 인하여 일찍 죽은 왕이 많았다. 왕이 일찍 죽게 되니 왕위를 이어받을 자가 없거나, 있어도 어릴 수밖에 없었다.

어린 나이에 왕위에 오른 왕이 11명이나 되는데 이들이 왕위에 오를 때 비교적 순조롭게 왕위에 오른 왕은 제14대 선조밖에 없다.

어린 나이에 왕위에 오르면 수렴청정(垂簾聽政)을 하게 되는데 주로 왕의 할머니 대왕대비이거나 왕의 어머니 대비가 궁정 회의를 할 때 어린 왕의 뒤쪽에 발(curtain)을 치고 앉아 신하들의 의견을 듣고 왕에게 소곤소곤 답을 주면 왕은 YES 아니면 NO의 짤막한 답을 하게 되는 제도이었다.

그때는 남녀유별(男女有別)하여 궁정의 회의장에 아무리 왕의 할머니이고 어머니라 할지라도 여성은 앞에 나설 수 없었다. 마이크도 없는 넓은 회의장이므로 의사전달이 제대로 되지도 않았을 것이다.

젖먹이에 지나지 않는 어린 왕을 모셔 놓고, 왕과 신하 사이에 여인이 끼어 있는 상태에서 국정이 제대로 이루어질 수 없었을 것이다.

4) 재위기간이 30년 이상인 왕

역대	왕명	재위기간	비고
제4대	세종	32년	훈민정음 창제. 4군 6진 설치
제11대	중종	38년	연산군 내쫓고 왕위에 오름
제14대	선조	41년	임진왜란, 동인 북인 남인 서인 붕당
제21대	영조	52년	사도세자 죽음
제23대	순조	34년	천주교 탄압. 안동 김씨 세도정치
제26대	고종	44년	흥선대원군과 민비의 갈등

※ 조선 시대 왕은 재위 기간이 제한이 없으므로 종신까지 왕위에 남아 있을 수 있었다. 재위기간이 길면 여러 가지 경험을 쌓고 안정적인 국정을 운영할 수 있을 것으로 생각할 수도 있으나, 실제로 조선 왕조에서 세종을 제외하고 다른 왕들은 긴 재위기간 동안 뚜렷한 실적도 남기지 못하였고, 오히려 정권 자체가 해이하게 되어 현실에 안주하게 되어 나라는 발전이 없었다.

그런 가운데 당파 싸움이 일어나고 붕당정치가 행하여져 나라는 어지럽게 되었다.

이것 역시 왕위세습제에서 비롯되었고, 왕위세습제의 폐단이라고 할 수 있다.

5) 4명의 대원군(大院君)

조선 시대 대원군은 임금이 후사 없이 죽게 되면 가까운 종친 중에서 한 명 뽑아 왕위를 계승하게 되는데, 그 왕의 아버지를 대원군이라고 부르게 되었다. 아들 덕에 호강하는 격이다.

대원군 하면 으레 고종의 아버지 흥선대원군만이 떠오르는데, 조선 시대 대원군이 4명이나 있었다.

① 제13대 명종이 후사 없이 서거하자, 선조가 16세 되던 해 즉위하면서 그의 아버지는 덕흥대원군이 되었다.
② 제15대 광해군이 반정으로 폐위되자, 인조가 왕위에 오르면서 그의 아버지가 원종(元宗)으로 추존되었다. 원종은 제14대 선조의 다섯 번째 서자로 태어났었다.
③ 제24대 헌종이 후사 없이 서거하자 철종(강화도령)이 즉위하여 그의 아버지가 전계대원군으로 추존되었다.

④ 제25대 철종이 후사 없이 서거하자 고종이 즉위하여 그의 아버지가 그 유명한 흥선대원군으로 추존되었다. 흥선대원군과 철종은 6촌 간이었다.

5 조선 왕들의 성 문란

1) 후궁을 많이 둔 왕 10걸

옛 조선의 임금들이 즉위하기 전에 요즈음처럼 청문회를 하면 어떻게 되었을까? 결론부터 말하면 100% 불합격이다.

조선 27왕 중 단 한 명 빼고 모두 걸리는 항목이 축첩(蓄妾)이다. 모든 왕이 10여 명의 첩(후궁)을 한 울타리에 가두어 놓고 오늘은 1호, 내일은 2호를 잠자리에 불러댔다.

당시 왕들에게는 축첩이 허용되었을지 모르겠으나, 『논어』·『시경』·『맹자』·『노자』 어디에도 축첩을 허용한다는 구절은 없었다.

첩을 두는 명분은 후사를 얻어 왕위를 승계시키겠다는 것이었으나, 이것이 바로 조선을 망하게 하는 잘못된 관습이었다.

당시 어느 누구도 왕의 축첩에 대하여 비난하지 아니하였다. 그 많은 신하. 선비들도 입 닫고 있었다. 그때 상소를 올렸다가는 곤장 100대에 사약 한 사발을 받게 되었을 것이다.

조선 왕 중에 후궁을 여러 명 둔 왕이 있었는데 그중 10걸을 보면 다음과 같다.

단, 여기에 실린 통계는 신빙성이 부족하다. 실제는 여기 실린 숫자보다 훨씬 많았을 것이라고 추측할 수 있다.

순위	왕명	후궁	비고
1등	태종	19명	제1차 왕자의 난 주도
2등	광해군	14명	폭군
3등	성종	13명	왕후를 3명이나 바꿈
4등	고종	12명	흥선대원군과 민비의 갈등
5등	중종	11명	반정으로 즉위
6등	연산군	11명	폭군
7등	세종	10명	한글 창제. 4군 6진 설치
8등	정종	9명	제1차 왕자의 난 후 왕위 오름
9등	선조	8명	임진왜란
10등	철종	8명	강화도령

이들 왕의 발자취를 훑어보자.

첫째, 제3대 왕 태종은 정비와 사이가 나빴다. 정비 원경왕후 여흥 민씨는 태종이 임금이 되도록 그의 형제들과 함께 많은 기여를 했으나, 태종은 즉위 후 처족들의 세도를 척결한다면서 원경왕후의 형제들을 모두 살해했다. 그로 인하여 태종과 원경왕후는 불편한 관계를 유지하면서 지냈다. 하지만 원경왕후는 얼마나 서글펐겠는가. 태종과 원경왕후 사이에 아들이 4명 있었는데 그중 한 명이 제4대 왕 세종이다.

태종은 서얼금지법(庶孼禁止法)을 만들어 첩의 소생들의 출셋길을 막았다. 하지만 그 자신은 여러 명의 첩을 두고 그들로부터 7남 13녀를 얻었다.

둘째, 제15대 왕 광해군은 인조반정에 의하여 쫓겨났다. 광해군은 자기와 라이벌 격인 임해군과 영창대군을 무고하게 살해하고 그의 모친까지 살해하려다가 실패하고 나서 역습을 받아 자신의 신하들에게 쫓겨났다. 광해군에게는 무려 14명의 후궁이 있었다.

셋째, 제9대 성종은 한명회의 딸과 혼인했다. 그가 공혜왕후인데 일찍 사망하여 그 뒤에 후궁으로 있던 숙의 윤씨를 맞아 연산군을 낳았다. 그러나 성종과 숙의 윤씨는 사이가 몹시 나빠 그를 내쫓고 새 왕비로 정현왕후 윤씨가 들어와서 아들을 낳았다. 그가 제11대 왕 중종이다. 성종은 처복이 없어 세 번이나 왕비를 바꾸게 되었다. 성종은 13명의 후궁을 두었다.

넷째, 제26대 고종은 그 윗대에서부터 자식이 없어 왕위를 잇지 못하여 조대비가 고종을 후임 왕으로 찍어 12살 때 왕위에 올랐다. 그의 아버지 홍선대원군의 섭정을 받았다.

고종은 15살 때 민비를 맞이하였다. 고종과 민비는 조선 마지막 왕이 된 순종을 낳았다. 민비는 시아버지 홍선대원군과 쇄국정책을 놓고 갈등을 빚어 끝내는 일본 무리에 의하여 살해되었다. 고종은 나라가 그토록 어지러웠으나 12명의 후궁을 두었다.

다섯째, 제11대 왕 중종은 연산군이 반정으로 무너지게 되어 자기도 모르는 사이에 왕위에 올랐다. 성종, 연산군, 중종에 이르기까지 왕들이 처복이 없어 왕비들이 폐비가 되어 궁중에서 쫓겨났다. 중종은 3명의 왕비를 거쳐 가면서 아들을 9명이나 얻어 그중 12대 인종, 제13대 명종 2명의 왕을 만들었다. 중종은 11명의 후궁을 두었다.

여섯째, 연산군은 자기의 어머니도 폐비가 되었고 자기의 아내 거창 신씨도 폐비가 되었다. 연산군은 장녹수라는 궁녀에 빠져 자기도 망하고 나라도 어지럽게 만들어 드디어 군신들의 반란에 의해 왕위에서 쫓겨나 강화도로 귀양 갔다가 31세의 아까운 나이에 세상을 떠나게 되었다. 어쩌다 한 발 잘못 디뎌 불행을 자초하였다. 이런 폭군도 후궁을 11명을 두었다.

일곱째, 제4대 세종은 12세의 어린 나이에 혼인하여 슬하에 아들 8명, 딸 2명을 두었다. 그중 아들 2명은 제5대 문종이고 제7대 세조이다. 세종은 즉위 초 집현전을 설치하고 그곳에서 훈민정음을 창제하도록 하였고, 4군 6진을 설치하여 큰 업적을 남기시었다.

하지만, 가족 관계에 있어서는 자랑할 수 없었다. 후궁을 자그마치 10명이나 두었는데, 김씨, 양씨, 강씨, 박씨, 최씨, 조씨, 홍씨, 이씨, 송씨, 차씨 등 성씨도 섞이지 않게 골고루 두었다.

그럼에도 불구하고 정비 소헌왕후 심씨가 내명부 수장으로서 후궁들을 잘 보살펴 큰 분란은 일으키지 않고 서로서로 잘 지내도록 하였다. 속마음은 알 수 없지만.

여덟째, 제2대 왕 정종은 태조 이성계의 둘째 아들로 태어나 그의 아우 태종이 왕자의 난을 일으키게 되어 왕위를 거저 주었다. 정종은 9명의 후궁을 두고 모두 12남 17녀를 낳았다. 그 많은 식솔들을 어떻게 먹여 살렸는지 궁금할 뿐이다. 자녀들 이름이나 분별할 수 있었을까.

아홉째, 제14대 왕 선조는 중종의 서자인 덕흥군의 셋째 아들이다. 이성계로부터 이어지는 정통세습에서 벗어나는 방계 출신이다. 정비에게서 후사가 없어 8명의 후궁으로부터 13남 10녀를 얻었다. 그중 공빈 김씨로부터 얻은 아들이 제15대 광해군이다.

열째, 제25대 왕 철종은 강화도에서 농사짓고 살다가 느닷없이 끌려가 왕위에 올라앉게 되었다. 조선 말기에 전주 이씨 가문에 씨가 말라 왕위를 물려줄 수 없는 단계에 이르렀으나 간신히 혈통을 찾게 되었는데 그가 철종이었다.

철종에게도 정비와 후궁 8명이 있었으나 후사를 얻지 못하였다. 그들의 아들이 모두 일찍 죽어 왕위를 잇지 못하게 되었다.

조선이 망하려고 하니, 순조. 헌종. 철종 3대에 걸쳐 아들 하나를 못 건져 먼 친척에서 나이 어린이를 찾아 왕으로 모시는 안타까운 일이 일어났다.

조선 왕들의 가족

역대	왕명	후궁	아들:딸	역대	왕명	후궁	아들:딸
1	태조	4	8:5	**15**	광해군	14	1:1
2	정종	9	17:8	**16**	인조	4	6:1
3	태종	19	12:17	**17**	효종	3	1:7
4	세종	10	18:4	**18**	현종		1:3
5	문종	2	1:2	**19**	숙종	8	6:2
6	단종	2		**20**	경종	1	
7	세조	2	4:1	**21**	영조	5	2:7
8	예종	2	2:1	**22**	정조	4	2:1
9	성종	13	16:12	**23**	순조	1	1:5
10	연산군	11	4:2	**24**	헌종	2	0:1
11	중종	11	9:11	**25**	철종	10	5:1
12	인종	3		**26**	고종	12	6:1
13	명종	6	1:0	**27**	순종		
14	선조	8	14:11				

※ 후궁이 엄청 많이 있다. 하지만 기록물마다 차이가 있어 정확성은 알 수 없고 실제는 그보다 훨씬 많다고 여겨진다.

2) 조선 왕비 10걸

제1걸 신의왕후와 신덕왕후(태조 이성계의 비)

태조 이성계는 간 큰 짓을 3가지나 했다.

첫째는, 고려 장군으로서 쿠데타를 일으켜 조선을 창건하였다.

둘째는, 정식결혼을 두 번 해서 부인이 두 분이나 있었다.

첩이 아니었다. 첫째 부인 신의왕후 안변 한씨는 향처(시골댁)라고 하고 둘째 부인 신덕왕후 곡산 강씨는 경처(서울댁)라고 했다.

첫째 부인은 이성계가 왕이 되기 전에 돌아가셨다. 그가 나은 아들 두 명이나 왕이 되었다.

둘째 부인은 이성계가 전쟁터에 나갔다가 돌아오는 길에 우물가에서 물 한 그릇에 버들잎 하나를 띄워 주어 그 덕에 결혼하게 되었다. (야사)

셋째는, 둘째 부인의 아들을 세자로 봉하고 왕위를 넘겨주려고 하였다. 하지만 첫째 부인의 아들이 항거하여 뜻을 이루지 못하고 제1차 왕자의 난이 일어났다.

제2걸 원경왕후 여흥 민씨(제3대 태종의 비)

원경왕후는 두 차례의 왕자의 난이 일어났을 때 친정 식구들을 총동원하여 태종 측이 승리하게 함으로써 태종을 왕으로 만든 여걸이다. 그러나 바람둥이 태종은 12명의 후궁을 두고 원경왕후는 돌보지 않아 부부 간의 갈등이 생기게 되었다.

또한 태종이 외척을 배척하여 왕권을 강화하겠다는 명분으로 왕비 민비의 동생 4명을 모두 죽이자 원경왕후는 애통하여 피눈물을 흘렸을 것이다.

원경왕후는 4명의 똘똘한 아들을 낳았고 그중 세종이 있었는데, 세종은 어머니의 애달픈 사정을 위로하면서 극진히 효성을 다했다고 전해지고 있다.

이에 감격하여 태종이 눈물을 흘렸다는 일화가 전해 내려오고 있다. 원경왕후가 먼저 죽고 뒤이어 죽은 태종은 원경왕후 옆자리에 같이 묻히게 되었다.

제3걸 소원왕후 청송 심씨(제4대 세종의 비)

소원왕후는 남편인 세종이 즉위하자 왕비가 되었다. 그러나 그해 외척을 경계한다는 명분으로 시아버지 태종이 친정아버지 심온과 숙부인 심정을 불경죄로 뒤집어씌워 처형하였고, 친정어머니마저 관비가 되는 비극을 맞이하였다.

그럼에도 불구하고 소헌왕후는 지아비 세종을 극진히 모셔 슬하에 8남 2녀를 두었는데 그중 2명은 문종과 세조다. 소헌왕후는 세종의 총애를 받은 후궁들을 유별나게 보살펴 주었고, 자기가 낳은 아들을 후궁에게 맡겨 기르도록 하였다.

그의 속마음은 알 길이 없으나 10여 명이나 되는 후궁들에 대하여 질투를 하지 아니하고, 내명부의 여인들을 잘 관리 하였다.

제4걸 정순왕후 여산 송씨(제6대 단종의 비)

정순왕후는 15세의 어린 나이에 한 살 연하인 단종과 혼인하여 왕비가 되었다. 조선 왕비 가운데 왕비로 직행한 왕비는 정순왕후 밖에 없다.

정순왕후가 입궐할 때 세 여인이 함께 가서 간택심사를 받았는데 송씨는 왕비로, 권씨는 숙의로, 김씨도 숙의로 간택되었다. 이를 3간택이라고 한다.

입궐한 지 3년 만에 단종이 삼촌 세조에 의하여 왕위를 강제로 물려주고 노산군으로 강등되었고 왕비도 군부인으로 강등되어 궁에서 쫓겨났다.

친정마저 풍비박산이 나서 돌아갈 곳이 없었으나 세조는 그를 정업원(부군을 잃은 후궁들이 사는 곳)으로 보내어, 그곳에서 기거하면서 옷에 물감 들이는 일을 하면서 생계를 유지하게 하였다.

그 후 숙종조에 이르러 단종과 정순왕후는 복위되었고, 신위가 창경궁으로 옮겨지고, 묘지도 사릉(思陵)으로 옮겨졌다.

제5걸 정희왕후 파평 윤씨(제7대 세조의 비)

세종 10년에 수양대군과 가례를 올리고, 대부인에 봉해졌다. 수양대군이 거병하여 단종을 끌어내리려고 했으나 비밀이 사전에 누설되어 좌절되어 있을 때 윤씨는 세조에게 갑옷을 내어 주면서 격려하여 계유정난이 성공하도록 하였다.

세조가 즉위하자 그 공로로 왕비에 책봉되었다. 단종을 몰아내는 과정에 사육신, 생육신이 나왔고 조카를 몰아내고 왕위에 올랐다는 비난이 일어났음에도 불구하고 부창부수해서 세조가 성공하도록 협조하였다.

세조가 13년간 왕위에 있다가 갑자기 죽게 되어 그의 아들 예종이 즉위하였으나, 겨우 14개월 만에 죽고 13세의 어린 성종이 뒤를 이었다. 정희왕후가 성종을 13년간 수렴청정하였다.

제6걸 폐비 윤씨(제9대 성종의 폐비)

성종의 첫째 왕비 공혜왕후가 소생 없이 죽자 그 뒤를 이어 윤씨는 왕비가 되었다.

윤씨는 투기가 매우 심하여 왕의 얼굴에 상처를 입힌 사건이 일어났다. 그리고 궁궐 안에서 특정인을 저주하는 굿을 벌였고 비상(독약)을 늘 소지하고 다녔고 비상을 묻힌 곶감을 가지고 다녔고, 아이를 낳지 못하게 하는 방법이 기록되어 있는 책을 소지하고 다녔다. 이런 사실이 발각되어 윤씨는 폐위되고 그 후 사약을 마시고 죽었다.

폐비 윤씨의 아들이 연산군인데 후일 어머니 윤씨가 폐비된 사실을 소상히 알게 되고 나서 어머니의 복수극을 벌리기 시작했다. 그의 할머니인 인수대비와 귀인 정씨, 귀인 엄씨들이 어머니 폐비 윤씨를 모함했다는 이유로 고문하여 살해하는 폐륜을 저질렀다.

제7걸 명성왕후 청평 김씨(제18대 현종의 비)

명성왕후는 세자와 혼인하여 세자빈이 되었고 그 세자가 왕이 되어 왕비가 되었고 아들이 왕이 되어 왕대비가 되었다. 조선의 왕후 가운데 이 세 단계를 거친 왕비는 명성왕후 한 분밖에 없다.

명성왕후의 남편 되는 현종은 조선의 국왕 가운데 후궁을 두지 않은 유일한 왕이다. 다른 왕들은 후궁을 10여 명씩 두어 이로 인하여 가정사가 불편하고 나라가 어지럽게 된 경우가 적지 않았는데 현종만은 오로지 왕비 한 명과 사이좋게 일생을 보냈다. 현종은 심한 피부병이 걸렸는데 왕비가 지극정성으로 병 수발을 들었다.

제8걸 영빈 이씨(제21대 영조의 후궁)

영조에게는 정빈 이씨로부터 얻은 외아들이 있었다. 그 아들이 효장세자인데 궁궐 내 분쟁으로 인하여 일찍이 사망하였다.

영조에게는 정비 정성왕후와 계비 정순왕후가 있었으나 그들에게는 후사가 없고 후궁인 영빈 이씨가 둘째 아들을 낳으니 그가 사도세자이다. 영조는 그 아들을 정비 정성왕후 앞으로 입적시키고 세자로 삼았다.

사도세자는 영조 19년에 혜경궁 홍씨와 결혼하여 홍씨는 세자빈이 되었다. 세자빈 홍씨는 성인이 된 후 15세에 합방하여 아들을 낳았다. 그 아들이 후일 제22대 왕 정조이다. 사도세자가 아버지 영조로부터 스트레스를 받고 정신질환이 생겨 왕위를 물려줄 수 없게 되자 뒤주 안에 가두어 죽게 했다. 고등학교 교과서에 혜경궁 홍씨가 지은『한중록』에 수록되어 있다.

제9걸 효의왕후 청풍 김씨(제22대 정조의 비)

정조는 사도세자와 혜경궁 홍씨 사이에 태어났다.

영조에게는 아들이 두 명이나 있었으나 모두 일찍이 죽어 한발 건너뛰어 세손에게 왕위가 돌아갔다.

효의왕후는 시아버지가 사도세자이기 때문에 결혼 초부터 여러 가지 시련이 닥쳤다. 정조가 왕위에 오르자 어머니 혜경궁 홍씨 집안과 영조의 비 정순왕후의 친정 경주 김씨 가문 사이에 주도권 다툼이 일어났다. 이 와중에 효의왕후에게는 후사가 없어 수빈 박씨의 소생을 양자로 받아 왕위를 승계하였다. 그 왕이 제23대 순조이다.

제10걸 명성왕후 여흥 민씨(제26대 고종의 비)

명성왕후는 고종의 비가 된 이후 시아버지 흥선대원군과 의견 다툼으로 계속 고달픈 시간을 보내고 있었다. 흥선대원군은 어린 아들 고종이 즉위한 이후 섭정을 하면서 처음부터 쇄국정책을 펴고자 하였으나 며느리 명성왕후는 이에 반하여 개방정책을 펴고자 하였다.

당시 조선을 둘러싸고 있는 일본·명나라·러시아가 쉴 새 없이 조선을 넘보고 있는 상황이었기에 대원군의 쇄국정책으로 인하여 그들과 좋은 관계를 가지기 어려웠다.

1895년 8월 20일 일본군과 낭인들이 명성왕후를 살해하였다. 명성왕후가 러시아를 끌어들여 일본을 배제하면서 친러내각을 구성하자 이에 반감을 가진 일본이 명성왕후를 살해한 것이다. 이 싸움은 계속되어 임금이 러시아공관으로 도망가서 거기서 1년간 집무를 보았다.

3) 왕비에 오른 후궁

조선 시대 후궁 출신으로 왕비에 오른 후궁이 모두 6명이나 있다.

문종의 비 현덕왕후 권씨

현덕왕후는 문종이 세자 시절 세자궁(세자의 첩)으로 선임되었다가, 세자빈 순빈이 폐빈 되자 그의 뒤를 이어 세자빈이 되었다. 그 후 세종이 사망하자 문종이 오랜 세자 시절을 끝내고 왕위에 오르게 되었고, 세자빈도 왕비로 오르게 되었다. 그 후 그는 단종을 출산하고 3일 만에 사망하였다.

예종의 비 안순왕후 한씨

예종이 왕세자 시절 세자빈 장순왕후가 사망하자 안순왕후 한씨는 동궁의 후궁으로 간택되었다. 그 후 세조가 중병에 걸리어 세자에게 양위하여 예종이 즉위하였다. 이때 세조가 한씨를 지목하여 왕비로 삼도록 하여 예종의 비가 되었다.

성종의 폐비 윤씨

연산군의 어머니 윤씨는 간택 후궁으로 입궐하였다. 성종의 총애를 받아 공혜왕후가 죽은 후 왕비가 되었다. 윤씨는 왕비가 되기 전에 이미 임신 6개월이나 되었기 때문에 거의 자동으로 왕비가 되었다.

그러나 왕비가 된 지 얼마 되지 않았을 때부터 다른 후궁들과 마찰을 일으켰고 아들(훗날 연산군)을 낳은 후 성격이 난폭해져서 성종에 대하여 죽인다고 덤벼들고, 독약을 품 안에 숨겨 다니고, 다짜고짜 왕의 처소로 뛰어들기도 하고, 국그릇을 뒤엎기도 하고, 왕의 얼굴에 상처를 내기도 하여 결국 폐비가 되었다.

성종의 비 정현왕후 윤씨

정현왕후는 12살 때 성종의 후궁으로 간택되어 궁궐에 들어갔다. 앞서 연산군의 어머니 윤씨가 폐비되자 그가 19세 때 성종의 세 번째 왕비가 되었다. 세조의 비 정희왕후와 같은 파평 윤씨이다.

정현왕후는 성종과 금실이 좋을 뿐 아니라 시어머니, 시할머니에게도 효성을 다했고, 후일 그의 아들이 제11대 왕 중종이 되어 대비마마가 되었다.

중종의 비 장경왕후 신씨

장경왕후는 처음 간택후궁으로 궁궐에 들어왔다. 진성대군의 조강지처였던 신씨는 남편이 중종반정으로 왕위에 오르면서 자연스럽게 왕비가 될 수 있었으나 그의 아버지 신수근이 반정에 동참하지 아니하였다고 해서 신씨를 역적의 딸로 몰아세우고 그를 궁궐 밖으로 내쫓았다. 그러나 그 후 여러 공신이 신씨를 복위시키자고 간청하였으나 이루어지지는 않았다.

숙종의 비 희빈 장씨

희빈 장씨는 경국지색의 미모를 갖추어 자의대비의 심부름꾼으로 궁에 들어갔다가 이곳으로 드나들던 숙종의 눈에 띄어 후궁이 되었고, 승은을 입어 경종을 낳아 왕비가 되었으나, 후일 명성대비의 미움을 사서 폐비가 되었다.

4) 왕의 어머니가 된 후궁

① 숙종의 후궁(숙빈) 최씨는 영조의 어머니
② 선조의 후궁(인빈) 김씨는 원종(추존왕)의 어머니
③ 숙종의 후궁(희빈) 장씨는 경종의 어머니
④ 영조의 후궁(정빈) 이씨는 진종의 어머니
⑤ 영조의 후궁(영빈) 이씨는 장조(사도세자)의 어머니
⑥ 정조의 후궁(수빈) 박씨는 순조의 어머니
⑦ 고종의 후궁(순헌 귀비) 엄씨는 영친왕의 어머니

조선 시대에 후궁(첩)의 소생(서얼)은 천대를 받았다. 관직에 오를 수도 없고, 재산을 상속받을 수도 없었다. 그리고 자자손손 대를 이어가면서 천대를 받았다.

왕가의 서얼일지라도 천대받기는 마찬가지로 왕위에 오를 수도 없었다. 하지만, 여러 가지 사정에 의해 적자가 없거나 적자가 왕위에 오를 수 없는 결정적 사유가 있을 때에는 부득이 서얼이 왕위에 오를 수밖에 없었다. 하지만 이때는 항상 분란이 일어났다.

군신 간에 다툼이 있었고, 정치적 파벌 사이에도 분란이 있었고,

왕가에서도 엄청난 분란이 있었다. 다만, 서얼 출신인 왕의 자질에 따라서 또는 왕의 어머니인 후궁의 위치에 따라 분란의 크기는 매우 달랐다. 분란이 쉽게 사그라지기도 하였다.

왕을 낳은 후궁 등의 사당(祠堂)이 옛 청와대 옆 궁정동에 세워져 있다.

순서대로 육상궁(영조의 어머니 숙빈 최씨) · 저경궁(원종의 어머니 인빈 안씨) · 대빈궁(경종의 어머니 희빈 장씨) · 연호궁(진종의 어머니 정빈 이씨) · 선희궁(장조의 어머니 영빈 이씨) · 경우궁(순조의 어머니 유비 박씨) · 덕안궁(영친와의 어머니 귀비 엄씨)이다.

후궁 중 광해군의 어머니 공빈 김씨는 광해군이 폐위되면서 폐서인이 되었으므로 7궁에 끼이지 못하였고, 반면 영친왕의 어머니 귀비 엄씨는 영친왕이 조선이 멸망한 후 1926년에 왕이 되었으므로

왕으로 인정받지 못하였음에도 불구하고 순헌 귀비 엄씨의 사당 덕안궁은 7궁에 끼어 있다.

역사는 참으로 Ironical하다.

5) 폐비된 왕비

조선 왕비 가운데 폐비되어 궁궐에서 쫓겨난 왕비가 4명이나 있다. 성종의 비 파평 윤씨 · 연산군의 비 거창 신씨 · 중종의 비 거창 신씨 그리고 광해군의 비 문화 류씨가 있다.

첫째, 성종의 비 윤씨는 성종의 후궁으로 간택되었다가 첫 번째 왕비 공혜왕후가 갑자기 세상을 떠나자 그 뒤를 이어 두 번째 왕비가 되었다. 그 후 윤씨는 다른 후궁들에 대하여 투기가 심하였고, 어느 날 왕의 얼굴에 손톱자국을 내어 마침내 폐비가 되었다.

윤씨는 연산군의 어머니였는데 연산군이 왕위에 오르면서 그의 어머니가 후궁들의 모함에 걸려 폐비가 되었다는 사실을 뒤늦게 알게 되어 이에 연루된 여러 사람을 죽이게 되었다. 하지만 연산군의 폭정에 비위가 상한 여러 명의 대신이 주동이 되어 연산군을 폐위시켰다.

둘째, 연산군의 비 거창 신씨는 연산군이 폐위되자 그도 폐비 되었다. 거창 신씨는 연산군과 금실이 좋아 연산군이 폐위되어 강화도로 유배될 때 그 뒤를 따라가겠다고 울부짖었으나, 그의 요청은 받아들이지 않았다.

셋째, 제12대 왕 중종의 비 거창 신씨는 중종이 왕위에 오르자 왕비로 오르게 되었으나, 왕비에 오른 지 7일 만에 폐비가 되어 궁궐에서 쫓겨났다.

제11대 왕 연산군의 폭정에 견디지 못하고 그를 옹호하는 대신도 없었고 군졸도 없었다. 반정을 일으킨 군사들이 연산군을 잡아 가두어 놓고 바로 진성대군(후일 중종)을 왕으로 추대하였다.

중종이 왕위에 오르자 거창 신씨도 왕비로 따라 오르게 되었으나 신씨의 친정아버지 신수근은 연산군 때 정승까지 지낸 인물이지만, 반정을 반대하여 반정군이 그를 살해하였다.

반정을 주도한 박원종·성희안 등은 중종의 비는 반역자의 딸이므로 국모로 둘 수 없다고 주장하였다. 중종은 그의 조강지처를 버릴 수 없다고 잠시 버티었으나 반정 세력의 강력한 주장에 밀리어 어쩔 수 없이 왕비를 폐출시켰다.

넷째, 광해군의 비 문화 류씨.

선조의 대를 이어 보위에 오른 광해군은 왕권 유지를 위해 동생인 영창대군과 임해군을 죽이고 계모인 인목대비를 유폐시키는 패륜을 저질렀다.

이를 빌미로 정권에서 소외되어 있던 서인들은 반란을 일으켜 광해군을 왕위에서 끌어내리고, 이어 경운궁에 유패 중었던 인목대비가 서둘러 능양군(후일 인조)을 왕위에 앉히었다.

광해군이 폐위되자 그의 아내도 폐비가 되어 함께 강화도로 유배되었다가 그곳에서 화병으로 사망하였다.

6) 후궁(後宮)의 간택(선발) 절차

후궁이란 왕이 거주하는 집 뒤에 마련되어 있는 집을 말하는데, 왕이 첩(妾)을 들여 뒷집에 거처하도록 했기 때문에 그 첩을 가리켜 후궁이라고 했다.

후궁은 왕의 첩에 지나지 않으나 공식적으로 내명부의 직첩(임명장)을 받고 왕을 모시는 역할을 했다.

후궁을 간택하는 절차는 왕비와 거의 같은 절차를 거쳤다. 후궁을 들이기로 결정되면 가례도감(嘉禮都監)이라는 임시선발기구를 설치하고, 전국에 13세 전후의 처녀들에게 금혼령(禁婚令)을 내리고, 그 후 채홍사가 처녀들 집에 가서 1차 심사를 거쳐 여러 명을 선발하여 궁정으로 데려와서 여러 왕실 어른들이 엄격한 심사를 하여 그중 3명을 가려서 왕에게 선보이면 왕이 직접 면담해서 그중 1명을 후궁으로 뽑는다.

이런 절차를 거쳐 뽑힌 후궁을 간택후궁이라고 하여 이들 대부분은 명문 사대부의 딸들로서 일단 간택되면 궁 밖으로 함부로 나갈 수도 없고 혼인도 할 수 없었다.

후궁으로 간택되면 일정한 신분의 품계(계급)를 받게 된다. 품계는 종4품부터 정1품 빈까지 있는데 왕의 뜻에 따라 주어진다. 왕의 눈에 쏙 들면 몇 단계 건너뛰어 품계가 정해지기도 하고, 금은보화를 주기도 하고 극히 예외적으로 후궁이 거처할 집을 따로 지어 주기도 했다.

임금이 마음만 먹으면 후궁이 중전의 권위를 넘볼 수도 있었다.

7) 왕비들의 애환

조선의 왕들은 "이 나라를 내가(나의 선조) 세웠으니 이 나라는 나의 것이다."라면서 자신이 죽으면 왕위는 아들에게 물려주고 또 물려주었다. 참 어처구니없는 생각이다.

마누라(왕비)가 사내아이를 못 낳으면 다른 여자를 데려와서 사내아이를 낳게 하고, 그것도 안 되면 왕의 친척 중에서 가장 촌수가 가까운 사내놈을 데려와서 왕을 시키면 되었다.

그 사내아이가 잘생겼다, 못생겼다, 똑똑하다, 미련하다는 것은 상관없다. 그저 사내아이면 OK이다.

이런 상황에서 왕비들은 엄청 스트레스를 받고 살았을 것이다. 만약 사내아이를 못 낳게 되면, 그 길로 바로 뒷방으로 밀려나고, 얼마 지나지 않아 궁에서 쫓겨나고, 남의 집에 가서 종노릇(노비)도 해야 했다.

쫓겨나면서 발악을 하거나 헛수작을 하면 사약(독약)을 한 사발 마시게 된다. 그것으로 끝나지 않는다. 친정집 가족들 모두 파직당하고, 귀양을 가거나 벌을 받게 된다. 삼족을 멸한다. 본가, 처가, 외가 모두 피해를 보게 된다.

이 사실로 미루어 보아 당시 왕의 마누라가 얼마나 고달팠을까 짐작할 수 있다.

조선 시대 왕비는 거의 모두 오래 살지 못하였다. 궁궐에 갇혀 움직임도 적었거니와 항상 스트레스를 받고 살았으니 심신이 피곤하였을 것이다.

몇 가지 사례를 보면,

- 어떤 왕비는 친정 가족 모두가 처형당하고, 자기 혼자만 목숨 지키고 살았다.
- 어떤 왕비는 지아비 왕이 3촌에게 쫓겨나면서 자기도 폐비 되어 뒤따를 수밖에 없었고
- 어떤 왕비는 친정 식구의 잘못 때문에 왕비가 된 지 7일 만에 쫓겨나기도 했고
- 어떤 왕비는 후궁들이 갖은 음모로 위해를 가하여 매일 불안에 떨고 살았고
- 어떤 왕비는 자기는 뒷방에 밀어 내치고, 왕이 후궁을 10명씩 데리고 희희낙락하고 있으니 속이 얼마나 쓰렸겠는가.
- 어떤 왕비는 왕이 비실비실하여 일평생 병 간호만 하다가 허송세월 보냈고
- 어떤 왕비는 왕이 폐위되자 자기도 폐비되고 삼족이 멸문지화를 당하고
- 어떤 왕비는 계비로 들어가 경쟁자들로부터 온갖 음해를 당하

다가 인생이 끝이 나고

- 어떤 왕비는 당파 싸움에 밀리어 이러지도 못하고 저러지도 못하고 한숨만 쉬면서 일생을 다 보내고
- 어떤 왕비는 이유도 모르는 병에 시달리다가 일찍 세상을 떠났다. 이와 같은 왕비는 10명이나 된다.
- 어떤 왕비는 왕의 승은을 입은 궁녀를 질투하다가 쫓겨나는 신세가 되었고
- 어떤 왕비는 아들을 간절히 바라다가 상상임신을 하여 쫓겨나기도 하고
- 어떤 왕비는 시아버지와 다투고 지내다가 끝내는 낭인들에게 살해되었다.

조선의 왕들은 여자 보기를 아들 새끼 만드는 도구로 보았나 보다. 그래서 아들을 낳지 못하는 여자는 왕비이건, 후궁이건, 궁녀이건 상관없이 푸대접하거나 심지어 어떤 이유를 만들어 붙여 내쫓아 버리기도 하였다.

조선 시대와 지금은 사회. 문화 환경이 크게 달랐다. 지금은 여자 앞에서 아차 실수하면 Me Too에 걸려 망신당하기 십상이다.

하지만, 조선 시대 왕들은 마음만 먹으면 누구나 침실로 불러들일 수 있었다. 궁궐 안에는 정비가 있고, 후궁이 있고, 잡일을 하는

궁녀도 수없이 많이 있었지만, 후궁이나 궁녀는 왕의 부름을 손꼽아 기다리고 언젠가 왕의 부름을 받고 승은을 입는 것을 크나큰 영광으로 여겼다.

승은을 입게 되면 궁궐 내에서 서열이 달라지고 특별한 보너스도 받게 된다.

운이 좋아 회임을 하게 되면 그 날짜로 특진이 되고 아들이라도 낳게 되면 가문의 영광이 되는 것이고 그 아들이 성장해서 임금의 자리에 올라앉게 되면 자기도 대비가 되어 최고의 팔자가 되는 것이다.

하지만 그럴 확률은 하늘의 별 따기이다.

8) 구중궁궐에 갇힌 여인들

조선 시대 궁궐에 갇혀 있는 여인들은 왕비이거나, 후궁이거나, 궁녀이거나 왕으로 인하여 고통받기는 매일반이었다.

여자 팔자 뒤웅박 팔자라고, 어떤 왕을 어떻게 만났는가에 따라 팔자가 피기도 하고 팔자가 개(멍멍이) 팔자가 되기도 했다.

왕비는 내명부의 수장으로 겉보기에는 화려하고 고상하고 궁궐 안에 있는 모든 여인을 다스리고, 생사여탈권을 쥐고 있으니 여인 중에 최고의 여인이라고 생각할 수도 있으나, 신랑 되는 왕이 잘못

되면 그 화(禍)를 왕과 함께 뒤집어써야 했다. 오늘이 될지 내일이 될지 죽은 후가 될지 모르는 신세이다.

또한 궁궐 안에 있는 후궁과 궁녀들이 언제 무슨 사고를 칠지 모르는 일이다. 궐 안에 있는 몇백 명의 여인을 왕비 혼자서 어떻게 감독, 감시할 수 있었겠나? 엄청 스트레스를 받고 지내야 했다.

하나밖에 없는 왕비이니 왕을 혼자서 독차지했으면 얼마나 좋으련만, 왕과 궁 안에 같이 있으면서도 한 번 면담하기도 어렵고, 잠자리는 평생 한 번밖에 가지지 못한 왕비도 있었고, 꼬리 치고 다니는 후궁들, 궁녀들에게 신랑을 빼앗기고 왕비는 땅에 떨어진 비스킷이나 주워 먹는 처량한 꼴이었다.

어쩌다, 한번 왕과 함께할 기회가 오면 합궁하는데 그 절차가 여간 복잡한 것이 아니었다. 그날의 운수를 봐야 하고, 생리주기를 봐야 하고, 목욕재계해야 하고, 침실에는 궁녀 중 우두머리인 상궁이 일이 시작될 때부터 끝날 때까지 "마마, 너무 힘을 주면 아니 되옵니다." 하는 등 잔소리를 하면서 지켜보고 있었다.

설마 그런 일이 있었겠나 하고 의심할 수도 있으나 역사 자료집에 다 기록되어 있는 일이다.

후궁과 궁녀들도 마찬가지였다. 어쩌다 간택되어 궁궐에 들어왔으나 임금이 자기를 침실로 부르기를 기다려도 아무런 소식이 없다. 한번 승은을 입고 나서는 그만이다. 임금이 어느 계집과 같이 있는지 알 길도 없었다. 그래도 한 번의 승은을 입고 회임하여 옥동자를 낳게 되면 그야말로 지상 최대의 행운이다. 하지만 이런 일이 누구에게나 생기는 일이 아니고 어쩌다 생기는 일이었다.

그날을 기다리며 젊고 아름다운 후궁, 궁녀들은 매일 한숨만 쉬고 있었다. 그냥 왕에게 달려가서 억지라도 한번 부려보고 싶지만 그랬다가는 황천길이다. 궁궐 안에 있는 여인들은 한 묶음 해서 보면 불쌍하고 처량하기 짝이 없었다. 큰 희망을 품고 주변 어른들이 말리는데도 불구하고 요행을 바라보면서 입궁하였는데 솔직히 감방, 아니 지옥과 다름없었다. 무슨 재미로 살 수 있겠는가, 오지도 않는 임을 그리며 한평생 수절을 해야 하니 이게 인간이 해야 할 짓인가?

아무리 너그럽게 생각해 보아도 임금들이 너무너무 잔인했다. 이런 환경이 될 것이라고 예상할 수 있는 일임에도 불구하고 임금들이 자기 욕심만 채우고 이 어린 여인들의 고달픔은 아예 무시했으니 이게 사람이 한 짓은 아닌 것 같다.

간택해서 데려왔으면 당연히 책임을 져야 할 것이 아닌가. 금은보화 몇 점 주고 그것으로 만족하라는 것인가? 그런 몰염치한 인간들이 왕이랍시고 제멋대로 놀아났으니 나라 꼴이 제대로 돌아갈 일이 만무하였다.

기다리는 마음

김민부 작사, 장일남 작곡

1.

일출봉에 해 뜨거든 날 불러주오

월출봉에 달 뜨거든 날 불러주오

기다려도 기다려도 님 오지 않고

빨래 소리 물레 소리에 귀를 기울이네

2.

봉덕사에 종 울리면 날 불러주오

저 바다에 바람 불면 날 불러주오

기다려도 기다려도 임 오지 않고

파도 소리 물새 소리에 눈물 흘렸네

이 노래를 궁노래로 불러보면 그때의 애달픈 궁중 여인들의 모습이 떠오른다.

9) 조선 왕들의 갖가지 음행 사례

백성들은 가난에 찌들어 밥도 제대로 먹지 못하고 중병에 걸려도 치료도 받지 못하고 죽도록 들에 나가 일만 하고 지내고 있는 터에 왕들은 궁궐 안에서 호의호식하고 치마만 두르고 있으면 후궁이든 궁녀이든 상궁이든 동네 아낙네든 가리지 않고 침실로 불러들여 음행을 일삼고 있었다.

그 사례를 간추려 보면,

- 어떤 왕은 성도착증에 걸렸는지 눈에 보이는 아무 여자나 침실로 불러들였다.
- 어떤 왕은 한눈에 반한 신료들의 부인을 끌어들였고 그들의 신랑은 출세할 기회라고 생각하여 눈감고 있었다.
- 어떤 왕은 신료들의 예쁜 딸들만 골라 궁으로 불러들였다.
- 어떤 왕은 나이 40 전후의 상궁들마저도 침실로 끌어들였다.
- 어떤 왕은 후궁에게 홀짝 반해서 이리저리 끌려다녔다.
- 어떤 왕은 66세 늙은이가 되어 51살이나 적은 증손녀뻘의 15세밖에 되지 않는 어린이를 불러들여 후궁으로 삼았다.

특히 가소롭게 생각하는 사례는 폭군으로 알려진 연산군은 대신들의 부인도 서슴없이 궁으로 불러들였고, 장안의 유부녀도 눈만 마주치면 궁으로 불러들였다는 것이다.

조선 시대에는 왕들만 그런 못난 짓을 한 것이 아니라 대신을 비롯하여 사대부라는 양반들도 헐벗은 백성들을 노비로 삼고 그들의 아내와 딸들을 겁탈하고 착취하는 일이 허다하였고, 장안의 양반들까지도 집안에 첩을 몇 명씩 데리고 함께 살았고, 그들의 본처는 오히려 홀대를 받고 첩들은 호강하고 살았다.

조선 천지에 요즈음 말로 VIP면 모두 이 모양 이 꼴이었으니 나라가 제대로 돌아갈 리 없었고, 그 폐해는 고스란히 백성들이 짊어지고 살았다.

10) 왕들의 성 문란에 따른 병폐

왕들이 10여 명씩 후궁과 궁녀를 뒷집에 가두어 놓고 하루도 빠지지 않고 여색에 빠져 있었으니 본인 자신도 정신적으로나 육체적으로 많이 피곤하였을 것이다.

자기가 무슨 변강쇠가 아닌 이상 하루도 빠지지 않고 음행을 저질렀으니 왕의 직무수행에도 적지 않은 지장이 있었을 것이다.

어떤 기록에 의하면 아침조례 시간에 왕이 출석하지 않아서 대신들이 수군대면서 기다리는데, 왕은 늦도록 여색을 즐기다가 곯아

떨어져서 비몽사몽 늦잠을 자면서 상궁이 신호를 주어도 일어나지 못하는 장면을 보게 되는데 희극도 아니고 비극도 아니었다.

왕들이 후궁을 여럿 데리고 살면 후궁이나 궁녀 사이에 시기 질투로 인하여 하루도 빠지지 않고 서로 모함하고 죽기 아니면 살기로 싸움박질인데 왕인들 어찌할꼬….

내명부 규율에 후궁들은 시기, 질투하지 못하도록 못 박아 놓고 있으나 규율이 무슨 소용이 있나. 인간의 본성에서 튀어나오는데….

왕들이 후궁과 궁녀를 수백 명씩 궁궐 안에서 데리고 살려면 여기에 소요되는 비용도 엄청 많았을 것이다. 백성들의 삶은 아랑곳하지 않고 자기네들만 흥청망청 살았을 것이다. 그 많은 비용을 어떻게 계산했고 어떻게 거두어들였고, 어떻게 쓰였는지 기록은 아무데도 없다. 그때는 국회도 없었으니 주먹구구로 제 마음대로 거두고 썼을 것이다.

수백 명의 후궁과 궁녀들의 녹봉(급여)도 만만치 않았을 것이고, 왕이 기분 나는 대로 툭하면 던져 주는 보너스도 적지 않았을 것이다. 논밭도 나누어 주고 집도 지어 주었다는 기록도 있다.

왕들이 후궁을 여러 명 데리고 살다 보니 배다른 아들·딸들도 여러 명, 많게는 십여 명씩 낳게 되는데, 그들이 성장할수록 형제 간의 다툼도 생기고, 부모님의 사랑을 독차지하려는 욕심도 생겨나서 더러는 목숨 걸고 싸움질하는 사례도 있었다.

이런 일이 일어날 때마다 왕과 왕비 그리고 후궁 간의 알력이 적지 않게 생길 것이고, 이를 수습하는 데 상당한 어려움이 있었을 것이다.

예를 들면 숙종 때 장희빈 사건이라든지, 연산군 때 장녹수가 벌여 놓은 사건은 목숨을 걸어 놓고 싸우는 격이니, 왕이 감당하기 어려웠을 것이다. 이런 사건이 발생할 때마다 왕은 고민에 빠지고 따라서 정상적인 직무를 수행하기도 어려웠을 것이다.

조선 왕들의 성 문란이 조선을 망하게 하는 데 일조했다는 사실에 대하여 누구도 부인할 수 없을 것이다.

이처럼 왕들이 성 문란하니 대신 · 관료 · 양반들도 뒤지지 않았을 것이고 사회 환경 전반이 추잡하게 되었을 것이다. 인간의 도덕심은 무너지고 사회는 돌이킬 수 없을 정도로 타락하고 이로 인하여 백성들은 빈곤의 수렁에서 헤어나지 못하였던 것이다.

6 조선의 사회풍속

1) 양반과 쌍놈

조선 시대 신분은 양반 · 중인 · 상인 · 천민으로 나뉘어져 있었다.

양반(兩班)은 원래 문관인 동반과 무관인 서관을 통칭하여 부르는 명칭이었으나, 차츰 모든 지배계층을 포함하는 용어로 쓰이기도 하였다.

중인(中人)은 전문적 기술을 가지고 있는 의사(의관) · 통역사(역관) · 하급군인 · 지방관리를 포함하고 있다.

상인(常人)은 농민을 포함해서 상업 · 수공업에 종사하는 자를 일컫는 계층으로 대부분의 백성이 이에 속하였다.

천민(賤民)은 가장 천한 백성으로 노비라고도 하였다.

조선 시대 신분계층은 대대로 세습하고, 한번 정해지면 변하지 아니하였다. 요즈음 말로 사다리가 부서지지 않았다.

그때 사대부라는 양반 기득계층은 백성들 위에서 군림하였고, 그들은 쌍놈을 착취의 대상으로 삼았다.

조선 후기에는 호적제가 있었으나, 양반. 쌍놈의 표시가 없었으니 모든 남자를 양반이라고 부르기도 하였다. 쌍놈은 대부분 남의 집 노비였는데 양반집 재산목록에 오르기도 하였다. 쌍놈은 사회에서 천대를 받았는데 어린아이들도 어른 노비에게 존댓말을 쓰지 않고 하대 즉, 반말을 하였다. 어느 누구도 이를 탓하지 아니하였다.

그때 어느 누구를 쌍놈이라고 부르지는 않았지만, 이웃에 사는 누가 쌍놈이라는 것을 모두가 다 알고 있었다. 그때 양반은 머슴을 부를 때 성은 빼고 이름만 불렀다. 김 씨, 박 씨라고 부르지 않고 "성일아! 정일아!"라고 불렀다.

양반은 외출할 때 가마를 타고 가고 쌍놈은 그 가마를 메고 갔다. 10리 길도 쉬지 않고 달려갔다.

조선 말기에 이르러 사회가 조금씩 개화되면서 양반을 비웃는 풍토가 나타났고, 양반을 비웃는 풍자소설도 나왔다.

연암 박지원이 쓴 『양반전』(옛날 고등학교 교과서에 실려 있었다)이 대표적인 것이었다.

『양반전』에 보면 어느 날 가난뱅이 양반이 부자 쌍놈에게 양반을 팔았는데, 그 부자 쌍놈이 후일 여러 가지 양반이 지켜야 할 덕목이 너무 많다는 것을 알고 나는 양반 하지 않겠다는 일화가 있다.

내가 알고 있는 양반의 형태를 연암 박지원의 『양반전』에 더하여 여기에 실어 본다.

- 양반은 돈을 만지지 않는다.

- 양반은 굶어 죽어도 동량은 하지 않는다.
- 양반은 농사를 직접 짓지 않고, 장사도 하지 않는다.
- 양반은 물에 빠져도 개헤엄을 치지 않는다.
- 양반은 아무리 급해도 개구멍으로 드나들지 않는다.
- 양반은 급한 일이 있어도 뛰어가지 않는다.
- 양반은 비가 와도 우산을 쓰지 않는다.
- 양반은 이웃집 아내를 곁눈질하지 않는다.
- 양반은 아녀자 일에 간섭하지 않는다.
- 양반은 정제(부엌)에 들어가지 않는다.
- 양반은 몸이 아파도 무당을 부르지 않는다.
- 양반은 더워도 버선을 벗지 않는다.
- 양반은 추워도 곁불을 쪼이지 않는다.
- 양반은 내 아이라도 업지 않는다.

노비(천민)는 개인의 재산으로 취급하여 사고팔기도 했다. 조선 말기에 쌀 30석~40석에 거래되었다고 한다. 노비는 관청의 허가를 받아 노비의 탈을 벗을 수 있었다.

이조 말기에 면천제도(免賤制度)가 시행되었다. 노비에게 자유를 주기 위한 제도가 아니고 노비로부터 세금을 거두어들일 목적이었고 또한 병역의 의무를 지우기 위한 제도이었다.

원래 노비는 양반집 재산으로 취급되었으므로 그들에게는 세금이 부과되지 아니하였고, 병역의 의무도 없었으나 조선 말기에 재정이 많이 부족하고 병사가 많이 필요해서 면천시킨 것이었다. 노비 자신은 노비로 남아 있기보다 노비의 굴레를 벗어나는 것이 더 바람직하였기에 세금을 내고 병역의무를 지더라도 면천하기를 바랐다.

2) 여성 비하 사상

아주 오랜 옛날부터 동서고금을 막론하여 여성비하 사상은 곳곳에 있었다.

여성을 비하하는 말은 여러 가지가 있다.

여필종부(女必從夫) · 부창부수(夫唱婦隨) · 부부유별(夫婦有別) · 남존여비(男尊女卑) · 남아선호(男兒選好) · 칠거지악(七去之惡) 등이 있고, 성경에도 여성비하 사상은 곳곳에 쓰여 있다.

- 여필종부란 여성은 반드시 지아비의 의견을 따르라는 것이다. 아직까지 길을 걸어갈 때 여자는 남자의 뒤를 따라가고 있는 모습을 많이 볼 수 있다.
- 부창부수는 지아비가 노래를 부르면 아낙네는 뒤따라 불려야

한다는 것이다. 요즈음은 반대로 아낙네가 앞장서 노래를 부르면 지아비는 먼 산 쳐다보듯이 앉아서 듣기만 한다.

- 부부유별은 남편과 아내는 구분 지어야 한다는 것이다. 남편이 할 일이 있고 아내가 할 일이 따로 있다는 것이다.
- 남존여비는 남자는 높고 귀하며 여자는 낮고 천하다는 유교적 윤리이다. 중남경여(重男輕女)와 같은 말이다.
- 남아선호는 사내아이를 좋아하고 딸은 귀하게 여기지 않았다는 사상이나 지금까지도 족보에 딸들은 이름을 올리지 않고 그 딸이 결혼하면 남편의 이름이 족보에 올라간다.

조선 시대에는 아들을 낳지 못하면 친척 집 아들을 양자로 얻어 대를 잇는 풍속이 있었다. 조선 시대 왕이 갑자기 죽으면서 후사를 두지 못하였으면 가까운 친척에서 아들을 양자 삼아 대를 이어 가는 풍속이 왕가에도 있었다.

신라 시대에는 선덕여왕·진성여왕 두 분의 여성 왕이 있었다는 점에 비추어 보면 신라가 좀 더 개혁적이고 실질적인 것으로 보인다.

조선의 여성은 아들 낳을 때까지 무제한 출산을 하였다. 여성은 집안에서 아이를 낳고 또 낳고, 아침상·점심상·저녁상 차리고, 방에 들어 오지도 못하고 부엌에서 밥을 먹고, 헌 옷 챙겨 꿰매고, 빨래하고, 길쌈하고, 틈틈이 밭에 나가, 허리 꼬부라질 때까지 일하고, 밤에는 남자들의 시중이나 드는 것이 일상이었다.

성경에도 남존여비 사상은 여러 군데 쓰여 있다.

첫째, 창세기를 보면 하나님이 인간을 만드실 때 남자를 먼저 만들고, 남자의 갈비뼈 하나를 뽑아내어 여성을 만들었다고 쓰여 있다.

둘째, 예수님의 열두 제자 가운데 여성은 단 한 명도 없다. 간혹 엑스트라로 나올 뿐이다.

셋째, 아내들아 네 남편을 존중하라 남편들아 네 아내를 사랑하고 버리지 말라고 쓰여 있다.

조선 시대 여성비하 관습은 한두 가지가 아니다.

- 한자 가운데 계집 여(女) 자가 3개 붙어 있으면 간사할 간(姦) 자가 된다. 여성을 비하하는 글자이다.
- 조선 초기에 칠거지악이라는 규율이 형법에 적혀 있었다. 이는 봉건사회에서 여성을 천대하는 사상이다.

  조선 시대에는 삼종지도(三從之道)라는 관습이 있었다. 여자는 무조건 부모에게 복종해야 하고, 남편에게 복종해야 하고, 자식에게도 복종해야 한다는 것이다.

이런 잘못된 여성 천대 사상이 오랫동안 지속되었다.

여성 스스로 자율적으로 이런 관습이 지켜지고 있었다. 여성들이 경제적 자립성이 없으니, 이런 관습을 따라가지 않을 수 없었다.

- 양반가의 여성들이 외출할 때는 중동지역 여성들이 사용하고 있는 얼굴 가리개 히잡과 비슷한 쓰개 두루막으로 얼굴을 가리고 나갔다.
- 여성들의 재혼을 관습적으로 제한했고, 혹시 재혼하여 아이를 낳으면 그 아이를 서자라고 해서 벼슬(공무원)을 할 수 없게 했다.
- 출가(시집간)한 여자를 외인(外人)이라고 해서 상속권이 전혀 없었다.
- 집안에 초상이 나도 여성은 밖에 나가지 못하고 안에서 손님만 맞아야 하고, 산소에도 가지 못하였다.
- 정절을 지킨 여성에 대해서는 열녀비를 세워 주었다. 재혼을 하지 못하게 하는 규율이었다.

3) 장례 절차

부모님이 돌아가시면 장례를 치러야 하는데, 일반인은 돌아가신 날을 포함해서 3일째에 장례를 하고, VIP는 5일째 되는 날 장례를 치른다. 지금도 이 풍속은 계속되고 있다. 장례를 치르고 3일 후 불교 신자는 삼우제를 지내고 7일마다 7회에 걸쳐 제사(49재라 한다)를 지낸다. 양반가에서는 부모님이 돌아가시면 그날부터 3년상을 치렀다. 묘역 근처에 초막을 짓고, 상복을 입고 그곳에서 거주하면서 아침저녁으로 곡(울음)을 하면서 제사를 지냈다.

삼년상

온전히 내핍생활을 했다. 그럼으로써 부모님들의 은덕에 보답한다고 생각했다. 하지만, 이러한 의례는 현대생활에 적합하지 않다는 것이 일반화되면서 거의 사라지고 있으나, 봉화에 사는 권 씨라는 양반은 얼마 전에 3년상을 격식대로 무덤 옆에 움막을 치고 살다가 3년이 지나 TV에 나와서 시중에 화제가 되기도 했다.

4) 제사 절차

제사는 우리나라 각 가정에 가장 중요한 행사 중의 하나이다. 유교 문화에서 비롯된 것으로 돌아가신 선조들에 대한 추모의 행사이다. 이날에는 친인척이 모두 모인다.

음식상(제사상)을 차려 놓고 돌아가신 선조들의 영령을 초대하여 음식을 드시게 한다.

여러 가지 떡 · 고기 · 과일 · 산적 · 해산물 등을 준비한다. 제사상 차리는 데 많은 비용이 들어가므로 가난한 가정에는 큰 부담이 되었다. "없는 집(가난한 집)에 제삿날만 돌아온다."라는 격언도 있다.

남아선호사상과 가부장제도하에서는 제사는 장자의 집에서 준비하고 지내는 것이 원칙이다. 그래서 상속에 있어서도 장자가 우선이고 돌아가신 선조들께서도 장자를 모든 일에 우선시하였다.

제사 비용을 핑계로 장자들이 더 많은 재산을 상속받는 풍속이 전해 내려왔다.

맛있는 음식을 차려 놓고 돌아가신 선조들의 넋을 초치하여 놓고 가족들이 차례로 술잔에 술을 따르고 술잔을 음식 위에 한 바퀴 돌리고 상 밑에 있는 그릇에 따라 버린다. 조상님들의 혼령이 오셔서 술을 마신 것처럼 흉내를 냈다.

그리고 나서 온 가족이 엎드려 절을 하고 추모의 말을 한마디씩 한다.

중국으로부터 유교가 전해오면서 제사의 풍습도 전해졌는데, 제사를 지내는 방법은 가문에 따라 조금씩 다르다.

제사상을 차릴 때 홍동백서 · 어동육서 · 좌포우혜 · 조율이시 · 두동미서 조상들의 영혼이 와서 잡수시게 편하게 하고자 하였다. 이 방식은 지역마다 다르고 가정마다 조금씩 다른데, 서로 자기네 방식이 옳다고 다투기도 하였다.

7 세도정치와 붕당정치

1) 세도정치(勢道政治)

조선 시대에는 왕이 어리거나, 어리석거나, 무능하게 되면 왕비의 친정 가족들이 왕을 뒤에서 코치해서 국정을 이끌어 나가기도 했다.

이때 주로 왕비나 대비마마의 친인척이 권력을 이용해서 축재를 하고, 중요 요직에 친인척을 골고루 끼워 넣는 것이었다. 요즈음 수첩인사·회전문인사·특혜인사·자기사람박기 등과 같은 맥락이다.

이들은 관직을 이용해서 조세를 면탈하고, 부정한 방법으로 재력을 쌓고, 병역을 면제받고, 서민의 재산을 강탈하는 등 횡포를 부렸다.

이와 같은 형태를 두고 외척의 세도정치라고 했다.

몇 가지 사례로 보면,

첫째, 안동 김씨의 세도정치이다.

조선 23대 왕 순조가 12세의 어린 나이에 즉위하자 그의 장인 되는 김조준이 권력을 잡고 세도를 부렸다. 안동 김씨 친인척을 요직에 앉히고 벼슬을 매관매직하고, 뇌물을 챙기고, 삼정(田政·軍政·還穀)을 문란하게 하였다.

둘째, 풍양 조씨의 세도정치이다.

순조의 아들 효명세자가 일찍 죽는 바람에 순조의 손자(효명세자의 아들)가 나이 8세 때 왕위를 승계했다. 그가 제24대 왕 헌종이다. 헌종의 어머니는 풍양 조씨이고 신정왕후로 추존 되었다.

순조가 죽을 때 헌종의 외삼촌인 풍양 조씨 조인영에게 헌종의 뒤를 보살펴 달라고 당부를 했다. 이를 기회로 풍양 조씨의 세도가 시작되었다.

헌종은 매우 잘생겼으며 궐 안에 있는 모든 궁녀와 관계를 맺었다고 전해 내려왔다. 그러나 후사는 없었다.

셋째, 또다시 안동 김씨의 세도정치이다.

제24대 헌종이 후사 없이 죽고 농부 출신 철종이 느닷없이 왕위에 오르면서 그의 처족인 안동 김씨 김문근(철종의 장인)이 권력을 잡고 세도를 부렸다. 철종은 천방지축이었다. 여색만 탐하고 다녔다. 이 틈을 타서 그의 장인 안동 김씨 일족이 세도를 부렸는데, 그때까지 풍양 조씨가 세도를 부리고 있어 이들과 경쟁적으로 세도를 부렸다.

순조(1800~1834)	-	헌종(1834~1849)	-	철종(1849~1863)
안동 김씨		풍양 조씨		안동 김씨

넷째, 여흥 민씨의 세도이다.

고종의 비 명성 왕후 여흥 민씨가 들어서자 고종의 아버지 흥선 대원군이 안동 김씨의 세도를 몰아내고 외척 세력을 견제하는 틈바구니에 여흥 민씨의 세도가 시작되었다. 정치기강을 흔들며, 매관매직하고, 지방수령 자리를 독차지하고 온갖 수탈을 자행하였다.

대원군의 처, 고종의 처, 순종의 처 세분 모두 여흥 민씨다. 서로 핏줄이 연결되어 있어 세도를 부리기 쉬웠다.

왕비들의 성씨별 통계

성씨	인원	비고
여흥 민씨	5명	세도정치
파평 윤씨	5명	세도정치
청주 한씨	4명	
청송 심씨	3명	
안동 김씨	3명	세도정치
경주 김씨	2명	
반남 박씨	2명	
청풍 김씨	2명	
기타	14명	
계	40명	

※ 조선 왕은 27명인데 왕비가 40명이다. 13명의 왕비는 병들어 죽거나 폐비가 되어 쫓겨났다.

2) 붕당정치(朋黨政治)와 4대 사화(四大士禍)

조선이 망한 원인 중의 하나는 붕당정치의 폐해 때문이라고 하지만, 그 붕당정치는 옛날 옛적부터 전해져 내려와 현재에도 있으며, 앞으로도 계속 있을 것이다.

붕당정치라는 말은 역사학자들이 지어낸 용어이며, 정치인의 흠을 잡기 위한 억지라고 하지 않을 수 없다.

어쩌면 붕당은 정치인의 생리이고, DNA가 있다고 할 수 있다. 벼슬자리는 한정되어 있는데 벼슬하려는 족속은 많으니 편을 가르지 않을 수 없는 것이다.

그 밖에도 붕당이 생기는 원인은 여러 가지가 있다. 조선 시대에는 아주 사소한 일로 편을 갈라 싸웠다. 임금이 죽었는데 3년상을 치를 것인가, 아니면 5년상을 치를까 하는 문제로 편을 갈라 싸웠고, 이어 왕비가 죽었는데 1년상을 치를까, 아니면 8개월상을 치를까 하는 문제를 두고 편을 갈라 싸움질을 하였다.

요즈음은 정당이 있어 여당·야당 맞붙어 임기 끝날 때까지 싸운다. 대다수 국민은 눈살을 찌푸리지만, 야당이 여당 편을 들면 존재가치가 없다고 생각하여 옳고 그름을 떠나, 야당은 여당을 상대로 반대만 한다. 야당의 거물이라고 불리는 분은 대통령과 그 가족을 휘어잡고 억지로 흠을 찾아 비난을 퍼붓기도 한다.

조선 시대에는 의회가 없으니 끼리끼리 붕당을 지어 논쟁을 할 수밖에 없었고, 현대에는 의회가 있고 정당이 있어 조직적으로 싸우고 있다.

예나 지금이나 정치인의 싸움은 제 밥그릇 챙기기에 지나지 않는 것 같다.

조선 초기에는 사림파와 훈구파가 있었다. 사림파는 고려 시대 홀대를 받던 신진개혁파이고, 유교원리를 바탕으로 하여 국정을 영위하려고 하였고, 훈구파는 고려 시대 벼슬을 차지하고 있던 사람으로 그저 '더도 말고 덜도 말고' 고려 시대처럼 살자는 주장이었다. 이들은 변화를 싫어했고, 역성혁명(易姓革命)을 인정하지 아니하였다.

사림파는 동인(영남학파)과 서인(기호학파)으로 나뉘고, 다시 동인은 남인(이황 · 유성룡)과 북인(조식)으로 나뉘었다.

이런 분쟁 중에 어느 한 편에 소속되어야 살아남을 수 있었다. 끼리끼리 모이지 않으면 낙동강 오리알이 될 수밖에 없었다.

이들 사이에 편을 갈라 다투다 보니 어떤 때는 끔찍한 사건이 벌어지기도 했다. 조선 중기에 왕까지 분쟁에 개입하여 수많은 선비들을 죽음으로 몰아낸 큰 사건이 4개나 있었다.

무오사화(1498년, 연산군 4년)

사화란 선비들이 크게 다쳤다고 하여 붙여진 이름이다. 무오사화는 겉으로는 사초(史草, 임금의 발자취를 학자들이 비밀리에 기록한 문서)에 기록된 내용이 옳다 그르다 하는 데서 일어났다고 하지만, 내용을 보면 "연산군이 왕이 될 만한 자질을 갖추지 못하였다."라는 내용이 기록되어 있어, 이를 알게 된 연산군은 이 사초를 작성한 김종직을 부관참시(剖棺斬屍, 죽은 자를 무덤에서 끄집어내어 형벌을 가하는 행위)하고, 김일손은 능지처참(陵遲處斬, 죄인을 죽인 뒤 시신의 머리, 몸, 팔, 다리를 토막 쳐서 각지에 돌려 보이는 형벌)하였다. 그 외 신진세력들이 수없이 쫓겨났다.

연산군은 아버지 성종으로부터 사랑을 받지 못하였고 신료들이나 스승으로부터 푸대접을 받으면서 어린 시절을 보냈다.

연산군은 조선의 통치이념인 유교 윤리를 거부하였다. 이로 인해 많은 신료들과 마찰을 일으켰다. 하지만 연산군은 양반계급과 갈등을 일으키면서도 부패한 관리를 숙청하고, 민생을 돌보고 국방력을 강화하였다. 연산군은 자기의 왕권에 도전하는 무리에 대하여 가혹하게 처벌하였다. 이 사건을 무오사화라고 한다.

연산군은 그에게 아부하는 임사홍과 신수근(왕비의 오빠)만 신임하였고 무오사화 이후 사치와 향락에 빠졌다.

연산군은 장녹수라는 궁녀에 빠져 온갖 비행을 저질렀고, 궁궐 안에 있는 여성뿐만 아니라 궁 밖에 있는 아낙네까지도 침실로 끌어들였다.

이런 폐단이 누적되어 신료들의 신임도 잃고, 백성들의 원성도 자자하였다. 이로 인하여 왕위에서 쫓겨났다.

갑자사화(1504년, 연산군 10년)

연산군에 빌붙어 권세를 누리던 임사홍은 연산군의 어머니 윤씨가 사약을 먹고 죽게 된 사연을 연산군에게 일러바치자, 연산군은 이 사건에 연루된 인수대비(연산군의 배다른 할머니)를 궁에서 몰아내고 이미 죽은 한명회와 정여창 등을 부관참시하였다.

한편 한글로 연산군을 비방하는 방이 붙자, 연산군은 한글의 사용도 금지하였다. 이 사건을 갑자사화라고 한다.

드디어 반란군이 궁궐 안으로 진입하였으나 아무도 연산군을 보호하기 위해 나서는 사람이 없었다. 궁궐 내 성공적으로 진입한 반정세력은 대비인 정현왕후(연산군의 계모)의 재가를 얻어 연산군을 왕위에서 몰아내고 진성대군(연산군의 이복형제)을 새 왕으로 추대하였다. 그가 조선 제11대왕 중종이다.

연산군은 강화도로 유배되었다가 1506년 11월 병으로 죽게 되었다. 그때 나이 겨우 31살이었다.

연산군은 왕의 묘호(왕이 죽은 후 신하들이 지어 준 이름)를 받지 못하고 '군(君)'으로 남게 되었다.

기묘사화(1519년, 중종 14년)

중종 즉위 이후 정국을 주도한 훈구파에 반하여 신진 사림파들이 세력을 늘려 가면서 훈구파와 사림파 간에 알력이 생겼다. 사림파들은 중종반정에 공이 없는 자들을 축출해야 한다고 주장했으나 오히려 훈구파의 반격을 받아 사림파들이 숙청되었다.

중종반정으로 연산군이 폐위되고 훈구파가 득세하게 되었으나 중종은 훈구파를 견제하기 위해 다시 사림파를 받아들였다.

그중 조광조는 왕도정치 이념에 입각해 개혁을 추진하였다. 사림파는 성균관 학생을 정치에 끌어들이고 향약(鄕約)을 실시하였다. 사림파는 지나치게 개혁을 추진하는 과정에서 훈구파의 반감을 사게 되었다.

1519년 중종 반정공신의 위훈 삭제를 계기로 훈구파는 다시 뭉쳐 "나라의 민심이 조광조에게 모두 돌아가고, 그대로 둘 경우에는 왕권까지 위태롭다."라고 과장 선동하였다. 중종은 이를 받아들여 조광조 등 사림파를 대거 숙청 또는 사약을 주고 죽였다.

을사사화(1545년, 명종 원년)

중종의 두 번째 부인 장경왕후 파평 윤씨(대윤)가 죽고 중종의 세 번째 부인 문정왕후 파평 윤씨(소윤)가 왕비에 오르면서 장경왕후의 아들 인종과 문정왕후의 아들 명종이 왕위에 오르게 되었다.

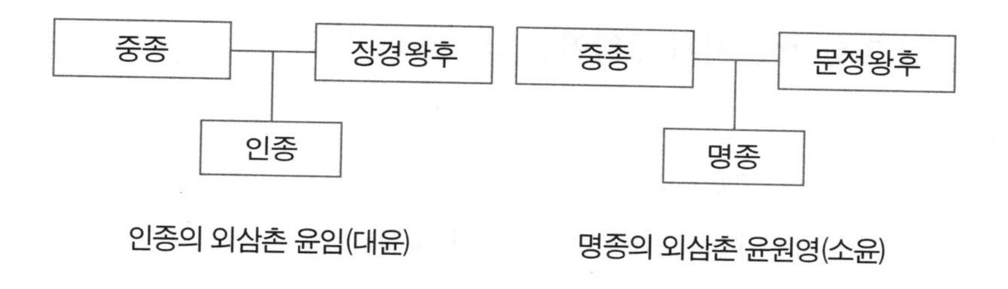

이들은 같은 파평 윤씨이지만, 씨족 간의 권력다툼으로 대윤・소윤으로 나뉘어 진흙탕 싸움을 계속하였다.

인종이 왕위에 올라 양측의 다툼은 대윤의 승리로 끝나는 것같이 보였으나, 인종이 즉위한 후 8개월 만에 병환으로 사망하자 명종이 즉위하면서 소윤이 득세하게 되었다. 명종의 외삼촌 윤원영이 나타나 윤임(대윤)과 그 일원을 단숨에 제거하게 되었다. 이 사건을 을사사화라고 한다.

을사사화에 연루되어 나의 조상 온계 할아버지(이퇴계 형) 충청관찰사께서 화를 당하였다.

8 폐망의 길을 재촉하다

1) 조선 폐망 시기에 일어난 일

1860년 동학농민운동

1875년 운양호사건(병자수호조약 체결)

1876년 일본과 강화도 조약 체결

1882년 임오군란(개화파와 수구파의 싸움)

1885년 청일전쟁

1894년 갑오경장

1894년 동학농민운동

1895년 을미사변(명성황후 시해사건)

1896년 아관파천(고종이 러시아공관으로 피신)

1897년 대한제국수립(고종이 황제로 둔갑)

1904년 러 · 일전쟁(러시아의 내란으로 일본이 승리)

1904년 한일의정서 조인

1906년 통감부설치

1907년 을사늑약 체결(을사보호조약)

1910년 8월 29일 한일합방조약 발효

2) 그때 조선과 일본의 관계

조선과 일본은 상호교린관계를 유지하고 있다가 임진왜란으로 관계가 악화되었다. 그 후 일본에는 도쿠가와 이에야스의 막부정치가 실시되고, 통신사가 파견되는 등 어느 정도 조일 관계가 회복되어 왔다.

그러나 일본이 명치유신을 단행하고 나서 이도히로부미 등이 정한론(征韓論)을 주장하면서 먼저 운양호사건을 일으켜 조선과 매우 불평등한 조약을 강제로 맺게 되었다.

일본이 청일전쟁과 노일전쟁에서 승리하게 됨에 따라 조선에 대하여 우월한 지위를 차지하게 되었다. 경성에 조선통감부를 설치하고 조선을 직접 감독하게 되었다. 이로써 조선은 꼼짝 못 하고 일본의 속국이 되어 가고 있었다.

3) 외국 군대의 진입

고종 · 민비 · 홍선대원군은 각자 국내 문제를 해결하기 위하여 4차례나 외국 군대를 끌어들였다.

첫 번째, 임오군란이다.

1882년 구식군인들이 13개월 치나 급료를 받지 못하였는데, 모처럼 급료 대신 쌀을 주겠다고 하여 기대를 가지고 쌀 배급을 받았는데, 그 쌀 속에 모래가 많이 섞여 있어 이에 조정에 항의하고 병기를 들고 지방관아에 침입하였는데, 조정에서는 이를 저지시킬 병력이 부족하여 청나라 군대를 불러들였다. 이로 인하여 재기를 노리던 홍선대원군은 볼모로 청나라로 끌려가고 척화파들이 물러나고 민비 세력이 득세하게 되었다. 조선이 외국 군대를 끌어들인 첫 번째 사례이다.

두 번째, 1894년 동학 교주 전봉준은 농민들과 함께 관리들의 부정부패와 민씨 일가의 세도정치를 타파하기 위하여 난을 일으켰다. 이때 홍선대원군은 재기를 노리고 있던 차 농민의 봉기를 지원하였다.

이에 명성왕후 민비는 동학 농민 반란을 제압하기 위하여 청나라군과 일본군을 함께 끌어들였는데 이를 계기로 청나라와 일본은 조선에 대한 지배권을 가지려고 다투다가 끝내는 청 · 일 전쟁이 일어나 일본이 승리하게 되어 친일파들이 홍선대원군을 내세웠다. 이 사건은 조선이 외국 군대를 끌어들인 두 번째 사례이다.

세 번째, 을미사변(명성왕후 시해사건)이다.

1895년 10월 8일 경복궁에서 명성왕후 민비가 일본 무리에 의하여 시해되었다. 이 사건의 배후에는 흥선대원군과 친일파가 있었다고 전해오고 있다. 흥선대원군은 청나라로 잡혀갔다가 돌아와서 재기를 노리면서 걸림돌이 되는 민비를 제거할 음모를 꾸며 일본군부와 불량배가 민비를 제거하도록 지원하고, 일본 군대가 조선에 진입하는 계기가 되었다. 외국 군대를 끌어들인 세 번째 사건이다.

네 번째, 아관파천이다.

1896년 일본의 위협에 의하여 고종과 세자는 경복궁을 떠나 러시아제국공관으로 피신하였다.

명성왕후가 일본인에게 살해된 후 조선 백성들은 일본인에 대하여 적대시했고, 전국 곳곳에서 의병이 일어나 나라가 혼란에 빠졌다. 이때를 놓치지 않고 러시아는 고종을 보호한다는 명목으로 고종을 러시아공관으로 피신시켜 놓고, 러시아공관을 보호한다는 명목으로 러시아군대 100여 명을 조선에 파병토록 하였다.

조선이 외국 군대를 끌어들인 네 번째 사건이다.

4) 저물어 가는 조선

일본은 강화도조약을 체결하면서 조선이 문호를 열도록 하는 동시에 조선의 내정에 간섭하기 시작하였다.

일본은 청 · 일 전쟁과 노 · 일 전쟁에 승리함으로써 조선에 대한 지배권을 한층 더 강화하였다.

1907년 고종이 네덜란드 헤이그에서 열리는 만국평화회의에 이상설 · 이준 등의 밀사를 파견하여 일본침략의 부당성을 국제사회에 알리려고 하였으나, 회의 참석도 거부당한 채 빈손으로 귀국하게 되었다. 이때 이준 열사는 그곳에서 자결하였다. 이 사건을 빌미로 일본은 고종을 강제 퇴위시키고 순종을 왕위에 올려 앉혔다.

일본은 이완용 등 친일세력을 포섭하여 한일신협약을 맺고 조선의 법령제정권 · 관리임명권 · 행정권을 모두 손아귀에 넣고 마침내 1910년 8월 22일 한일합방조약을 체결하였다. 이로써 조선은 건국한 지 519년 만에 지구상에서 사라지게 되었다.

을사오적(乙巳五賊)

1905년(을사년)에 일본은 청일전쟁에서 이기고 뒤이어 노일전쟁에 이기고 나서 일본은 조선의 외교권을 박탈하기 위해 조 · 일간에 을사늑약을 체결하였다. 이때 고종은 협약에 반대 의사를 표시하고 늑약에 서명하지 않았다. 하지만, 다섯 명의 대신들이 참여하여 늑약이 체결되었다. 이들 다섯 명은 모두 판사 출신이었다.

학부대신 이완용 · 내부대신 이인용 · 외부대신 박제순 · 군부대신

이근택 · 농상공부대신 권중현을 가리켜 을사오적이라고 부르게 되었다.

5) 대원군의 쇄국정책에 대한 시비

조선 25대왕 철종이 아들을 낳지 못하고 죽자 왕족인 고종이 12살 때 왕위에 오르게 되었고 동시에 고종의 아버지 이하응이 대원군이 되었다.

홍선대원군은 10년 넘게 고종을 대신하여 나라를 다스리게 되었다. 홍선대원군은 여러 가지 치적을 쌓았다.

- 안동 김씨(철종의 외척)를 몰아내고,
- 인재를 공평하게 골고루 등용하였고,
- 많은 비리가 있던 서원을 47개만 남기고 200여 곳을 없애 버렸고,
- 임진왜란 때 불타 버린 경복궁을 새로 지었다. 여기에 많은 자금이 들어가서 원성을 받게 되었다.

대원군은 쇄국정책을 폈는데, 나라의 문을 빗장으로 굳게 닫고, 외국과 일절 교류를 하지 않겠다는 정책이었다. 그럼에도 불구하고 서양의 여러 나라들은 조선으로 하여금 '문호를 개방하라'고 요구하

면서 무력을 사용하기도 했다.

대원군은 1866년 프랑스 신부를 비롯해 천주교 교인들을 무더기로 처형하고, 대동강에 나타난 미국의 상선 General Serman호를 불태워 버렸다.

또한 프랑스 군대가 강화도에 쳐들어왔을 때 이를 물리쳤다. 이를 병인양요라 한다.

미국이 1866년 군함 5척을 몰고 강화도 앞까지 쳐들어왔으나 대원군은 이를 물리쳤다.

일본도 1875년 운양호를 몰고 강화도까지 쳐들어 왔는데 이를 물리치지 못하고 굴복하여 불평등한 강화도조약을 맺음으로써 이후 문호를 조금씩 열게 되었다.

그 후 미국 · 영국 · 독일 · 러시아 · 프랑스 등 서양 국가들이 쳐들어와 이들과도 통상조약을 맺고 문호를 개방하였고 천주교도 받아들여 포교를 하도록 하였다.

대원군의 쇄국정책에 대하여 후대의 사람들이 여러 가지 평가를 하고 있다. 대원군의 쇄국정책은 '흐트러진 나라를 외세로부터 일시적이나마 보호하였다'는 긍정적 평가를 하는 측이 있고, '아니다. 대원군의 쇄국정책은 조선이 서양 문물을 받아들일 수 없어 나라가 발전하지 못하였고, 후일 일본과 한 번 싸워 보지도 못하고 나라를 잃게 되는 사태가 발생했다'고 주장하는 측이 있어 시비를 쉽게 가릴 수 없게 되었다.

돌이켜 보면, 대원군의 쇄국정책은 외국인이 들어오면서 가져오는 폐단, 예컨대 천주교를 전파하여 조선국민의 유교정서를 파괴할 우려가 있고, 통상을 빌미로 우리나라 물자를 수탈하고, 동양의 아름다운 미풍양속도 해칠 우려가 있어 자칫하면 나라를 송두리째 외국에 빼앗길 수 있다는 우려가 있어 문을 단단히 닫아걸고 일체의 교류를 하지 않겠다는 주장이었다.

이러한 우려가 현실로 나타날 수도 있으나 지나친 걱정이라고 주장할 수도 있었다.

그럼에도 불구하고 서양제국들은 그들의 강력한 힘을 바탕으로 하여 조선에 통상요구를 해 왔다.

영국 · 프랑스 · 미국 · 일본 등 여러 나라가 통상요구를 강요해 왔고 무력을 행사하기도 했다. 이에 맞서 조선은 대원군이 앞장서서 그들과 싸워 몇 곳에서 승리를 거두기도 했다. 그 후 대원군은 전국 곳곳에 척화비를 세워 쇄국정책을 강화하였다.

"서양 오랑캐가 침범하는데 나와 싸우지 않으면 화해하는 것이고, 화해를 주장하는 것은 곧 나라를 파는 것이다. 이를 우리 자손에게 영원히 경고한다."

경상북도 문화재자료 제242호
이 척화비(斥和碑) 하나가 내가 지금 살고 있는
순흥면 사무소 앞뜰에 버젓이 세워져 있다.

지금도 전 세계 각국은 부분적인 쇄국정책은 시행하고 있다. 대표적인 것이 미국의 Trump 대통령의 봉쇄정책이었다.

만약 조선이 그때 쇄국정책을 시행하지 않았으면 어떻게 되었을까? 조선은 망하지 않았을 것이다. 아니다. 더 일찍 망했을 것이다. 정답을 찾기 어렵다. 조선이 조금 더 일찍이 문호를 개방했었다면 자칫 조선은 열강의 전쟁터가 되었을 가능성도 있었다.

당시 조선은 '임자 없는 땅'처럼 빈약했으므로 일본만이 아니고 러시아 · 미국 · 프랑스 · 영국이 탐을 내고 있었다.

일본은 명치유신 이후 일찍이 문호를 개방하고 서양문물을 받아들였다. 특히 소총 · 화약 등 무기와 조선업 등이 두드러지게 발전할 수 있었다. 이에 견주어 볼 때 조선도 일찍이 문호를 개방하여 서양의 우수한 문물을 받아들였으면 일본만큼은 되지 않았을까, 하는 생각도 할 수 있으나 회의적인 생각과 긍정적인 생각이 엇갈리고 있다.

대원군이 배척을 받게 된 것은 그의 쇄국정책도 한몫 차지하고 있었다.

민비가 궁궐 안에서 피격받아 숨지고, 고종이 러시아 공관으로 도망을 가고 조선 땅을 사이에 두고 청일전쟁, 러일전쟁이 일어나고 이런 가운데 문호를 개방했다고 하더라도 서양의 좋은 문물을 받아들여 조선인의 생활양식도 바꾸고 있었을 것이라는 비전은 하나의 망상이라고 생각한다. 왜냐하면, 조선은 서양의 문물을 받아들일 준비가 전혀 되어있지 않은 상태이었다. 특히 양반들이 체면 깎일 일을 하지 않았던 것이다. 서양 문물을 받아들여 이를 소화하려면 먼저 조선인의 사고방식부터 고쳐야 했을 것이다.

대원군의 쇄국정책에 앞서서 그보다 더 일찍이(일본 명치유신 때만큼이나) 인간 개조를 하고 제도를 바꾸고 정치구조를 바꾸었으면 조선은 망하지 않을 수도 있었을 것이다.

9 역사에 '만약'이란 없지만

만약에…… 1

태조 이성계의 후처 강씨가 자기 소생의 아들 방석을 "세자로 책봉해 달라."라고 이성계에게 애절하게 조르지 아니하였다면, 강씨 자신도 살 수 있었고, 아들 둘도 모두 살 수 있었을 것이다.

방원(후일 태종)도 굳이 계모 강씨와 이복동생 두 명도 죽이지 아니하였을 것이다.

후처 강씨의 욕심으로 인하여 죽음을 자초한 것이다.

이성계의 전처(정처)는 이성계가 왕이 되기 직전에 죽었으나 그가 낳은 아들은 자그마치 6명이나 있었고 이들은 모두 건국공신일 뿐만 아니라, 그때의 관습으로 볼 때 당연히 정실 소생 중 하나가 태조의 후계자가 돼야 했을 것인데도 불구하고 후처 강씨의 간청을 이기지 못하고 이성계는 어린 서자를 후계자로 지목하였다.

"돈과 권력은 부자지간에도 나눌 수 없다."라는 옛말을 몰랐나 보다. 그로 인하여 이성계 자신도 권좌에서 물러나 10년 가까이 외롭고 어려운 나날을 보내다가 세상을 떠났다.

만약에…… 2

제3대 왕 태종이 3남인 충녕대군(세종)을 후계자로 정하지 아니하고 장자 우선 원칙에 따라 장자 양녕대군을 후계자로 삼았다면, 그의 방만한 행동으로 인하여 조선은 건국한 지 몇 년 되지도 않아 나라를 엉망진창으로 만들었을 가능성이 매우 크다.

세종이 아니었다면 훈민정음(한글)도 세상에 나오기 어려웠을 것이다. 설령 훈민정음이 어렵게 창제 · 반포되었더라도 여러 대신들과 양반들의 반대에 부딪혀 땅속으로 묻히어 들어갔을 것이다.

연산군 때 자기를 비방하는 글이 한글로 작성되었다고 하여 한글을 쓰지 못하게 하였으나 그의 먼 할아버지 세종의 위력이 조금이

나마 남아 있었기 때문에 훈민정음은 송두리째 없어지지는 않은 것이다.

만약에…… 3

세종이 허약한 장자 문종을 후계자로 정하지 아니하고 둘째 아들인 세조를 후계자로 세웠다면, 세조도 굳이 조카 단종을 죽이지 아니하였을 것이다.

세조가 죽은 후 그의 외아들 예종이 왕위에 올랐으나, 예종은 즉위 1년 2개월 만에 병으로 갑자기 죽게 되었다.

예종에게 뒤를 이을 아들이 없었고 어린 손자만이 있었으니 그때 이르러 장성한 단종을 찾을 가능성도 있었다. 그렇게 되었다면 조선 역사는 곡절 없이 바르게 나아갈 수 있었을 것이다.

왕위세습제와 장자 우선 원칙의 병폐가 역력하게 나타난 증표이다.

만약에…… 4

제9대 왕 성종이 윤씨를 왕비로 세우지 아니하였으면, 후일 폭군 연산군도 태어나지 않았을 것이다.

윤씨는 남편 성종이 여성 편력이 심하여 자기와 점점 멀어지게 되자 앙탈을 부려 왕의 얼굴에 손톱자국을 내기도 하고 중궁과 원자를 해하려고 주술까지 쓰다가 발각되어 드디어 폐비 되어 궁중에서 쫓겨나고 사약을 마시고 저승으로 갔다.

하지만, 윤씨의 소생 연산군은 왕위에 오르고 나서 자기의 친모가 사약을 먹고 죽은 것을 알게 되어 어머니의 복수극을 벌였다. 그 사건에 연루된 자를 모두 잡아 죽이고 이미 죽은 한명회와 정창손의 무덤을 파헤쳐 부관참시를 하였다.

그러나 연산군의 폭정에 진저리가 난 신하들이 뭉쳐 왕을 내쫓으려고 궁궐로 쳐들어가 연산군을 왕위에서 끌어내리고 그의 아내 신씨, 그의 아들마저 궁궐에서 쫓겨났다. 그때 연산군의 나이 31세이었다. 뒤이어 그의 이복동생에게 왕위를 물려주게 되었다. '모든 양반에게 인심을 잃으면 왕도 쫓겨날 수 있다'는 본보기를 보여 주었다.

만약에…… 5

제14대 왕 선조가 뒤늦게 51세에 새장가를 가지 않았다면, 그의 아들 광해군은 훌륭한 왕으로 알려졌을 것이다.

선조의 첫 번째 비 의인왕후가 죽고 후처로 19살짜리(후일 인목왕후)가 들어와 아들 영창대군을 낳았으나, 그때는 이미 공빈 김씨가 낳은 광해군이 세자로 책봉되어 있었다.

선조는 세자 광해군을 별로 좋아하지 않았고, 계비가 낳은 영창대군을 더 좋아했다. 광해군은 서자이고, 영창대군은 적자이므로 당시 유교 사회에서 다툼의 불씨는 남아 있었다.

광해군은 임진왜란이 일어났을 때 아버지 선조는 피난 가고 아버지를 대신해서 공식적으로 왕의 직분을 수행했고 왜군과 싸워 많은 공을 세우기도 하였다.

선조는 임진왜란이 일어나자 만약에 사태에 대비하여 마음에 들지는 않지만 서둘러 광해군을 세자로 책봉하였다.

선조가 갑자기 사망하자, 광해군은 17년간의 세자생활을 마감하고 왕위에 오르게 되었다. 이로부터 그간 왕과 왕비로부터 직·간접적으로 설움을 받던 광해군은 복수혈전을 벌여 먼저 인목대비의 가족에게 역모죄를 뒤집어씌워 죽여 버리고, 자기와 라이벌이 될 수 있는 영창대군을 위리안치시킨 후 죽이고, 계모 인목대비를 서궁에 유배시켰다.

하지만, 이런 복수극이 불씨가 되어 반정세력이 나타나고 급기야 광해군은 15년 만에 왕좌에서 내려앉게 되었다.

광해군은 복수혈전만 벌이지 않았다면 그리 허무하게 왕좌에서 쫓겨나지도 않았을 것이고, 폭군이라는 악명도 얻지 않았을 것이고, 오히려 훌륭한 왕으로 역사에 남을 수 있었다. 한 치 앞을 내다보지 못하는 것이 인간일지어다.

만약에…… 6

제19대 왕 숙종이 장옥정(희빈 장씨)을 궁궐로 끌어들여 오지 아니하였다면, 그녀를 둘러싸고 일어난 궁궐 내 비극은 생기지 않을 수 있었다.

장옥정은 천민 출신 어머니의 딸로 태어나 그때의 종모법에 따라 그도 천민의 신분이었다. 하지만 그녀는 경국지색(나라를 기울일 수 있는 미모)을 가지고 있어 숙종의 눈에 얼른 띄어 궁궐에 들어갈 수 있는 기회를 잡았다.

그때는 남인과 서인의 당쟁이 극에 달한 때이므로 남인은 그들과 연고가 있는 장옥정을 이용하였다.

한편 서인 측은 숙종의 어머니(현종의 비)를 통하여 장희빈을 견제하였다.

숙종은 희빈 장씨에 푹 빠져 기회만 있으면 그녀를 왕비로 삼으려고 하였으나 항상 어머니 명성대비에게 막혀 뜻을 이루지 못하고 있었다.

명성대비는 지극히 아들 숙종을 보살피다가 추운 날씨에도 불구하고 여러 날 밖에 나가 조당수를 앞에 놓고 빌고 빌다가 오히려 본인의 건강이 악화되어 안타깝게 돌아가시었다.

숙종은 어머니가 죽고 상을 마치자 급히 장희빈을 왕비로 삼았다. 장희빈은 입궁한 지 얼마 되지 않아 귀한 아들을 낳으니 그가 후일 경종이다.

장옥정은 우여곡절 끝에 궁녀 · 후궁을 거쳐 왕비까지 되었으나 그때 남인 · 서인의 싸움은 그치지 않고 있는 상태인데 왕비도 나이가 들면서 숙종의 사랑도 시들기 시작하여 이를 참지 못하고 앙탈을 부리다가 끝내는 왕의 미움을 사서 폐비가 되어 궁궐에서 쫓겨나가고 잠시 뒤에 사약을 먹고 죽게 된다. 그때 나이 43세에 지나지 않았다.

후일 장희빈의 아들이 왕에 오르니 제20대 왕 경종이다. 이때는 노론 · 소론의 다툼이 끊이지 않을 때이었다.

노론파는 경종을 죄인의 자식이라고 낙인찍어 궁지로 몰아넣었다. 그 등쌀에 견디지 못하여 결국 경종은 시름시름 앓다가 겨우 4년의 재임기간 만에 저세상으로 갔다.

만약에…… 7

조선 21대 왕 영조가 아들 사도세자를 조금만 다독여 따뜻한 정을 주었다면, 사도세자도 아버지의 마음에 크게 거슬리는 행동을 하지 않았을 것이고 왕위를 물려받아 슬기롭게 국정을 잘 헤쳐 나갔으련만….

영조는 탕평책을 써서 인재를 골고루 등용하였고, 백성들을 사랑하였고, 자기 스스로 근검한 생활을 하였다. 아들에 대한 기대치가 너무 커서 매사에 세자를 윽박지르기만 하니 사도세자도 빗나갈 수밖에 없었던 것이다. 여기에 더하여 당쟁이 사도세자를 죽음으로 몰아넣었고 기어이 영조는 아들 세자를 뒤주 안에 가두어 죽게 했다.

사도세자 노래

김문응 작사, 나화랑 작곡

금이야 옥이야 태자로 봉한 몸이
뒤주 안에 죽는구나 불쌍한 사도세자
꽃피는 청춘도 영화도 버리시고
흐느끼며 가실 땐 밤새들도 울었소

만약에…… 8

왕이 아들 하나만 잘 낳아서 잘 키워 후사를 잇게 했다면, 왕위 승계를 위한 분쟁은 일어나지 않았을 것이련만 안타깝게도 조선에는 아들 하나를 낳지 못한 왕이 수두룩하였다.

12대 왕 인종 · 13대 왕 명종 · 20대 왕 경종 · 21대 왕 영조 · 23대

왕 순조 · 24대 왕 헌종 · 25대 왕 철종이 아들 하나를 생산하지 못하였다.

그 옛날 장희빈이 궁궐에서 쫓겨나면서 한 "이씨 집안의 씨를 말리겠다."라는 험담을 탓할 일만은 아닌 것 같다.

이들 왕이 아들 하나만 제대로 낳아 왕위를 온전하게 물려주었으면 왕위승계를 두고 피비린내 나는 다툼과 서로 간의 모략 · 중상도 없었을 것이다.

이런 분란으로 인하여 나라가 피폐해지고, 왕권이 약화됨으로써 외침을 받게 되고 백성은 도탄에 빠지게 되어 끝내는 나라를 통째로 일본에 빼앗기는 결과를 빚었다.

이 모두 왕위세습제와 장자 우선주의에다 왕의 성 문란 때문이고, 그 결과물이라고 하지 않을 수 없다.

만약에…… 9

제24대 왕 헌종이 반반한 아들 하나만 낳아 왕위를 물려주었다면, 굳이 강화도에서 농사 잘 짓고 편히 살고 있는 이원범을 데려와 왕으로 삼지도 않았을 것이다.

이원범(철종)의 아버지 그리고 형은 왕족이지만, 역모 사건에 연루되어 강화도로 유배되어 그곳에서 사약을 마시고 죽었다. 철종은 적자도 아니고 서자로 태어났다. 철종은 배운 것도 없고, 어리석고, 천방지축 놀기만 하였다. 잠시 사이에 후궁도 여러 명 두었다. 이런 일이 어느 시대 어느 곳에 두 번 다시 있겠나?

철종은 전혀 준비 없이 왕위에 올랐으므로 그의 처족 안동 김씨가 세도정치를 부리면서 나라를 어지럽게 만들었다.

왕위세습제가 낳은 병폐이다.

만약에…… 10

제26대 왕 고종의 아버지 흥선대원군과 며느리 민비 사이에 다툼만 없었다면, 나라가 망하지는 않았을 것이다.

흥선대원군의 쇄국정책과 이를 반대하는 민비는 계속 충돌만 빚어 내놓고 있으니 이 사이 내란과 외침이 그치지 않았다.

이 못난이들이 일본군을 끌어들이고, 청나라 군대를 끌어들이고, 러시아군까지 끌어들여 우리 땅에서 이들이 맞붙어 싸움질만 하였으니 이 나라의 운명은 어떻게 되었겠나? 고종마저 국권을 바로잡지 못하고 우왕좌왕하고 여색만을 탐하여 그 어려운 시기에 궁궐 안에 후궁을 10여 명이나 두고 그들과 놀아나기나 했으니 조선은 그만 끝맺을 수밖에 없었다.

이와 같이 조선 왕실에는 대충 10가지 드라마가 있었으나 그중 어느 하나의 드라마만이라도 희극으로 끝났으면 조선은 망하지 않을 가능성도 있었다.

제2장

한글은 집현전 학사들이 만들었다

제2장 줄거리

이 장에서는 "한글은 누가 만들었는가."라는 논쟁에 대하여 사실과 상식선에서 밝히려고 한다.

세종대왕은 조선 27왕 중에 유일하게 '대왕'이라는 칭호가 붙을 만큼 훌륭한 업적을 많이 남기시었다.

그중 제일은 한글을 탄생시켰다는 것이다. 한글은 세종이 아니었으면 세상에 나오지도 못하였을 것이다.

하지만, 세종이 혼자서 비밀리에 한글을 만들었다는 주장에 대해서는 수긍이 가지 않는다.

일부 학자들이 훈민정음을 '세종이 혼자서 비밀리에 만들었다'는 Frame을 미리 짜 놓고, 여기에 근거도 없고 이치에도 맞지 않는 거짓의 증거를 내놓고 윽박지르고 있다.

세종은 집현전을 커다랗게 지어 놓고, 여기에 당대 최우수 인재들을 끌어모아 놓고 한글을 만들도록 하고 이들에게 아낌없이 후원을 하였다.

왕이 손수 문자를 만들지 않더라도 신하들이 한글을 만들 수 있도록 격려하고, 걸림돌을 제거하고, 후원하였다면 그것만으로도 세종은 이미 한글 창제의 주역이 된 것이다.

굳이 세종이 한글을 혼자서 만들었다고 우길 일은 없다.

한글

경복궁 안에 있는 수정전(修政殿)
세종 때 집현전이 있던 곳

1 온 누리에 으뜸가는 한글

1) 한글은 글자와 소리가 똑같다

한글은 소리글자라고 하고, 한문은 뜻글자라고 한다. 한글은 말소리 나는 대로 적은 것이고, 한문은 소리와는 관계 없이 글 속에 뜻이 담겨 있다. 얼핏 보면 한문이 나은 것처럼 보이나 말과 글이 다르니 쓰임새가 불편하고 배우기 어렵다.

알파벳은 세계 여러 나라들이 쓰고 있지만, 말과 글이 다른 경우가 많고, 하나의 글자가 여러 가지 소리를 내는 경우가 많아 쓰기에 불편하다.

한 가지 예를 들면, A가 "아"로 발음되기도 하고 "에"로 발음되기도 하고 H나 W 같은 경우에는 소리가 사라지는 경우도 있다. 그래서 외국문자에는 발음 기호가 따로 붙어 있다.

2) 한글은 매우 과학적이다

한글을 만드는 과정에서 자음은 소리가 나오는 기관과 그 움직임을 관찰하여 글자를 만들었고, 모음은 하늘(•), 땅(ㅡ), 사람(ㅣ)의 모양을 본떠서 글씨를 만들었다.

자음과 모음을 한 묶음 해서 하나의 글자를 만들었다. 이것은 한자와 같은 원리로서 한자와 같이 썼을 때 균형을 맞추도록 하였다.

3) 한글은 쓰기 쉽고, 배우기 쉽다

『훈민정음 해례본』에서 정인지가 말하듯이 스물여덟 자를 가지고도 전환이 무궁하고 간단하면서도 요점을 잘 드러내며 정밀한 뜻을 담으면서도 널리 통한다.

따라서 "지혜로운 자는 아침 한나절이면 배우고, 우매한 자도 열흘이면 배울 수 있다."라고 하였다.

한글을 낱말로 엮은 것이 11,172개이고, 그중 받침 없는 글자가 399개이고, 받침 있는 글자가 10,773개이다.

모든 글자는 28개(현재는 24개)의 자음과 모음으로 만들어져 이 24개의 글자만 익히면 누구든지(외국인까지) 몇 시간만 배우면 자기 이름 정도는 쉽게 쓸 수 있다.

유치원 어린이도 쉽게 쓸 수 있을 만큼 간결하고 몇 시간만 따라 배우면 금세 외워서 차례대로 쓸 수 있다.

4) 글자 모양이 다른 나라 글자에 비하여 예쁘다

한글은 연필로 쓰거나 볼펜으로 쓰거나 매직펜으로 쓰거나 붓으로 쓰거나 모양이 예쁘다.

이철경(1989년 소천) 님께서 초등학교 교본으로 쓰신 『초등글씨본』을 보면 한글은 글씨라기보다 예술품으로 보인다. 한글은 글씨가 단아하고 힘차고 아름답다.

5) 한글은 무슨 소리든지 모두 따라 쓸 수 있다

엄마 · 아빠 · 응가 · 쉬는 기본이고 새소리(짹짹), 개 짖는 소리(멍멍), 소 울음소리(음메), 바람 소리(쐐), 호랑이 소리(어흥), 닭 소리(꼬끼오) 등 무슨 소리든지 모두 따라 쓸 수 있다.

6) 한글은 청각적으로 확실하게 구분된다

중국어 한자는 4성이 있어 소리마다 뜻을 달리하는 경우가 많다. 한글은 글자마다 한 가지 소리만 낸다.

영어에서 D와 T, R과 L, F와 V같이 발음과 글자가 다르게 나타나지만 한글은 한 글자에 한 소리뿐이다.

중국의 한자를 예로 들면,

평성	상성	거성	입성
媽	麻	馬	骂
mā	má	mâ	mà
엄마	삼베	말	꾸짖다

우리말로 4개의 글자가 모두 '마' 하나로 불리는데 중국어로는 음의 높이(평성 · 상성 · 거성 · 입성)에 따라 뜻이 전혀 달라진다. 한글의 우수성이 여기에 있다.

7) 한글은 Digital 시대에 가장 적합한 문자이다

전 세계 문자 수는 나라 수보다 많은 400여 개이지만, 실제로 공식 문자로 사용되는 것은 20여 개에 지나지 않는다.

한글은 그중 하나이다.

Digital 시대에 이르러 우리나라 문자 한글이 가장 으뜸이라는 평가를 세계전문가로부터 받고 있다. 한글을 세계 표준으로 하자는 목소리도 나오고 있다. 각종 기기에 쓰이는 Keyboard를 보면 한글판이 속도 면에서 가장 우수하다는 것이 입증된다. 한글은 과학적이고 단순하기 때문에 문자를 전자기기에 입력, 저장하기 쉽다. 영어 · 불어 · 스페인어는 많은 국가에서 사용하고 있지만, 문자가 소문자 · 대문자 · 필기체 · 인쇄체마다 다르므로, 그 문자를 입력 · 저장하기 불편하고, 일본 문자는 히라가나 · 가다가나가 있는 데다가 아직 한문을 많이 쓰고 있으므로 여러 가지 불편이 따른다. 한글은 아무리 복잡한 글자라도 최고 4개의 Key만 사용하면 되고, 일반적으로는 3개의 Key만 사용한다.

2 한글 창제의 동기

세종은 왕위에 오른 직후부터 우리나라 고유의 글자를 만들기로 계획하고 준비하였다.

그때는 한자가 공용문자이고 지배층인 양반은 모두 한자로 의사소통을 하고, 일반 백성은 누구도 글을 알고 있지 아니하여 언어만으로 의사소통을 하였다.

유일한 교육기관인 서당에서도 한문만을 교육하였다. 그로 인하여 일반 백성은 모두 문맹자(文盲者)가 되었다.

한글은 우리의 독자적인 문자를 만들고자 하는 세종의 열의와 집현전 학사들의 노고가 합쳐져 만들어지게 되었다.

세종의 후원과 정인지·신숙주의 지혜가 합쳐져 한글은 햇빛을 보게 되었고, 후세의 오늘까지 우리 문자 한글을 만방에 자랑하게 되었다.

훈민정음의 창제는 우리나라 말로 한자를 표기하기 어려운 이두 문자(吏讀文字)를 새로운 문자 훈민정음으로 대체하고자 한 것이 훈민정음 창제의 직접적 동기인 것이다.

한자를 완전히 버리고 새 문자를 만들려는 것이 아니다.

훈민정음이 만들어진 후에도 한자·이두·정음이 함께 쓰이고 있었다. 선비들은 그대로 한문을 써왔고, 중인은 이두를 썼고, 서민과 부녀자는 정음을 써왔다. 이런 행태는 조선 말기까지 이어져 왔으나 이두 문자는 빠르게 소실되어 가고 있었다.

어떤 사람이 엉뚱한 헛소리를 하면 "이두 문자 쓰지 말라."라고 할 정도로 이두 문자는 이해하기 어렵고 사용하는 범위도 제한되어 있었고, 한자를 읽을 때 토씨 역할밖에 할 수 없을 정도이기 때문에 정음이 만들어지면서 그 자리를 끝까지 버틸 수가 없었다.

한자는 나름대로 효용가치가 있을 뿐만 아니라 아직까지 우리 언어체계에 있어서 한자가 차지하는 비중이 많으므로 한자가 가지고 있는 장점은 계속 이어 가고 있다.

한 가지 예를 들면 한자로 '第一' 또는 '最高'라는 단어가 있는데 순수한 우리말 '으뜸'으로 바꾸기는 쉽지 않다. 우리말의 60% 정도는 한자에서 유래되고 있다.

3 집현전(集賢殿)과 언문청(諺文廳)의 설치

1) 집현전의 설치

세종은 즉위 2년 차에 고려 시대에 설치되어 있다가 없어진 집현전을 새로 단장해서 궁궐 안에 설치해 놓고 명실공히 최상의 인재들을 뽑아 학문 연구에만 몰두하도록 하였다. 일단 집현전에 발을 들여놓으면 다른 공직으로 이동을 금지하였고 자체 내에서 승진을 보장하였다.

집현전 학사로 선발된 인물

성명	직책	품계	출생연도	비고
정인지	대제학	정2품	1396년	장원급제
최항	응교	종4품	1409년	장원급제
박팽년	부교리	종5품	1417년	사육신 · 장원급제
신숙주	부교리	종5품	1417년	장원급제
성삼문	수찬	정6품	1418년	사육신 · 장원급제
이개	부수찬	종6품	1417년	사육신
이선로	부수찬	종6품	1418년	
강희안	돈령부주부	종6품	1418년	돈령부소속

집현전에는 고위직으로 영전사(正一品)·대제학(正二品)·제학(從二品)이 있었으나 이들은 정무직으로 다른 공직을 겸직할 수 있었고 부제학(副提學)이 실무최고책임자이다.

세종이 집현전 학사들에게는 많은 배려를 하였다.

집현전 학사들에게는 함부로 전직을 할 수 없도록 한 대신에 그 자리에서 쉽게 진급을 할 수 있었고 훈민정음 창제 막바지 단계에 가서는 사가독서제(賜暇讀書制)를 만들어 집현전 학사들에게 유급 휴가를 주어 한글 창제 업무만을 하도록 하였다.

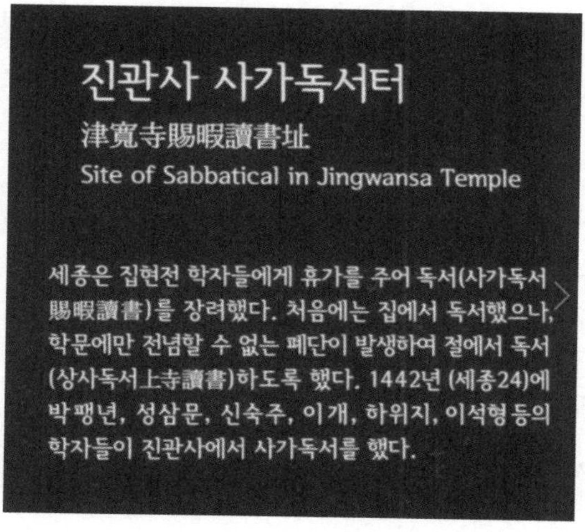

진관사 사가독서터
津寬寺賜暇讀書址
Site of Sabbatical in Jingwansa Temple

세종은 집현전 학자들에게 휴가를 주어 독서(사가독서 賜暇讀書)를 장려했다. 처음에는 집에서 독서했으나, 학문에만 전념할 수 없는 폐단이 발생하여 절에서 독서(상사독서上寺讀書)하도록 했다. 1442년 (세종24)에 박팽년, 성삼문, 신숙주, 이개, 하위지, 이석형 등의 학자들이 진관사에서 사가독서를 했다.

서울시 은평구 진관사에 위치한 사가독서터

최만리가 훈민정음 창제를 반대할 정도로 훈민정음 창제를 담당하고 있는 학사들을 견제하였기 때문에 세종은 집현전 학사들이 한글 창제만을 할 수 있도록 사가독서제를 시행하였던 것이다.

1442년(세종 24년)에는 신숙주 등 6명의 학사가 사가 휴가를 얻어 삼각산 진관사에 가서 한글 창제의 일에 전념하였던 것이다.

2) 집현전의 업무

집현전은 한글 창제의 업무만을 한 것이 아니라, 집현전은 왕의 두뇌 역할을 할 정도의 여러 가지 업무를 관장하고 있었다. 집현전에는 인원이 많을 때는 50명을 넘었으나 적을 때는 20여 명밖에 되지 않은 때도 있었다.

집현전의 업무를 나누어 보면,

① 왕의 자문 역할, 왕을 가르치는 경연 주관

② 외교문서 작성

③ 역사서를 비롯하여 유교경서 · 농서 · 법률서적을 편찬

④ 과거시험 주관

⑤ 역사기록을 작성 · 보존

⑥ 한글 창제

한글 창제 업무는 집현전 학자 중 7~8명에 지나지 않았고, 그들은 세종의 지시에 따라 한글 창제에 전념하였다.

최만리는 집현전의 최고 책임자였지만, 한글 창제에는 관여하지 않았다. 그래서 집현전 다른 학자들이 왕의 지시에 따라 한글 창제 업무를 하는 것을 못마땅하게 생각하였던 것으로 보인다.

3) 언문청(諺文廳)의 설치

세종이 집현전을 설치하고 당대 최고의 인재를 뽑아 학문 연구에만 전념토록 하였다. 이곳에서는 훈민정음(이하 한글이라 한다) 창제뿐만 아니라 역사 · 천문 · 문화 · 예술에 걸쳐 여러 가지 업무를 하였으므로 한글 창제를 하고 있는 학사들에게는 다소 불편한 점이 있었을 것이다.

그리하여 세종은 1443년(세종 25년) 궁궐 안에 언문청(후일 정음청이 되었다)을 새로 창건하여 여기서는 오로지 한글 창제에 관한 연구만을 하도록 하였다.

언문청에는 집현전에서 한글 창제 업무를 맡아 하던 학사들이 모두 이곳으로 옮겨 왔다. 이들 학사는 한글 창제 업무를 마무리 짓고, 한글로서 『훈민정음 해례본』·「용비어천가」·『고려사』 등 서적을 편찬 · 번역 등의 일을 하였다.

세종이 언문청을 새로이 창설한 동기에 미루어보면, 한글은 집현전 학사들이 만든 것이 분명하다.

4 집현전 학사들의 Profile

1) 정인지(鄭麟趾)

1396년~1476년. 본관: 하동, 호: 학역제.

정인지는 1411년(태종 11년) 과거에 장원급제하여 세종 6년에 집현전 응교(종4품)로부터 시작해서 세종 10년 집현전 부제학(정3품)에 오르기까지 집현전에 종사하면서 집현전 학사들과 함께 훈민정음을 창제하였다.

그와 신숙주가 아니었으면 훈민정음 창제가 매우 어려웠을 것이라고 알려졌다.

『훈민정음 해례본』 중 '정인지서'에는 훈민정음 창제 8인의 주역들의 이름이 낱낱이 기록되어 있다.

정인지는 성품이 매우 친화적이었고, 사리에 밝고, 왕권을 중시하는 인물로서 태종 · 세종 · 문종 · 단종 · 세조 · 예종 · 성종에 이르기까지 7대 왕을 모신 분이다.

정인지는 8학사 중 좌상(座上) 격이고 만형 노릇을 맡아 하면서 훈민정음을 만드는 데 크게 공헌하였고, 후일 『세종실록』을 편찬할 때에도 총감수자의 역할을 하였다. 정인지는 훈민정음 창제를 마무리 짓고도 유생들의 저항에 부딪혀 어쩔 수 없이 자기들의 업적을 왕에게 바치고 훈민정음을 살려 놓았던 것이다.

2) 최항(崔恒)

1409년(태종 9년)~1474년(성종 5년). 본관: 삭영, 호: 태허정.

최항은 1434년(세종 16년) 알선문과에 장원으로 급제하여 집현전 부수찬(종6품)에 임용되었다.

최항은 집현전 학사들과 함께 한글을 만드는 데 참여하였다.

1445년(세종 27년)에는 집현전 응교(종4품)로서 『훈민정음 해례본』·「용비어천가」를 편찬하는 데 참여하였다.

1446년(세종 28년)에는 집현전 직제학(종3품)으로 세자의 서연관이 되었다.

1450년(문종 원년)에는 집현전 부제학(정3품)이 되었고, 1452년 『세종실록』을 편찬할 때 수찬관으로 참여하였다.

저서로는 『태허정집』이 있다.

1453년 계유정난 때 세조에 협조하여 호조참판 · 형조판서 · 공조판서를 역임하였고, 1460년에는 이조판서가 되었다.

1467년에는 우의정 · 좌의정 · 영의정에 오르게 되었다.

최항은 40여 년간 공직에 있었지만, 단 한 번도 탄핵을 받지 아니하였다.

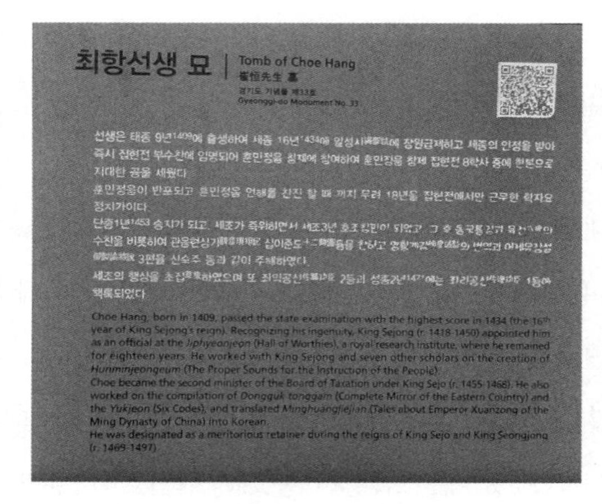

최항 선생 묘(경기도 기념물 제33호)
경기도 광주시 퇴촌면 도마리 산11-1번지

선생은 태종 9년(1409년)에 출생하여 세종 16년(1434년)에 알선시에 장원급제하고 즉시 집현전 부수찬에 임명되어 훈민정음 창제에 참여하여 훈민정음 창제 집현전 8학사 중 한 분으로 지대한 공을 세웠다.
훈민정음이 반포되고 『훈민정음 언해』를 찬진할 때까지 무려 18년을 집현전에만 근무한 학자요 정치가이다. (이하 생략)

최항 선생 묘
죽어서도 최항 선생을 바라보겠다는 부인의 묘는 산 건너편에 있다.

3) 신숙주(申叔舟)

1417년~1475년. 본관: 고령, 호: 보한재.

신숙주는 1441년(세종 23년) 과거시험에서 장원급제를 하고 집현전 부수찬(정6품)으로 임명된 후 정인지의 문인으로 훈민정음 창제에 한몫을 맡았다.

신숙주는 성리학 · 언어학의 전문가였고, 이두는 물론 중국어 · 일본어 · 몽골어 · 여진어를 구사하였다. 이를 바탕으로 하여 훈민정음을 만들었던 것이다. 그는 주변국 문자의 장점을 찾아 간결하고 과학적인 우리 문자를 만들려고 했다.

신숙주의 언어학 지식이 동원되지 않았다면 훈민정음 창제가 몹시 어려웠을 것이라고 전해진다.

신숙주는 탁월한 재능으로 인하여 나이 33세에 집현전 직제학(정3품)으로 승진할 수 있었다.

묘지 앞에 위치한 한글 창제 사적비

세종대왕이 신숙주 선생께 내리신 제문

부인과 나란히 있는 신숙주 묘

신숙주는 「용비어천가」(정인지 · 권제 · 안저와 공저)를 지었고, 일본에 사절로 다녀와서 『해동제국기(海東諸國記)』를 써서 바쳤다. 이 책은 일본의 여러 가지 사정을 적은 책으로 최초의 일본 안내서인 것이다.

신숙주는 수양대군(후일 세조)과 동갑내기로 함께 명나라에 다녀온 것이 인연이 되어 수양대군이 계유정난을 일으켜 왕위에 오른 후 세조의 공신반열에 오르게 되었다.

신숙주와 성삼문은 동고동락하며 일을 하였으나, 계유정난 때 성산문은 의절을 굽히지 않고 처형되었고, 신숙주는 세조 편에 섰기 때문에 후일 영의정을 두 번이나 거치는 인물이 되었다.

하지만, 그때는 유교의 가르침에 따라 의리를 생명과 같이 여기던 때이므로 신숙주는 변절자로 낙인찍혀 그의 이름인 숙주를 숙주나물에 빗대어 쉽게 쉬는 인물로 여겨져 오랫동안 오명을 씻지 못하고 있었다.

오랜 시간이 흘러 일제강점기 때에는 신숙주의 직계 후손인 신규식(申奎植)은 독립투사였고 신채호(申采浩)는 언론인으로 독립운동을 하다가 감옥에 갇혀 옥사하였다.

이런 사실에 비춰 볼 때 신숙주의 명예가 되살아나는 듯하였다.

최근에 이르러 어떤 학자는 한글은 세종이 혼자 만들었다고 주장하면서 한글을 집현전 학사들이 만들었다는 것은 '신숙주 가문의 왜곡'이라고 언급하고 있다.

4) 박팽년(朴彭年)

1417년(태종 17년)~1456년(세조 2년). 본관: 순천, 호: 취금헌.

박팽년은 1434년(세종 16년)에 알선문과에 급제하여 집현전 부교리(종5품)에 임명되어 한글 창제 업무에 참여하였다.

1438년에는 신숙주 · 하위지와 함께 삼각산 진관사에서 사가독서를 하면서 훈민정음 창제에 전념하였다.

박팽년은 집현전 학사 성삼문 · 하위지 · 이개와 함께 단종 복위를 꾀하다가 실패하여 능지처참이 되고 3족이 멸문지화를 당했다.

아래는 사형 집행 전에 읊은 시조이다.

까마귀 눈비 맞아 희는 듯 검노매라
야광명월이 밤인들 어두우랴
임 향한 일편단심이야
변할 줄이 있으랴

사육신 묘지 안에 위치한 박팽년의 묘

서울시 동작구 노량진에 위치한 사육신 묘

5) 성삼문(成三問)

1418년(태종 18년)~1456년(세조 2년). 본관: 창녕, 호: 매죽헌.

성삼문은 1438년 하위지와 함께 과거시험에 합격하여 집현전 수찬(정6품)에 뽑히어 1442년에 신숙주 · 박팽년 · 하위지와 함께 세종의 명에 따라 사가독서를 하였다.

삼각산 진관사에 가서 훈민정음 창제에 전념하였다.

1445년(을축년)에 신숙주 · 박팽년과 함께 황찬을 찾아가 음운학을 배우고 돌아와 한글 창제에 이바지하였다.

단종 복위 운동은 집현전 학사 중심으로 이루어졌으나, 김질의 밀고로 실패하고, 집현전 학사 중 성삼문 · 박팽년 · 이개는 능지처참이 되고 본가 · 외가 · 처가의 남자는 어린아이까지 모두 살해되었다.

아래는 성삼문이 사형될 때 지은 시조이다.

충절가

이 몸이 죽어가서 무엇이 될 고하니

봉래산 제일봉에 낙락장송 되었다가

백설이 만건곤할 제 독야청청하리라

사육신의 위패를 모신 의절사

사육신 묘지 안에 위치한 성삼문의 묘

6) 강희안(姜希顔)

1417년(태종 17년)~1464년(세조 10년). 본관: 진주, 호: 인제.

1441년 식년문과에 급제하여 돈령부주부(종6품)에 임용되었다. 돈령부는 조선 시대 왕과 왕비의 친인척을 관리하던 부서이다. 세종이 그의 이모부이고 세조는 그의 이종사촌이었다.

강희안은 유일하게 집현전 학사가 아니었으나 집현전 학사들과 함께 한글을 만드는 일을 하였다.

강희안은 그의 동생 강희맹(당시 최고의 서예가)과 더불어 그림 그리기 · 글씨 쓰기 · 시 짓기 등에 뛰어난 재주가 있었다.

그는 세종의 옥쇄(도장)에 쓰일 글씨를 썼고, 몇 점의 산수도와 인물도를 남기었으나, 그는 '글씨를 쓰는 일은 천한 일이고 글씨를 남기는 것은 후세에 조롱거리가 된다'고 생각하여 그의 작품이 많이 남겨지지 않았다.

이러한 생각은 그만의 생각이 아니고 조선 초기의 일반적인 사고이고 풍조였다.

『훈민정음 해례본』의 글씨는 누구 작품인가 하는 점이 선명치 않으며 기록도 남아 있지 않으나 강희안의 글솜씨로 미루어 보아 그의 작품이 아닌가 하는 생각을 한다.

7) 이선로(李善老)

1418년~1453년. 다른 이름: 이현로, 본관: 강홍.

이선로는 1438년 식년문과에 급제하여 집현전 교리(정5품)로 등용되었고, 바로 훈민정음 창제에 참여하였다.

언문청이 발족되었을 때는 다른 집현전 학사와 함께 언문청에 들어가『동국정운(東國正韻)』편찬하는 일에 참여하였다.

그 뒤 이선로는 언문청을 떠나 병조정랑이 되었고 시·화에도 뛰어난 재주가 있어 안평대군의 책사가 되었으나 안평대군과 수양대군은 경쟁관계에 놓여 있는 가운데 이선로는 안평대군의 편에 서서 수양대군(후일 세조)으로의 권력 이동을 막는 역할을 하였기 때문에 계유정난 때 세조의 수하들에 의하여 살해되었다.

8) 이개(李塏)

1417년(태종 17년)~1456년(세조 2년). 본관: 한산, 호: 백옥헌.

이개는 고려 삼은(三隱, 목은·포은·야은) 중의 한 분이신 이색(李穡)의 증손이다.

1436년(세종 18년)에 친시문과에 급제하여 1441년 집현전 저작랑(정8품)으로 등용되어 훈민정음 창제에 참여하였다. 1444년에는 집현전 부수찬(종6품)으로 한글로 『운회(韻會)』를 번역하였고, 1447년에는 『동국정운』 편찬에 참여하였다.

1456년(세조 2년)에는 집현전 부제학이 되었으나, 세조의 반정에 반대하여 사육신의 일원으로 작형(불로 몸을 지지는 형)을 당하고 운명하였고 노량진 민정서원에 제향되어 있다.

아래는 그가 쓴 시조이다.

방 안에 켜져 있는 촛불
누구와 이별하였기에
겉으로는 눈물 흘리고
속 타는 줄 모르던가
저 촛불 나와 같아
속 타는 줄 모르는구나

5 『훈민정음 해례본(訓民正音 解例本)』

1) 개요

『훈민정음 해례본』은 우리나라 글 훈민정음을 누가(Who) · 언제(When) · 어디서(Where) · 왜(Why) · 무엇을(What) · 어떻게(How) 만들었는가를 밝혀 주는 책이다.

집현전 학사 8명이 세종이 왕위에 오른 때부터 1446년(세종 28년)까지 세종의 명에 의하여 궁궐 안에 있는 집현전(후일 정음청)에서 훈민정음을 만들었다.

훈민정음이 만들어지기 이전에는 중국 한자를 빌려 써왔고, 그나마 당시에 지배계층에 있는 사람만이 사용하였고, 일반서민은 말로써만 소통하였다.

세종은 집현전을 짓고 우수한 인재들을 불러들여 한글 창제에만 전념하도록 명하시었다.

하지만, 생판에 새로운 문자를 만드는 일이 쉽지 않았다. 지금 한글을 누가 만들었는가를 두고, '세종이 혼자서 비밀리에 만들었다'는 측과 '아니다. 집현전 학사 8명이 만들었다'는 측이 맞부딪혀 갈팡질팡하고 있다.

『훈민정음 해례본』이 나타나기 전에는 훈민정음은 집현전 학사들이 만들었다고 알려져 왔다. 초등학교 교과서로부터 언어학 전문서적에도 훈민정음은 집현전 학사들이 만들었다고 모두 그렇게 공부하고 인식되어 왔다.

그런데, 1940년 안동에서 발견된 『훈민정음 해례본』 간송본과 2008년 상주에서 발견된 『훈민정음 해례본』 상주본이 나오면서부터 느닷없이 훈민정음은 세종이 혼자서 · 비밀리에 만들었다고 여러 언어학자들과 역사학자들이 주장하면서 논쟁이 이어지고 있다.

간송본이 발견될 당시 첫 2장(어지가 쓰여 있는 page)이 훼손되어, 이를 전 성균관 교수와 그의 제자가 임의로 작성하여 끼워 넣었다고 한다. 그 부분에 어떤 내용이 쓰여 있었는가는 정인지가 살아나와야 알 것 같다.

이런 상태임에도 불구하고 일부 학자는 그 보사본(補寫本)을 신주처럼 모시고 이 page에 쓰여 있는 나 여(予) 자가 세종대왕을 일컫는다고 하면서 버티고 있다.

법적으로 말한다면 전혀 '증거능력이 없다'는 것이다.

상주본은 배익기 씨라는 분이 현재 소장을 하고 있으면서 세상에 내어놓지 않으니 그 속에 무슨 내용이 담겨 있는지는 알 수 없다. 다만, 상주본은 총 66쪽인데 그중 18쪽이 불에 타서 없어졌다고 하니, 상주본에 대한 신빙성도 다소 떨어진다고 하지 않을 수 없다.

2)『훈민정음 해례본』의 구성

『훈민정음 해례본』은 예의편(禮義篇)·해례편(解例篇)·정인지서(鄭麟趾序)의 3편으로 나뉘어 있다.

예의편에는 새로 보사된 세종의 어지(御旨)와 훈민정음 기본 28자의 예(例)가 쓰여 있고, 해례편은 제자해(制字解)·초성해·중성해·합자해·용자해가 쓰여 있고, 정인지서에는 마무리 글이 쓰여 있다.

이 3편을 누가 썼을까?(어지가 진품(眞品)이라 가정하고) 먼저 세종의 어지는 누가 썼을까? 어지니까 당연히 세종이 친필로 썼다고 주장하는 분이 있고, 반대로 정인지 또는 정인지와 함께 집현전 학사들이 왕을 대신해서 썼다고 주장하는 측이 있다.

하지만, 그때도 왕의 연설문을 대신 작성해 주는 신하가 있었고, 지금도 대통령의 연설문을 대신 써 주는 비서관이 따로 있다.

그래서 왕은 어전회의에 나와서 읽거나 말로 하고, 지금은 대통령이 국무회의나 연설장에 나가서 비서관이 써 준 원고를 읽기만 한다. 상식적인 말이다.

어지는 소실되었으므로 지금 와서 검토 대상도 아니지만, 그대로 인정하더라도 그 어지를 세종이 직접 쓴 것은 아닌 것이 분명하다.

세종이 훈민정음을 만들었다고 하지만 'ㄱ' 한 자라도 친필로 쓴 흔적은 단 하나도 없다.

왕은 어지에 옥새(도장)를 찍는데, 그것마저 신하가 대신 찍어 주었다.

훈민정음의 본문(알맹이)은 해례편이다.

이 해례편은 정인지 · 신숙주 · 성삼문 · 박팽년 · 최항 · 이개 · 강희안 · 이선로 8명이 합작해서 썼다고 정인지서에 분명히 밝히고 있다.

돌이켜보면, 세종은 훈민정음 18자는 내가 만들 터이니 창제원리 · 운영방법 · 창제과정은 너희들(臣下)이 만들라고 하셨을까? 이치에 맞지 않는 논리이다.

3) 『훈민정음 해례본』의 본문

제자해(制字解)(번역본을 그대로 옮김)

천지만물의 원리는 오직 음양과 오행일 뿐이다. 태극이 움직이면 양이 되고 멈추면 음이 된다. 천지만물 가운데 생명을 지닌 것들은 이 음양의 원리를 벗어나지 못한다.

그러므로 사람의 말소리도 모두 음양의 원리를 지니고 있으나 사람이 살펴보지 않았을 뿐이다. 이제 훈민정음을 만든 것도 처음부터 머리를 써서 애써 찾아낸 것이 아니라, 말소리에 따라 그 원리를 깊이 추구했을 뿐이다.

그 원리는 하나이니 천지가 만물을 창조하거나 귀신이 인간사의 길흉을 주제하는 원리와 다르지 않다.

초성해(자음)

ㄱ은 어금닛소리로 군(君) 자가 처음 보내는 소리
ㅋ은 어금닛소리로 쾌(快) 자가 처음 보내는 소리
ㆁ은 어금닛소리로 업(業) 자가 처음 보내는 소리
ㄷ은 혓소리로 두(斗) 자가 처음 보내는 소리
ㅌ은 혓소리로 탄(呑) 자가 처음 보내는 소리
ㄴ은 혓소리로 나(那) 자가 처음 보내는 소리
ㅂ은 입술소리로 별(彆) 자가 처음 보내는 소리
ㅍ 은 입술소리로 표(漂) 자가 처음 보내는 소리
ㅁ은 입술소리로 미(彌) 자가 처음 보내는 소리
ㅈ은 잇소리로 즉(卽) 자가 처음 보내는 소리
ㅊ은 잇소리로 침(侵) 자가 처음 보내는 소리
ㅅ은 잇소리로 술(戌) 자가 처음 보내는 소리
ㆆ은 목구멍소리로 읍(挹) 자가 처음 보내는 소리
ㅎ은 목구멍소리로 허(虛) 자가 처음 보내는 소리
ㅇ은 목구멍소리로 욕(欲) 자가 처음 보내는 소리
ㄹ은 반혓소리로 려(閭) 자가 처음 보내는 소리

ㅿ은 반잇소리로 샹(穰) 자가 처음 보내는 소리

아음(牙音)	어금니	ㄱ, ㅋ, ㆁ
설음(舌音)	혀	ㄴ, ㄷ, ㅌ, ㄹ
순음(脣音)	입술	ㅁ, ㅂ, ㅍ
치음(齒音)	이빨	ㅅ, ㅈ, ㅊ
후음(喉音)	목구멍	ㅇ, ㆆ. ㅎ

중성해(모음)

ㆍ는 ᄐᆞᆫ(呑) 자의 가운뎃소리

ㅡ는 즉(卽) 자의 가운뎃소리

ㅣ는 침(侵) 자의 가운뎃소리

ㅗ는 홍(洪) 자의 가운뎃소리

ㅏ는 땀(覃) 자의 가운뎃소리

ㅜ는 군(君) 자의 가운뎃소리

ㅓ는 업(業) 자의 가운뎃소리

ㅛ는 욕(欲) 자의 가운뎃소리

ㅑ는 샹(穰) 자의 가운뎃소리

ㅠ는 슏(戌) 자의 가운뎃소리

ㅕ는 별(彆) 자의 가운뎃소리

종성해(終聲解)

마지막 소리인 종성에는 다시 초성(자음)을 사용한다.

> *** 참고**
>
> 글자 창제가 얼마나 어려운가를 하나의 예시로 들어 본다.
> 각, 간, 갓, 같, 갖, 갗의 여섯 낱말을 이미 만들어 놓은 상태에서도 구분하기 어렵지만, 백지상태에서 이 글자를 누구 혼자 만들 수 있다고 생각할 수는 없다.
> 『훈민정음 해례본』은 한자(漢字)로 작성되어 있는데, 초성음·중성음·종성음을 만든 후에 이를 조합하여 하나의 글자를 만든다는 것도 어려울 뿐만 아니라 그 운용법도 탁월한 전문가가 아니면 만들기 어려웠을 것이다.
> 이 해설서의 본문은 여러 학자가 나누어 작성했다.
> 글자를 직접 만든 사람이 아니면 그 제자원리(制字原理)와 창제과정(創製過程)을 해설할 수 없다는 것은 상식이다.

합자해

1성(평성): 같은 음을 지속해서 내는 소리

2성(상성): 치올라가는 소리

3성(거성): 약간 내려 꺾었다가 올라가는 소리

4성(입성): 짧게 내리꽂는 소리

해례본 합자해에 의하면 새로 만든 글자 위에 점 하나, 거성은 점 두 개, 평성은 점이 없고, 입성은 위치를 달리했다. 이때까지도 한자를 중시한 대표적 사례다.

＊『훈민정음 해례본』에 적혀 있는 문자

• 자음·모음 순서

ㄱ, ㅋ, ㄷ, ㅌ, ㄴ, ㅂ, ㅍ, ㅁ, ㅈ, ㅊ, ㅅ, ㅎ, ㅇ, ㄹ

ㅢ, ㅗ, ㅝ, ㅛ, ㅑ

• 된소리

ㄲ, ㄸ, ㅃ, ㅉ, ㅆ

• 합자

ㅓ, ㅓ, ㅚ, ㅐ, ㅟ, ㅔ, ㆌ, ㅖ

ㅙ, ㅞ, ㅛㅐ, ㅣ

ㄲ, ㄳ, ㄵ, ㄶ, ㄾ, ㄿ, ㅀ, ㅭ, ㅄ, ㅆ

6 최만리의 훈민정음 창제 반대 상소(上疏)

집현전의 최고 실무책임자인 부제학 최만리가 직제학 신석조·직전 김문·부교리 하위지·응교 정창손·부수찬 송처검과 함께 훈민정음이 창제된 지 두 달 후에 훈민정음 창제 반대 상소를 세종에게 올렸다. 상소할 때 최만리는 4년 전 1439년에 강원도 관찰사로 가 있다가 1440년 집현전으로 다시 돌아와 부제학이 되었다.

최만리는 "훈민정음 창제가 여럿의 의논도 듣지 아니하시고, 가볍게 옛사람들이 이미 이루어 놓은 운서(韻書, 한자를 운에 따라 배열한 자전)를 터무니없는 언문으로 억지로 뜯어 맞추고, 공장만치 수십 명을 모아 인각하여서 급히 세상에 펴고자 하니, 후세의 공론이 어떻겠습니까?"라고 하면서 6가지 이유를 들어 창제 반대 상소를 올렸다.

① 새로운 문자를 만드는 것은 중국의 제도를 받아들인 조선의 전통에 어긋난다. 중국에 대하여 부끄러운 일이다.
② 거란 · 여진 · 몽골 · 일본 · 티베트 등의 문자를 흉내를 내서는 안 된다. 이들은 오랑캐들이니 새로운 문자를 만드는 것은 스스로 오랑캐가 되는 것이다.
③ 한글을 쓰면 오랫동안 쌓아 온 전통이 사라질 것이다. 우리 문화 수준이 뒤떨어질 것이다.
④ 송사에 억울한 일이 생기는 것은 중국에서도 흔히 있는 일이며, 한자나 이두가 어려워서 아니고 관리의 자질에 따른 것이다.
⑤ 새 글자를 만드는 것은 심사숙고를 거듭해야 되는데 그런 신중함이 없고, **적은 수의 사람**만으로 졸속하게 만들고 있다.
⑥ 나랏일이 급한데 동궁(후일 문종)은 글자를 만드는 데 시간을 허비해서는 안 된다.

최만리의 상소에 대하여 세종은 어떤 조치를 취했을까? 세종은 상소 이유가 부당하다고 일일이 지적하시고 그들을 하옥시키고 하루 만에 풀어 주시었다. 다만, 정창손과 김문은 처음에 훈민정음 창제에 동의하였다가 이제 와서 반대하는 이유를 모르겠다고 하시면서 그를 파직시키고 의금부에 가두어 놓고 그 이유를 심문하고 그 결과를 보고하라고 하셨다.

최만리에 대해서는 그가 집현전과 강원도 관찰사로 있으면서 성실하게 관직을 수행하였으므로 조선 시대 드문 청백리임을 알기에 가볍게 징벌을 하였다.

7 한글을 집현전 학사들이 만들었다는 12가지 증거

1) 집현전 학사들은 왕을 내세울 수밖에 없었다

한글을 누가 만들었는가 따지기 전에 먼저 당시의 사회 환경을 더듬어 볼 필요가 있다.

조선 시대에는 명(明)나라에 대하여 절대적인 모화사상(慕華思

想)을 가지고 있었다. 태조 이성계는 개국 초부터 명나라에 사신을 보내 왕조의 승인을 받았고 국호를 조선이라고 지정 받았고, 1401년 태종 때는 즉위에 앞서 조선국왕의 금인(金印)을 받았고, 매년 조공(朝貢)을 바쳤다. 조공 중에는 처녀들을 보내는 것도 포함되어 있었다.

양반 등 지배계층은 자기들만이 한자를 사용하였고, 자랑으로 생각하였고, 한자를 이용해서 유세를 부렸다.

최만리의 한글 창제 반대 상소문에도 밝힌 대로 새로운 문자를 만드는 것은 중국에 대하여 부끄러운 일이고 스스로 오랑캐가 되는 것이라고 주장하였다.

이런 사고는 최만리만의 생각이 아니고 그때 모든 지배계층에 있는 사람들은 최만리와 같은 생각을 가지고 있었다.

이런 환경 속에서 한글을 집현전 학사들이 만들었다고 내세웠다면, 양반들이 떼 지어 반대를 했을 가능성이 크게 있었으므로 집현전 학사들은 자기들의 공로를 왕에게 돌리어 한글을 살리려고 했을 것이다.

왕을 방패막이로 쓴 것이다.

한글을 만드는 일에 주도적 역할을 한 정인지는 다른 집현전 학사들보다 연령으로나 직급으로 보나 정치적 능력으로 보나 윗자리에 있었으므로 그가 『훈민정음 해례본』 중 정인지서를 쓸 수 있었고 그 글 속에 한글을 왕이 만들었다고 써 놓을 수밖에 없었을 것이다.

한글을 미끼로 자기들이 출세를 하려는 것이 아니라 왕을 내세워 수년에 걸쳐 힘써 만든 한글이 땅속에 묻히는 것을 막으려고 했을 것이다.

정인지의 지혜(idea)로 자기네들도 살고, 자기네들이 만든 한글도 오늘까지 남아 우리의 자랑거리가 된 것이다.

2) 왕이 할 일이 결코 아니다

그때는 글씨를 쓰거나 그림을 그리는 짓은 아랫것들이나 소인(小人)들이 하는 짓이지 큰 인물인 양반은 해서는 안 될 일이라고 생각하였다.

하물며 왕이 한글을 혼자서 비밀리에 만들었다는 주장은 얼토당토않은 주장이라고 하지 않을 수 없다.

왕이 혼자서 글자를 만들고 있었다는 것은 상상도 할 수 없는 일이다.

그때 왕은 온 국민의 생사여탈권을 쥐고 흔들 수 있는 때였다. 그런 巨人이 글자를 만들고 싶으면, 아랫것들에게 시키면 어련히 잘 만들었겠나. 그걸 巨人이 몸소 만들려고 생고생을 할 필요가 전혀 없었던 것이다.

우리가 조그마한 책 한 권을 만들려고 하더라도 수년을 꼬박 보내야 하는데 쌩 초판에 한글을 만들려면 밤잠 설쳐 가면서 작심하더라도 수년은 걸릴 일이다.

이렇게 힘든 일을 고귀한 임금이 자청해서 했겠나?

세종을 치켜올려 세우는 것도 좋으나, 그를 졸생이로 만들지는 말아야 한다. 귀한 사람이 이런 일을 한다면, '조잡하다, 쫀쫀하다, 소갈머리가 없다, 채신머리가 없다, 큰일을 못 할 놈.'이라는 비난을 면할 수 없었다.

세종은 누가 뭐라 해도 큰 인물이다. 한글을 만들 때도 기초공사로 집현전을 덩그렇게 궁궐 안에 짓고, 전국에서 최고로 우수한 인재들을 끌어모아 집현전에 집어넣고 꼼짝달싹하지 못하도록 하고 대신 충분한 급여도 주고 승진의 기회도 주는 등 뒷받침을 세심하게 하였다.

왕이 한글 창제를 두고 신하들과 경쟁할 일도 아니고, 신하들의 밥그릇을 뺏을 일도 아니다.

문자를 만드는 일은 왕이 할 일도 아니고, 해서도 안 될 일이고, 할 수도 없는 일이다.

그때 왕은 입법·사법·행정 모두를 관장하고 있었기 때문에 할 일이 너무 많았다. 하루도, 한 시간도 쉴 수가 없었다.

문자를 만드는 일은 『훈민정음 해례본』에서 보는 바와 같이 어느 순간 영감에 의하여 만들어지는 일이 결코 아니다.

집현전 학사 중 강희안은 그림도 잘 그리고 글씨도 잘 쓰고 시도 잘 짓는 천재였다. 하지만 그가 말하기를 "서화는 천한 기술이므로 후세에 전해지면 이름에 욕될 뿐이다"라고 하여 지금까지 그의 작품이 많이 남아 있지 않다.

강희안의 주장만은 아니다. 조선 초기의 사회풍속이고 관념이었다.

이에 견주어 보면 세종이 과연 혼자서 · 비밀리에 훈민정음을 창제한다고 쪼그리고 앉아 있었겠나?

어떤 학자는 훈민정음을 집현전 학사들이 만들었다는 증거는 아무 데도 없다고 주장하고 있으나, 이분들은 눈뜬장님인가 보다. 훈민정음을 집현전 학사들이 만들었다는 기록은 그 수를 헤아릴 수 없을 정도로 널널하게 깔려 있다.

집현전 학사들의 프로필에 실려 있는 문집 · 서간문 · 묘비 등 수많은 기록에 그들이 한글 창제에 한몫했다고 실려 있고, 집현전에서 20년간 근무한 최만리의 상소문에도 분명하게 설명되어 있지 않은가? 적은 수의 사람만이 훈민정음 창제 작업을 하고 있다고 쓰여 있다.

3) 세종은 매우 바쁘신 왕이시었다

세종은 너무 바쁘시어 조용히 한글을 만드는 일을 하실 수가 없었다.

세종은 수많은 업적을 남기시었다. 그래서 후세의 많은 학자가 조선의 27명의 왕 가운데 유일하게 세종을 '세종대왕'이라고 부른다. 유일하게 'King The Great'라고 부른다.

세종은 훌륭한 경영자이고, 천재적인 음운학자이고, 뛰어난 군사 전문가이며, 국민의 삶을 헤아릴 줄 아는 경제학자이고, 역사학자이고, 과학자이고, 천재적 음악가라고 칭송을 아끼지 않는다.

하지만, 세종이 군사전문가인지는 모르겠으나, 그 외의 칭송은 지나치다고 하지 않을 수 없다.

세종은 지금의 함경도 · 평안도 땅에 살고 있던 몽골족 · 여진족을 몰아내고 4군 6진을 설치하여 우리 땅의 경계를 분명히 하였다. 대마도에 살고 있던 왜적들의 침입도 막아 놓았다.

농민들의 고달픔을 덜어 주기 위하여 『농사직설』을 편찬하도록 하였고, 장영실로 하여금 혼천의 · 측우기 · 자격루 · 앙부일구 등을 만들도록 하였고, 박연에게 명하여 아악과 아악보를 만들도록 했고, 최무선으로 하여금 화약을 제조하도록 하였고, 수많은 서적을 간행하도록 하였다.

그러나 세종이 과학자이고, 음악전문가라고 치켜세우는 것은 온당하지 않다고 생각한다.

견주어보면 박정희 대통령이 '새마을노래'를 작곡, 작사했다고 해서 그를 음악전문가라고 할 수 있겠는가.

음경에서 나오는 소리 하나가 틀린 것을 알아차렸다고 해서 음악가가 되는 것은 결코 아니다.

수많은 음악 애호가도 그 정도는 누구나 다 할 수 있다. 음운학책 몇 권 읽었다고 해서 음운학자가 되는 것은 아니다.

박연이 수많은 과학기구를 만들었다고 해서 세종이 과학자가 되는 것은 아니다. 박연이 서자이기 때문에 양반들이 비난하는 것을 세종이 막아 주었다는 것은 칭찬할 만한 일이다.

4) 어느 문자이든 혼자서 만들 수는 없다

문자를 혼자서 만들 수 있다면, 아직 고유문자를 가지고 있지 않은 나라 또는 부족은 자기들이 직접 또는 다른 언어전문인에게 맡기어 자기네 문자를 쉽게 만들 수 있을 것이다.

생판으로 문자를 혼자 만든다는 것은 물리적으로, 신체적으로, 지능적으로 불가능하다.

집현전 학사들이 한글을 만들 때도 이웃 나라의 문자 특히 한자와 파스타 문자 · 전자(篆字) 등을 함께 연구하고 배우고 음운학 지식을 총동원하였다는 기록이 남아 있다.

그리고 발성기관(입 · 코 · 이 · 혀 · 목구멍 · 어금니)의 움직임을 관찰하고 동료들과 함께 토론하면서 만들었을 것이다.

X-Ray도 없고 AI도 없는 그때 왕이 혼자서 무슨 재주로 문자를 만들 수 있겠나.

K대 국어교육과 교수의 저서에 의하면, 『훈민정음 해례본』을 본격적으로 현대어로 옮기고 주석을 다는 일이 2017년부터 2019년까지 꼬박 3년 걸렸다고 한다.

그 원본인 한글을 만드는 데는 몇 년이 걸렸겠나.

세종이 혼자서 비밀리에 한글을 만들었다는 주장은 상상을 초월한 주장이라고 하지 않을 수 없다.

5) 집현전(集賢殿)과 언문청(諺文廳)은 왜 만들었나?

세종 2년 차에 만들어진 집현전은 여러 가지 일을 했지만 그중 제일은 훈민정음을 만들려는 데 있었다.

집현전의 총인원이 30명에 지나지 않는데, 훈민정음 창제를 담당할 인원은 8명이나 되었다.

세종이 혼자서 · 비밀리에 훈민정음을 창제하려고 했으면 굳이 집현전을 만들 필요성도 없었다. 여기에 당시 최고 인재 8명이나 채용해서 비싼 대가를 치를 이유가 전혀 없었다.

정인지 · 신숙주 · 성삼문 · 박팽년 · 최항 · 이개 · 강희안 · 이선로

이들은 모두 과거시험을 우수한 성적으로 합격한 인재들이다. 이들이 아니었으면 훈민정음이 만들어질 수 없었다는 기록은 여러 군데 남겨져 있다.

훈민정음이 창제되기 직전에 설립된 언문청은 이름 그대로 언문(훈민정음)을 만들기 위해 설립되었고, 집현전에서 한글 창제 업무만을 하던 학사 8명이 고스란히 이곳으로 옮겨왔다.

세종이 이들을 우대하였다는 기록도 많이 남겨져 있다. 세종은 이들이 훈민정음 창제하는 데 불편이 될 수 있는 것들은 모두 거두어들였고 아침 식사와 점심 식사는 내관이 직접 챙기도록 하였다.

훈민정음은 집현전(후일 언문청) 학사들이 창제하고 세종이 반포하여 우리가 오늘날까지 쓰고 있는 문자이다

오래전부터 중학교 교과서에 훈민정음은 집현전 학사들이 창제하였다고 기록되어 있었고, 우리들은 그렇게 배웠는데 근년에 이르러 갑자기 유명 정치인·학자·언론인마저 훈민정음은 집현전 학사들이 창제한 것이 아니고, 세종이 홀로 비밀리에 창제하였다고 우기고 있다.

세종이 혼자서 창제하였다고 하면 세종의 위상이 더 올라가는지 그리고 한글의 위상도 더 올라가는지 의문이다.

조선의 우수한 학사들이 집현전에 모여 한마음 한뜻으로 세종의 후원하에 훈민정음을 창제하였다고 하면 세종의 위상이 떨어지고

한글의 가치가 훼손된다고 생각하는지 알 수 없다.

여러 가지 증거로 비추어 보아 한글은 세종의 적극적 후원하에 집현전 학사들이 만든 것이 분명하다.

6) 세종이 훈민정음을 혼자서 비밀리에 만들었다고 주장하는 근거는 정인지가 써 놓은 두 글자밖에 없다

予爲此憫然 新制二十八字

(번역) 내가 이를 가엾게 여겨 새로 스물여덟 글자를 만드니

『훈민정음 해례본』 앞머리에 쓰여 있는 나 여(予) 자라는 한자와 『세종실록』에 쓰여 있는 '殿下', 즉 전하라는 한자를 유일한 근거로 삼아 훈민정음을 세종이 만들었다고 주장한다.

먼저 予 자부터 진위를 찾아보자. 予 자가 쓰여 있는 『훈민정음 해례본』 중 먼저 발견된 간송본 앞장 2매는 처음부터 소실되고 없었다.

그것을 전 성균관 교수 김태준과 그의 제자 이용준이 여러 가지 자료를 수집해서 보사(補寫)해 놓은 것이 지금 훈민정음을 세종이 혼자서 만들었다고 주장하는 분들의 증거인 것이다.

법률적으로 이것은 증거 능력이 전혀 없는 것이다.

보사를 어떻게 다듬어 꾸며 놓았는지 알 길이 없다. 이 사실을 알면 더 이상 세종이 혼자서 훈민정음을 창제했다고 주장할 수는 없을 것이다.

다음으로, 予 자나 '殿下'라고 쓴 정인지에 대하여 살펴볼 필요가 있다. 정인지는 집현전 학사 8명 가운데 우두머리였다.

정인지와 신숙주가 아니었으면 훈민정음은 만들어질 수 없었을 것이라고 여러 곳에 쓰여 있다. 이 두 분이 훈민정음을 창제하면서 왕과 밀접하게 접촉한 대목도 여러 곳에 남겨져 있다.

정인지는 태종 때 과거에 합격해서 왕으로부터 어사화를 받은 것을 기점으로 하여 계속 세종 → 문종 → 단종 → 세조 → 예종 → 성종에 이르기까지 7대 왕을 모신 훌륭한 분이다.

이럴 만큼 정인지는 시세에 밝았고 처세에 능하였다는 것을 알 수 있다. 정인지만의 장기이다.

정인지는 세종을 신(神)격화하였다.

『훈민정음 해례본』 합자해(合字解)를 보면 끝머리에 "하루아침에 神과 같은 솜씨로 (훈민정음) 지으셨으니 대동(우리나라)의 천고의 세월에 어둠을 여시었네."라는 대목이 있다.

『훈민정음 해례본』 중 정인지서에서는 "삼가 생각하옵건대, 우리 전하께서는 하늘이 내린 聖人으로서 제도를 베풀어 행하심이 모든 왕을 초월하시었다."라고 하였다.

이와 같이 지나친 찬사는 전제왕권 시대에 있을 수 있는 일이었으나, 정인지와 집현전 학사들은 오로지 자기네들이 창작한 훈민정음을 살려 보려고 왕을 앞세웠던 것으로 보인다.

훈민정음을 세종이 친히 만들었다고 내세웠음에도 불구하고 최만리 등 당시 집권세력 양반들이 훈민정음 창제를 반대하는 전반적 사회 분위기 속에서 집현전 학사들도 더 이상 자기들이 업적만을 내세울 수 없는 상황이었다.

이에 정인지 등 집현전 학사들은 자기들의 노고는 뒤로 감추고 왕을 앞세워 훈민정음을 지키려고 했을 것이다.

이들의 현명한 판단 특히 정인지의 지혜로 인하여 훈민정음은 살아나게 되었고, 그 훈민정음이 한글로 이름을 바꾸어 우리가 지금껏 쓰고 있으며 앞으로도 세계적 문자로 발돋움 할 기회를 마련한 것이다.

7) 『훈민정음 해례본』을 자세히 살펴보자

『훈민정음 해례본』은 1446년 9월 10일(세종 28년)에 만들어진 한글에 대한 해설서임에도 불구하고 전부 한자로 쓰여 있다. 이 책은 예의(例義)·해례(解例)·정인지서(鄭麟趾序)로 나뉘어 있다.

예의는 어지(御旨)·예의(例義)로 나뉘고, 해례는 제자해(制字

解)·초성해(初聲解)·중성해(中聲解)·종성해(終聲解)·합자해(合字解)·용자해(用字解)로 나뉘어 있다.

예의편에는 자음으로 'ㄱ, ㅋ, ㄷ, ㅌ, ㄴ, ㅂ, ㅍ, ㅁ, ㅈ, ㅊ, ㅅ, ㅎ, ㅇ, ㄹ' 순으로 예(例)를 하나씩 들고 있고, 모음으로 'ㅡ, ㅣ, ㅗ, ㅏ, ㅜ, ㅓ, ㅛ, ㅑ, ㅠ, ㅕ' 순으로 예를 하나씩 들고 있다. 'ㆁ, ㆆ, ㅿ, ㆍ' 네 글자는 소리 소문도 없이 후일 없어졌다.

이 중 예의편과 정인지서는 해설서에 포함할 필요도 없는 군더더기이다.

해례는 비록 한자로 쓰여 있지만, 이 책의 핵심이다.

이 해례는 정인지·신숙주·성삼문·최항·박팽년·이개·강희안·이선로가 작성했다고 이 책 안에 분명하게 쓰여 있다.

세종은 'ㄱ, ㄴ, ㄷ, ㄹ…' 28자만 만들고, '가, 갸, 거, 겨, 나, 냐, 너, 녀, 각, 간, 갇, 갈, 감, 갑, 갓, 갖, 갗, 같' 등 10,000여 자는 집현전 학사들이 만들었다는 논리이다.

ㄱ, ㄴ, ㄷ의 이름 '기역', '니은', '디귿'의 이름도 후세 100년이 지나 최세진이 지었다는 것도 놀라운 일이다.

한글은 집현전 학사들이 왕을 방패 삼아 만들었다는 것을 해례본에서 분명히 밝히고 있다.

가짜 어지(御旨)를 내세우고 한글을 세종이 혼자서·비밀리에 만들었다는 주장은 이치에 맞지도 않고 얼토당토않은 주장이다.

세종은 한글로 작성된 어지를 읽을 수도 없어 집현전 학사들이 한자로 써준 것이 아니겠는가 하는 의구심이 생긴다.

＊『훈민정음 해례본』에 기록되어 있는 자음의 분류

ㄱ, ㄷ, ㅂ, ㅈ, ㅅ은 全淸(맑은 소리)
ㅋ, ㅌ, ㅍ, ㅊ, ㅎ은 次淸(다음 맑은 소리)
ㄲ, ㄸ, ㅃ, ㅉ, ㅆ은 全濁(탁한 소리)
ㄴ, ㅁ, ㅇ, ㄹ은 不淸不濁(맑지도 탁하지도 않은 소리)
• (아래아)는 하늘을 본뜬 것
—는 평평한 하늘을 본뜬 것
ㅣ는 일어선 사람을 본뜬 것

『훈민정음 해례본』을 한차례 읽어보거나 연구한 사람이라면 결코 훈민정음은 세종이 혼자서 만든 작품이 아니라는 것을 쉽게 알게 될 것이다.

어떤 언어학 전문학자는 이 해례본을 해석하는 데만 꼬박 3년이 걸렸다고 한다. 조금도 지나친 말씀이 아니다.

『훈민정음 해례본』을 살펴보면, 세종이 집현전 학사들에게 한글 창제를 명하셨을 때 'ㄱ, ㅋ, ㄷ, ㅌ, ㄴ, ㅂ, ㅍ, ㅁ, ㅈ, ㅊ, ㅅ, ㅎ, ㅇ, ㄹ 그리고 ㅡ, ㅣ, ㅗ, ㅏ, ㅜ, ㅓ, ㅛ, ㅑ, ㅠ, ㅕ (없어진 글자 ㆁ, ㆆ, ㅿ, •)' 모두 28자는 내가(짐이) 만들 터이니, 집현전 학사 너희들은 이 글자를 만든 원리와 창제 과정을 자세히 설명하고 초성자 · 중성자 · 합자의 운영방법도 너희들이 만들라고 명하셨다는 주장은 얼토당토않은 논리이다.

28자를 만들지 않은 집현전 학사들이 어찌 그 창제 원리와 운용방법을 알 수 있겠는가.

한 폭의 그림을 보고 작자는 뒤로 밀어 놓고 그림을 감상하러 온 사람이 그 그림을 그린 원리와 만든 과정 그리고 재료를 설명하는 격이다.

세종의 어지는 왜 한자로 쓰여 있는가 하는 의문이 생긴다.

훈민정음을 세종이 혼자서 비밀리에 만들었다고 주장하는 이들이 내세우는 유일한 증거는 해례본 첫머리에 있는 어지 중 予(나여) 자 한 자밖에 없는데, 왜 이 予 자를 비롯하여 어지가 한자로 쓰여 있는가 하는 의문이 생긴다. 『훈민정음 해례본』이라면 당연히 한글로 쓰여 있는 게 마땅한데 어찌하여 어지가 한자로 쓰여 있는가 하고 따지면, 해례본을 읽어 보어야 할 양반들이 한글을 모르니 우선 한자로 쓰게 되었다고 구차한 변명을 할 수 있다.

그러면 그때 가서 한글을 한자로 번역해서 알려주면 되지 않을까? 전후가 바뀐 것이 아닌가.

혹시 세종이 훈민정음에 익숙하지 못하여 집현전 학사들이 한자로 대신 써 준 것이 아닌가 하는 의문점이 생긴다.

8) 최만리의 훈민정음 창제 반대 상소(上疏)

집현전 부제학 최만리는 훈민정음이 창제된 지 두 달 뒤에 한글 창제 반대 상소를 올렸다.

최만리의 상소는 그만의 생각이 아니고 그때 유생들이 가지고 있던 보편적 생각이었다.

최만리는 집현전 실무 최고 책임자로 재임하고 있었지만 훈민정음 창제에는 참여하지 아니하였고, 정인지 등이 훈민정음 창제를 하고 있다는 것을 눈여겨봤을 것이다.

만약 왕이 직접 훈민정음 창제를 하고 있었다면 그 일이 얼마나 힘든 일이라는 것을 알았을 텐데 최만리가 감히 반대 상소를 올릴 수 있었겠나?

왕이 훈민정음을 혼자 만들고 있었다는 사실을 알고도 반대 상소를 올렸다면 죽을 각오를 했어야 할 일이다.

최만리의 상소에 대하여 왕은 어떻게 처리하였나? 마치 왕이 혼자서 처리한 것처럼 위장되어 있으나 이에 대하여 사실은 정인지 등의 조언이 있었을 것이다. 예나 지금이나 이런 일을 왕이나 대통령이 혼자서 결정하는 것이 아니라 신하 또는 참모들의 의견을 수렴하는 것이 상례이다.

상소를 두고 왕은 최만리 등을 친국하였다. 내가 너희들을 벌하려고 부른 것이 아니라 너희들의 상소 이유를 듣고자 하였다고 말씀하였으나, 그 자리에서 처벌을 내렸다. 모두 감옥에 가두고 하루만에 풀어 주고 정창손과 김문만은 의금부에 넘겨 취조하고 곤장을 때리고 파직을 시켰다.

최만리는 이튿날 풀려났으나 사직하고 고향으로 가서 그 이듬해 죽었다(화병이 났는지 알 수 없다).

이때 왕이 최만리 등에게 하문한 내용을 자세히 들여다보면 정인지 등이 도와주었다는 흔적이 뚜렷하게 남아 있다.

요약하자면 최만리가 훈민정음 창제 반대 상소를 올릴 수 있었던 까닭은 세종이 훈민정음 창제에는 직접 관여하지 않고 뒤에서 후원만 하고 있다는 사실을 알았기 때문이다. 학사 8명이 한글 창제를 하였다는 사실을 밝힌 증거로서 이보다 더 좋은 증거는 없다.

9) 황희 정승 등이 가만히 보고만 있었겠나?

왕이 신하들 몰래 한글을 만들고 있었겠나? 있을 수 없는 일이다. 황희 · 맹사성 · 류관 재상들이 하루도 빠지지 않고 왕을 만나 국정을 논하였다는 기록이 수북하다.

만약 뒤늦게 왕이 신하들 몰래 한글을 만들고 있다는 사실을 알게 되었다면, 재상들은 그 길로 바로 왕에게 달려가서 '한글을 만들지 마시라'고 강력히 말렸을 것이다. 그런 일을 신하들에게 맡기면 어련히 잘 만들 것을 왕이 친히 그것을 만들려고 생고생을 할 필요가 있겠습니까 하고 항의를 하였을 것이다.

황희 정승은 태종이 양녕 세자를 폐하고자 할 때 끝까지 말리다가, 태종의 분노를 사서 남원으로 귀양 간 일도 있었다.

왕이 눈병도 있고 몸도 불편할 뿐만 아니라 한글을 만드는 일 같은 것은 소인들이 할 일이지 왕이 친히 할 일은 아니라고 강력히 아뢰었을 것이다.

왕이 한글을 만들지 않고 하급 관리들이 만들고 있다는 사실을 이미 알았기에 정승들은 눈감고 있었을 것이다.

10) 세종은 걸어 다니는 종합병원이었다

세종의 병력(病歷)을 한번 살펴보자.

- 1418년(22세)에 아버지 태종이 신하들에게 세종의 건강에 대하여 당부를 하였다.
  "주상(세종)은 사냥을 좋아하지 않으니 몸이 비중하다. 나는 장차 주상에게 무예를 가르치고자 한다."
- 1424년(26세)에는 세종이 이르시기를 "최근에 내 왼쪽 겨드랑

이 밑에 작은 종기가 났다. 아프지는 않으나 거동이 불편하다."

- 1431년(33세)에 세종이 신하들에게 '갈증을 그치게 하는 약'을 구해 보라고 하였다.
- 1431년(33세) 세종 曰: 갑자기 두 어깨 사이가 찌르는 듯이 아프다. 4, 5일이 지나자 계속 시도 때도 없이 발작하여 그치지 않는다. 묵은 병이 되었다. 풍질이 생긴 것 같다.
- 1431년(33세) 세종 曰: 내 나이 서른세 살인데 귀밑 머리카락이 세었다. (신하들이 뽑으려 하니) 병이 많은 탓이니 뽑지 말라. 나의 쇠함과 병이 전에 비하여 날마다 심하니 경들은 그런 줄 알라.
- 1437년(세종 19년) 서무 결재권을 세자에게 넘기고 의정부 서사제를 실시하였다.
- 1438년(세종 20년) 세종 曰: 온천물이 여러 가지 질병을 치료하는 데 효험이 있다. 부평에 온천이 있다고 하니 알아보아라.
- 1439년(세종 21년)에는 건강이 악화되어 그가 즐기던 아침경연에 참석하지 못하였다.
- 1442년(세종 24년) 세종 曰: 지금 몸을 움직이고 말을 하면 찌르는 듯이 아픈 것이 더욱 심하니 내가 2, 3일 동안 말을 하지 않고 몸을 조리하겠다.
- 1442년(세종 23년) 세종 曰: 눈병을 앓은 지 벌써 10년이나 지

낫으며 최근 5년 동안은 더욱 심해졌다.

- 1442년(세종 24년) 첨사원(세자 전속 비서실)을 설치하고 정무를 세자에게 넘겼다.
- 1444년(세종 26년) 약수로 눈병을 치료하기 위하여 청주 초수리에 행궁을 짓도록 했다.

세종은 어릴 때부터 글 읽기를 좋아하고 체력 단련을 소홀히 하여 즉위 초부터 병마에 시달리고 있었다. 요즘 말로 '걸어 다니는 종합병원'이라고 일컬을 정도로 여러 가지 병에 시달리고 있었다.

눈병(안질) · 피부병 · 풍질 · 소갈증 · 당뇨병을 앓고 있었는데 그중에도 눈병이 심하여 눈에서 고름이 나오고 앞에 서 있는 사람도 못 알아볼 정도로 어려움을 겪고 있었다.

이처럼 어려운 상태에서 한글을 만드는 일을 할 수 있었겠나! 상상도 못할 일이다.

이와 같은 환경이었는데 훈민정음을 세종이 혼자서 비밀리에 만들었다고 주장할 것인가!

『세종실록』에 쓰여 있는 세종의 말씀 한마디를 소개한다.

"과인은 덕이 없는 사람으로서 왕위에 오른 지 18년(1436년)이 되었지만 몸에 병이 들어 나랏일을 돌볼 수 없게 되었다. 세자는 영특하고 영명하며 효성스러워 왕위에 오를 만하다."

훈민정음이 창제되기 7년 전의 말씀이다.

11) 세종은 한글을 만들 Golden Time에 은퇴하였다

세종 21년(1439년) 세종은 훈민정음 창제 반포 시기에 병환으로 이미 은퇴하고 경연(經筵)에도 참석하지 못하고 1442년(세종 21년)에는 첨사원(세자의 집무실)을 설치하여 군사에 관한 업무를 제외하고 모든 정무를 세자에게 넘기시었다.

"왕의 자리는 부자지간에도 나눌 수 없다."라는 말이 있는데 오죽하면 세종이 아들에게 왕의 자리를 넘기려고 여러 차례 시도를 하였겠는가?

신하들의 반대에 부딪혀 뜻을 이루지는 못하였으나 사실상 왕권을 세자에게 넘긴 것과 다름이 없었다.

세종이 가족사도 편안하지만은 아니하였다.

세종 자신도 신병으로 인하여 하루도 편안할 날이 없었는데 가족 가운데도 1444년(세종 26년)에는 5남 광평대군이 사망하였고 이어 1445년(세종 27년)에는 7남 평원대군이 사망하였고 이어 1446년(세종 28년)에는 사랑하는 소헌왕후마저 세상을 뜨게 되었다.

세종에게는 아들 16명, 딸 4명이 있었고 후궁도 10명이나 있었으니 세종도 편할 날이 하루도 없었을 것이다.

이런 대가족을 거느리려면 아무리 왕일지라도 근심 · 걱정이 하루도 떠나지 아니하였을 것이다.

이런 환경 속에서 혼자서 비밀리에 한글 창제 일을 해낼 수 있었겠나. 몹시 괴로웠을 것이다.

12) 외국의 언어학자도 문자는 혼자서 만들 수 없다고 말한다

수년 전 프라하에서 개최된 국제 언어학 학술대회에서 우리나라의 어떤 언어학 교수가 '훈민정음에 대한 제고'라는 주제로 강연을 하였는데 "영명하신 세종께서 세계 유일의 독창적 문자를 혼자서 만드셨다."라고 일갈하였는데 그 자리에 있던 세계 언어학 대가들이 신랄한 비판을 하여 발표를 끝맺음도 못하고 중도에 내려왔다고 한다.

세계적으로 저명한 언어학자이신 앨버틴 가우어(Albertine Gaur)의 말씀이 『훈민정음통사』에 실려 있다.

> "세종이 새로운 문자를 손수 발명한 공로자로 종종 묘사되지만 이런 찬사는 대개 예우와 새로운 관습에 권위를 부여하기 위한 정치적인 술수가 섞인 것으로 이해하고 있다."

세계 문자를 살펴보는 가운데 우리나라의 경우도 권위자인 왕에게 창제의 공적을 돌린 것으로 보고 있다.

상식적으로 판단할 때 한 나라의 왕이 손수 새로운 문자를 만들었다는 데는 믿기지 않은 구석이 있다.

한글이 앞으로 점점 세계화된다면 외국에서도 한글을 연구하는 학자들도 많이 생겨날 것이다.

이들이 한글을 연구하면서 한글은 누가 만들었는가 하는 의문이 생길 수 있다. 이때 한글을 세종이 혼자서 · 비밀리에 만들었다고 한다면 그들은 고개를 갸우뚱하며 가로저을 가능성이 다분히 있다.

그래서 더 늦기 전에 한글을 누가 지었는가를 다툼 없이 말할 수 있게끔 정립하면 어떨까?

8 훈민정음 창제를 둘러싸고 있는 거짓말 Parade

최근에 수많은 교수 · 언어전문가 · 언론인들이 "훈민정음을 세종이 혼자서 · 비밀리에 만들었다."라고 주장하고 있으나, 이에 옳은 답을 여기에 수록하고자 한다.

① (세종이) 두 눈이 멀어 가면서 한글 창제에 전념하였다.

(답) 세종은 훈민정음 창제 훨씬 이전 나이 30대에 눈병이 심했다. (『세종실록』 참조)

② 청주 초수리 온천장에 가서 조용히 한글 창제에 전념하였다.

(답) 눈병 치료하러 초수리에 갔을 때에는 한글 창제 이후고 세종의 눈병은 30대에 이미 있었다. (『세종실록』 참조)

③ 세자에게 정무를 맡기고 세종은 한글 창제에만 전념하였다.

(답) 왕의 자리는 부자지간에도 나눌 수 없다는 말씀을 모르시는 모양. 몸이 아파 죽을 지경인데 무슨 한글 창제에 전념할 수 있었겠나.

④ 집현전 부제학 등 여러 명이 한글 창제 반대를 한 것을 보면 한글 창제는 집현전 학사들이 한 것이 아니다.

(답) 조직의 업무분장을 모르는 말씀. 최만리 등은 한글 창제와는 전혀 다른 업무를 하였다.

⑤ 세종은 한글 창제 후 2년 9개월간 집현전 학사들과 실험 검증을 하였다.

(답) 전혀 근거 없는 날조된 말이다. 그 기간 동안 세종이 무엇을 하고 있었는가는 알 수 없는 mystery다.

〈가정1〉 집현전 학사들이 이미 만들어 놓은 한글을 다시 가다듬고 있었다.

〈가정2〉 집현전 학사들이 세종에게 이미 만들어 놓은 한글을 가르치고 있었다. 하지만 병이 심하여 진척이 늦었다.

〈가정3〉 세종이 병마와 가족의 일로 고통을 겪고 있어 반포시기를 기다리고 있었다.

⑥『훈민정음 해례본』은 1446년 세종이 직접 펴낸 한글 해설서이다.

(답) 『훈민정음 해례본』의 정인지서를 보면 해례본은 정인지 · 신숙주 · 성삼문 · 박팽년 · 최항 · 이개 · 강희안 · 이선로가 해례본을 썼다고 기록되어 있다. 해례집을 단 한 번도 안 보신 분의 말씀이다.

⑦ 세종은 집현전 학사들과 공동으로 훈민정음을 창제하시었다.

(답) 그럴듯한 말씀이지만 왕과 신하가 공동작업했다는 말이 성립될 수 있나?

⑧ 세종이 집현전 학사들에게 한글 창제를 가르쳤다.

(답) 전혀 근거 없는 말씀이다.

⑨ ○○○역사 TV - 신숙주 가문의 왜곡.

(답) 신숙주 가문이 매우 섭섭하게 생각할 사안이다.

⑩ 세종은 뛰어난 음운학자였다.

(답) 아무나 음운학자가 될 수 있나? 과한 칭찬이다. 현대의 수많은 음운학자들이 웃을 말이다.

⑪ 한글을 창제하면 명나라가 가만있지 않을 것이다.

(답) 그러면 한글 창제 후 공표까지 하셨는데 명나라가 무슨 항의를 하였나?

⑫ 세종이 한글 창제할 때 집현전 학사들의 도움을 받았다.

(답) 아니다. 세종이 집현전 학사들에게 많은 후원을 하였다. 사가독서제(賜暇讀書制)로 출근하지 않고 한글 창제하도록 하였고 후한 급여를 주었다.

⑬『훈민정음 해례본』중 어지(御旨)는 세종의 친필이다.

(답) 해례본이 발견될 때 어지 부분은 훼손되어 없어 전 성균관 교수와 그 제자가 임의로 새로 작성한 것이다. 공부를 좀 더 하시오.

⑭ 세종이 혼자서 · 비밀리에 한글을 창제하셨다.

(답) 세종이 한글을 창제했다는 증거가 전혀 없었으므로 학자들이 궁여지책으로 '혼자서 비밀리'에 만들었다고 꾸며 놓은 것이 아닌가?

9 최세진의 한글 자모 이름 짓기

최세진(1473~1542년, 중종 37년)은 조선 중기 언어학자이다. 중인 출신으로 천대를 받았지만 그의 뛰어난 언어학 지식으로 중종의 신임을 받았다.

최세진은 조선 중기 훈민정음이 침체기에 빠졌을 때 징검다리 역할을 하였다. 최세진은 한글의 자음과 모음의 이름을 처음 지었다. 훈민정음의 창제에 버금가는 만큼 중요한 일이었다. 훈민정음이 만들어질 당시에는 그 이름이 없었으므로 어떻게 불렀는지 궁금하다.

또한 한글 자모의 순서도 정하여 지금까지 그가 정해 준 순서대로 쓰고 있다.

ㄱ 기역(其役)	ㄴ 니은(尼隱)	ㄷ 디귿(池末)	ㄹ 리을(梨乙)
ㅁ 미음(眉音)	ㅂ 비읍(非邑)	ㅅ 시옷(時衣)	ㅇ 이응(異凝)
ㅋ 키읔(箕)	ㅌ 티읕(治)	ㅍ 피읖(皮)	ㅈ 지읒(之)
ㅊ 치읓(齒)	ㅎ 히읗(虛)		

※ ㄱ을 기역으로 이름 지었다. 앞 ㄱ은 초성, 뒤 ㄱ은 종성으로 동일하게 지었다.

⑩ 훈민정음이 창제된 후 뒷이야기

세종은 훈민정음이 완성되는 것을 끝까지 지켜보고 1450년 53세의 일기로 편안히 저세상으로 가셨다.

세종이 돌아가신 이후 문종·단종·세조·예종에 이르기까지 조선의 정국은 큰 혼란의 도가니에 빠졌다.

훈민정음의 산실인 집현전의 역할도 크게 위축되었다. 세조의 계유정난으로 인하여 훈민정음 창제에 큰 역할을 한 8인 중 성삼문·박팽년·이개는 죽임을 당하고 나머지 정인지·신숙주·최항·이선로·강희안은 각기 다른 길로 나섰기에 훈민정음도 차츰 빛을 잃어 가고 있었다.

여기에 더하여 제10대 왕 연산군 때는 그의 폭정에 시달리던 백성들이 그를 비방하는 글이 언문으로 만들어져 이곳저곳에 나붙자, 이에 격노한 연산군은 1504년(연산군 10년)에 언문금지령을 내리고 언문으로 된 서적을 모두 불태우고 집현전을 폐쇄해 버렸다.

그 후 조선 중기 지배계급에 있던 자들은 훈민정음을 언문이라고 부르면서 아녀자나 쌍것들이나 쓰는 글이라고 하면서 천하게 여겼다.

훈민정음은 그 이름도 변하였다. '훈민정음 → 언문 → 반절 → 암

클 → 아랫글 → 가갸글'이라고 불리게 되었다.

'ㆁ, ㆆ, ㅿ, ㆍ' 네 글자는 소리 소문 없이 사라졌다.

훈민정음이 만들어졌지만 우리 문자로 널리 보급되지 못하였고 그 쓰임새도 신통치 않았다.

지배계층에 있는 사람들은 이미 알고 있는 한자가 일상생활을 하기에 불편함이 없었고 한글을 새로 배우는 것이 부담스러웠을 뿐만 아니라 당시 사회풍조가 한글을 천한 글씨로 여겨 더더욱 한글을 외면하게 되었던 것이다.

세종 왕이 만들었다고 했음에도 불구하고 관청에서 한자를 공용어로 오랫동안 사용하여 왔다. 한글이 얼마나 수난을 당했는가를 알 수 있는 대목이다.

한글이 창제된 지 500년이 되면서 그사이 아녀자들이 즐겨 읽는 한글소설이 몇 점 나왔다. 대부분 지은이가 누구인지 알려지지도 않고 있다.

허균이 지었다는『홍길동전』을 비롯하여『춘향전』·『심청전』·『흥부전』·『장화홍련전』·『별주부전』·『임경업전』·『한중록』등이 서민들이 즐겨 읽는 대중소설이었다.

훈민정음은 조선 왕조가 끝날 때까지도 빛을 보지 못하고 있다가 오히려 일제강점기에 들어와 애국지사들이 독립운동과 더불어 한글 사랑으로 뭉치게 되었다.

1908년(한일합병 직전)에 주시경 · 김경진 등 애국인사들이 우리 말과 우리글을 지키기 위하여 '조선어학회'를 조직하여 새삼스럽게 우리글 훈민정음을 연구하고 보급하는 데 힘을 기울였다.

그러나 1910년 한일합병이 되자, 일제는 조선어학회를 감시하고 억압하기 시작했다. 그리하여 조선어학회는 간판을 숨기고 1911년 9월 3일 '배달말글모음'이라는 간판을 새로 만들어 달고 독립운동과 함께 한글연구와 보급에 힘을 기울였으나 일제의 눈에 거슬려 1917년에는 완전히 해산되기에 이르렀다.

일제가 조선을 강탈한 지 10년이 넘으면서 그들은 무력정책에서 유화정책으로 바꾸어 조선인에 대하여 다소 숨통을 열어 주었다. 그 사이 한글을 사랑하는 애국자들은,

1931년 '조선어 연구회'를 '한글학회'로 바꾸고, 한글맞춤법통일안을 최초로 만들고,

1932년 정기간행물로 『한글』을 발행하고,

1936년 『조선어 표준말 모음』을 출간하고,

1941년 외국과의 교류에 필요한 『외국어 표기법 통일안』을 간행하였다.

한편 일제는 우리민족말살정책으로 우리 이름을 일본식으로 바꾸는 창씨개명(創氏改名)을 하도록 하고 신사참배를 강요하고 일본 교사를 학교에 다수 채용하고 일상용어를 일본어로 하고 공용어

를 일본어로 삼았다.

36년간 긴 세월 동안 모든 국민을 일본식으로 만들려고 함에 따라 어리석은 우리국민도 차츰 우리말보다 일본말을 익혀 가기 시작하여 차츰차츰 한글은 사라지게 될 위기에 놓이게 되었다.

＊ 조선어학회 사건

일제 말 1943년 4월 오랜 기간 동안 일본 경찰들의 감시를 피해 가면서 한글의 연구와 보급 그리고 독립운동을 꾀하던 조선어학회 회원들이 일본 경찰에 대거 붙잡혀가는 엄청난 사건이 일어났다.
이 사건은 수치스럽게도 조선인 경찰이 함흥에서 조선말을 주고받은 여학생을 취조하면서부터 시작되었다. 무려 33명이나 이 사건에 연루되어 구속되었다.
조선어사전 편찬 사업에 직접 가담한 자, 재정적 뒷받침을 한 자, 독립운동에 직접·간접으로 참여한 자들이 검거되었다.
오랜 기간 구속되어 혹독한 취조를 받고 자백을 받아 33명 중 16명은 기소되고 12명이 공판에 넘겨졌다.
1945년 1월까지 재판이 진행되어 이극로 징역 6년, 최현배 징역 4년, 이희승 징역 2년 6개월, 정인승·정태진 징역 2년, 김범린·이중화·이우식·김양수·김도연·이인 징역 2년 집행유예 3년의 선고를 받았다. 때마침 1945년 8월 15일 해방이 되어 모두 출옥하였다. 이 사건으로 조선어학회는 해산되었다가 1949년 9월 한글학회로 재창설되었다.

제3장

일본이 조선을 통째로 삼키다

제3장 줄거리

이 장에서는 당시 조선의 실상과 일본이 조선을 송두리째 집어먹는 과정을 밝히려고 한다.

그때 국제사회 풍조는 약육강식(弱肉强食)의 시대였다. 조선의 왕실이 허튼 짓을 하고, 백성들은 무지몽매하여 강자인 일본에 나라를 빼앗길 수밖에 없었던 환경이었다.

남의 나라를 침탈한 것은 물론 용서받지 못할 죄악이지만, 그들만을 나무랄 일은 결코 아니다.

지금이라도 우리의 잘못을 뉘우치고 반성하고 분발하여야 할 때이다.

1 일본의 명치유신(明治維新)

11세기부터 일본은 우리나라의 행정구역 시군과 같은 규모의 집단부락을 형성하여 쇼군(Shogun)이 우두머리가 되고 그 밑에 수많은 사무라이(깡패라고 알려져 있으나 나라를 사랑하는 혈기왕성한 무사들이었다)들을 거느리고 실질적인 권력기관인 막부(幕府)를 형성하고 있었다.

그때부터 수세기 동안 막번 간에 권력싸움이 이어지고 있다가 1600년에 이르러 도쿠가와 이에야스 막부가 군소 막번(幕蕃)을 통합해서 커다란 에도막부를 설립하였다.

1863년 일본은 젊은 사무라이들이 반기를 들어 막부를 무너뜨리고 보다 더 강력한 천왕 중심의 국가체제를 탄생시켰다. 이어 어린 일왕이 국가를 직접 통치한다고 선언하고 명치유신(明治維新)을 시작하였다.

1869년 새 정부는 막부의 영주들이 가지고 있던 토지영유권을 천왕 아래로 끌어모으고, 영주는 번(藩)이 아닌 현(縣)의 지사로 변신하였다. 그때 수도를 경도(교토)에서 동경(도쿄)으로 옮겨 새로운 일본의 모습을 완전히 갖추게 되었다.

새 정부는 그때부터 서양 여러 나라와 통상을 시작하면서 서구의 새로운 문화와 문물을 받아들였다.

- 새로운 산업을 개척하여 생산을 늘리고
- 근대적 은행을 설립하고
- 조선 · 병기 · 화약 등 생산시설을 갖추고
- 대규모 철도부설과 같은 건설사업을 추진하고
- 신분제도를 철폐하고
- 천민과 평민을 중심으로 하는 자본주의 체제를 받아들였다.

이때 유신의 주역은 투철한 국가관을 가지고 있는 30대의 젊은이들이었다. 여기서 혜성과 같이 나타난 인물이 이등방문(이토 히로부미)이었다. 그는 후일 조선총독이 되었고, 조선의 애국자 안중근 의사의 총탄을 맞고 저세상으로 갔다.

당시 젊은 무사들은 긴 칼을 차고 다니면서 칼싸움을 서슴지 않았다. 미국에서 총기를 자유로이 휴대하는 것과 엇비슷한 양상이었다. 사무라이들은 긴 칼로 새 나라를 만들려는 일꾼이었다. 그때의 정서가 오늘의 일본에도 아직 남아 있는 것 같다.

② 그때 조선의 상황

일본이 명치유신을 통하여 새 나라를 만들어 가고 있을 즈음에 조선은 과연 무엇을 하고 있었나?

조선은 장희빈의 저주 탓인지 순종, 헌종, 철종에 이르기까지 후사를 얻지 못해서 왕위를 제대로 이어 가지도 못하는 형국이었다. 그런 가운데 외침은 계속되어 나라 전체가 갈 길을 찾지 못해 허덕이고 있었다. 왕조가 흔들리니 대신들도 갈피를 잡을 수 없었고 백성들도 제정신이 아니었다.

조선 말기의 사회풍토는 그야말로 엉망진창이었다. 외국 선교사들이 조선에 와서 백성들이 사는 모습을 보고 "놀랄 정도로 비참하였고, 가여웠다."라고 평가하였다.

조선의 관리들은 부패하였고, 백성들은 무기력하고, 어리석고, 미개하였고, 담배 골초에, 술주정뱅이에, 오입쟁이, 노름꾼만 우글거렸다.

어린아이들마저도 둘만 모이면 노름(골패)하고, 담배 피우고, 술 마시고, 도적질하였다. 내가 어릴 때 직접 본 일이다.

학교가 없으니 어린이도 글공부를 할 기회가 없었고, 서당이라는 곳이 있었지만, 훈장도 신통치 않아 온종일 하늘 천(天), 따 지(地),

검을 현(玄), 누를 황(黃)만 가르치고, 과학이라든가 산술은 아예 없었고, 군사 훈련 비슷한 것도 없었다. 아이들이 글공부를 소홀히 하면 회초리로 종아리만 때렸다. 긴 담뱃대로 머리통을 갈길 때도 있었다.

이런 환경에서 동학농민봉기가 일어나고, 병정들이 반란을 일으키기도 했다. 조정은 자신의 능력으로 이를 수습할 수 없었으니 외국의 군대를 끌어들여 드디어 나라가 망하게 된 것이다.

3 일본이 야수의 이빨을 드러내다

1875년 9월 20일 일본의 운양호(운요호)가 강화도 앞바다에 나타나 해상측량을 한다는 핑계를 대면서 조선영역을 침범하였다.

이에 조선 수군이 변변치 못한 무기를 들고 저항하였으나 일본의 신식무기 조총과 대포에 맥을 추지 못하고 뒤로 물러섰다. 일본군은 영종진(영종도)에 잠시 상륙하여 식량과 생필품을 약탈하고 바로 철수하였으나, 그 후 조선은 일본의 힘에 눌리어 굴욕적인 강화도조약을 체결하게 되었다. 공식명칭은 조일수호조약 · 병자수호조약이라고 한다.

(제1조) 조선은 자주국으로 일본과 평등한 권리를 가진다.

(제5조) 조선은 부산 · 인천 · 원산항을 20개월 이내에 개항하여 통상을 허용한다.

(제7조) 조선은 일본의 해상측량을 허용한다.

(제10조) 치외법권을 인정하며 일본 화폐의 통용과 무관세 무역을 인정한다.

위와 같은 조항을 두어 사실상 지나친 불평등조약을 억지로 맺게 되었다. 그 후 동학농민운동이 각지에서 격렬하게 일어나자 고종은 어리석게도 이 운동을 저지하기 위해 일본에 원군을 요청하였다. 일본은 '이때다' 생각하고 많은 병력을 조선 땅에 파견하였다.

한편, 일본은 동양에서의 패권을 장악하기 위해 청나라를 치려고 하였다. 일본이 청나라를 치기 위해 육로로 가려면 조선 땅을 거치지 않을 수 없었다. 그래서 일본은 청나라로 가는 길을 조금 비켜달라는 것과 아울러 군량미도 조금 도와 달라고 요청하였다.

이후 일본은 청과의 전쟁에서 승리하자 조선에 대한 지배권을 한층 더 강화하게 되었다. 이런 기회를 이용해서 일본이 조선을 한층 더 압박하자 명성왕후 민비는 러시아의 원병을 요청하였다.

조선 땅을 두고 일본과 러시아는 한판 승부를 벌이려고 하였다. 전쟁이 한창 진행 중인 때 러시아에는 볼셰비키혁명군이 내전을 일으켜 부득이 일본과의 전쟁을 미루고 군대를 철수하여 모스크바로 달려갔다. 결과적으로 러시아는 일본에 패전하고 엄청 많은 배상금을 지불하게 되었고, 일본의 조선에 대한 지배권은 한층 더 강화되었다.

청일전쟁 · 러일전쟁에서 승리한 일본은 여기서 멈추지 않고 조선을 자기네 보호국으로 만들려고 하였다.

4 조선 침략을 위한 준비단계

일본은 조선을 식민지로 삼기 위하여 단계별로 준비를 하였다. 제1단계는 을사보호조약(강제로 맺어졌기 때문에 우리는 을사늑약이라고 한다)을 체결하여 조선의 외교권을 빼앗고, 조선 행정부를 장악하기 위해 경성(서울)에 통감부를 설치하였다.

일제는 중일전쟁 그리고 러일전쟁에서 승리하게 되자 조선에 대한 야욕을 완전히 굳혔다. 하지만, 조선과 외교관계를 맺고 있는 국가들의 양해가 있어야 하므로 일본은 그들 국가의 묵인을 받고자 하였다. 먼저 러일전쟁 후 맺은 포츠머스조약에서 조선의 국권을 빼앗으려면 조선 임금의 동의를 받아야 한다고 약속되어 있으므로 조선 대신들에게 직·간접적 위협을 가하여 1905년 11월 17일 을사늑약을 맺었다.

5 민족말살정책

일본은 한일병합조약으로 조선을 병합하고, 조선이 다시 일어나지 못하게 하려고 여러 가지 민족말살정책을 펴 나갔다. 조선 민족이라는 용어자체도 사용하지 못하도록 하였다.

첫 단계로 조선이 반항을 하지 못하도록 유화정책을 내세웠다. 내선일체(內鮮一體)라고 하여 일본과 조선은 원래 '오랜 옛적부터 한 몸이었다'는 것이다. 어떤 증거를 가지고 선동하는 것이 아니라 근거도 없이 우격다짐으로 세뇌를 시키려는 것이다. 일제의 속임수이고 잔꾀에 지나지 않는 얼토당토 하지 않는 정책이지만, 조선인의 머릿속에 남도록 강제주입시키려고 하였다.

서양인이 식민지를 차지할 때 무력으로 윽박지르는 것과는 다르게 일본 군부는 웃음으로 조선인을 다스리려고 했다. 일본의 교묘한 술책이었다.

둘째 단계로 조선말과 조선글을 없애려고 하였다. 학교에서 처음에는 우리말을 쓰도록 했으나 차츰차츰 일본 교사들을 더 많이 증원시키고 조선인 교사를 몰아내었고, 조선인 가운데 일본말을 할 줄 아는 교사들을 우대하였다.

조선글을 아예 없애려고 하였다. 당시 조선인이 경영하는 언론사로 하여금 한글판 신문을 발행하지 못하도록 하였고, 모든 공문서는 일본어로만 사용토록 하였고, 물건의 표시도 일본어로 하도록 하였다.

특히 공사장에서 쓰는 전문용어는 일본말로 하도록 강요했다. 그 여파가 100여 년이 지난 지금에도 공사장에서는 일본어가 통용되는 용어가 있다.

세 번째 단계로 창씨개명(創氏改名) 정책으로 조선사람의 성과 이름을 버리고 일본의 성과 이름을 새로 지으라는 것이다.

일제강점기 동안 웬만큼 사회활동을 하는 인사들은 모두 조선 이름을 버리고 일본 이름을 새로 만들어 썼다.

박정희는 高木正雄(다카키 마사오)로 바꾸었고 이명박은 月山明博(츠기야마 아키히로)로 바꾸었다. 이렇게 바꾸지 않으면 취업도 할 수 없었고, 사회생활도 할 수 없었다.

네 번째로 신사참배를 강요하였다. 일본 천황에 대한 숭배를 강요하는 황민화정책(皇民化政策)을 시행하였다. 일본사람들의 하나의 전통은 윗사람에게 대하여 절대복종하는 것이다. 나라에 대한

충성은 일본 천황(天皇)에 대한 무조건적 복종이었다. 황제를 신으로 여겼다. 모든 백성은 황제의 백성인 것이다. 이런 전통을 조선인에게도 주입시키려 교육하였다. 그런 정책의 하나가 신사참배(神社參拜)인 것이다. 일본에는 원래 민속신앙이 많았고 그들이 섬기는 신(神)도 많았다. 웬만큼 이름난 조상들을 모두 신격화시켜 신으로 모셨고 사당을 지어 놓고 주기적으로 그 신에게 참배를 하였다. 일제는 조선인으로 하여금 신사참배를 하도록 강요했다.

하지만 이러한 정책이 조선의 기독교인으로부터 많은 저항에 부딪혔다. 기독교인은 성경의 가르침에 따라 '나 외에 다른 신을 믿지 말라'는 신조를 가지고 있었기 때문에 목숨 바쳐 신사참배를 거부하였다. 일부 목사 등 성직자는 신사참배를 단호히 거절하였다. 이에 일본 경찰은 기독교인들을 소환하여 신사참배를 하도록 강요하였고, 이에 거절하면 감방에 가둬 놓고 생고생을 시켰다. 최소한 2~3개월 동안 가두어 놓았다가 풀어 주기도 하였다.

최근에 일본 유력 정치인들이 매년 신사참배를 하는 것을 놓고 우리 국내에서 비난을 하고 있다. 특히 태평양 전쟁의 원흉이고 조선을 침략한 당시의 천황과 위정자들의 신위를 모셔 놓은 신사를 매년 빠짐없이 참배를 한다. 이를 두고 우리나라 언론에서 지나치게 크게 보도를 하고, 정부는 주한일본대사를 소환해서 항의를 하고 있다.

일종의 우상숭배에 지나지 않는데 그들이야 참배를 하든 굿을 하든 우리가 지나치게 반응할 필요가 있을까?

말린다고 하지 않을 그들이 아니다.

6 한일병합조약

1910년 8월 29일 한일병합조약이 체결되어 일본제국 천황이 대한제국(조선의 국호를 조선 마지막 임금 순조 때 대한제국이라고 바꾸었다) 국호를 다시 고쳐 조선이라 부르고 일본에 병합되었다.

이 조약은 내각총리대신 이완용과 일본통감 데라우치에 의해 형식적인 절차를 거쳐 일본 천황이 공포하였다.

이미 을사조약(을사늑약)으로 조선의 외교권이 박탈되었고, 정미7조약으로 군대가 해산되고, 기유각서로 사법권을 잃은 상태에서 마지막으로 한일병합조약이 체결, 공포됨으로써 519년의 역사를 가진 이씨 조선은 막을 내리게 되었다.

아! 애통하다.

7 친일파의 논란

일제강점기에 일본의 식민 통치에 적극 협력한 자를 친일파라고 하는데, 나라를 빼앗긴 백성이 먹고살려면 무슨 짓인들 못 할쏘냐. 일본에 아부하고 아첨하지 않을 수 없는 상황이었다.

- 일본 경찰에 들어가 순사(순경)가 되어 일본의 앞잡이 노릇도 하고
- 일본군에 입대(강제로)하여 만주 정벌하러 간 사람도 있고
- 일본판사 · 일본검사까지 된 엘리트도 있고
- 일본을 찬양하는 기사를 하루도 빠지지 않고 올려놓은 신문사도 있고
- 일본을 찬양하는 글을 쓰는 글잡이도 있었고
- 일본인이 운영하는 광산에 들어가 목숨 걸고 일한 사람도 있고
- 일본어를 능숙하게 하는 교사도 있었고
- 건설현장에서 막노동하는 가난뱅이도 있었고
- 지방에는 유지랍시고 일본 참의원 하는 분도 계셨고
- 일본에 유학 가서 출세한 사람도 있었고
- 일본 여자 꼬셔서 결혼한 씩씩한 신랑도 있었고

- 일본 가정에 들어가 식순이 노릇하는 아줌마도 있었고
- 산림감시원이란 완장을 차고 뻐기는 사람도 있었고
- 일본 은행에 들어가서 대리 · 과장하는 사람도 있었다.
- 일본의 벼슬(작위) 백작 · 남작 · 자작 · 후작을 받은 최고의 못난이도 있었다. 우리 동네에도 이런 분이 계셨는데 일본에 유학하고 돌아와서 작위를 받고 꽤 거들먹거렸다. 검정 망토(외투)를 입고 백구두를 신고, 나까오리 모자를 쓰고, 기다란 지팡이를 폼으로 들고 다니고, 가끔 담배 빨부리로 담배도 피우고 다녔다.

한일합방이 되어 조선은 없어졌는데, 그렇다고 해서 어린아이들을 학교에 안 보낼 수 있나. 학교에 가면 일본어 · 일본역사만을 배웠다. 소학교, 중학교, 대학을 마치면 일본통 · 일본전문가가 된다. 열심히 공부해서 훌륭한 기술자가 되고 취업을 해서 밥도 먹을 수 있었다. 교사가 되는 것이 당시로는 최상이고, 면사무소나 군청에 취업하거나 경찰(순사)이 될 수도 있고, 병역의무가 있어서 징병검사를 받고 군대에 입대해서 빨갱이를 잡으러 가거나, 동남아 각국의 싸움터로 가거나 중국 · 소련으로 싸우러 갔다. 그때 조선족 군인은 일본인 행세를 하였다. 조선사람이라는 티를 내면 푸대접만 받았다. 전쟁이 끝나고 일본이 폐망하니 원정 갔던 군인들은 모두

패잔병이 되거나 포로로 잡혀 시베리아까지 잡혀 가는 신세가 되었다. 누구를 원망해야 하나.

8 중추원(中樞院)

1910년 설립된 조선총독의 자문기관으로서 그 이름처럼 실질적인 정책 심의하는 기능은 전혀 없었다. 일제는 중추원을 이용하여 민족독립운동 세력을 분열시키고 친일 세력을 양성하려고 하였다.

식민통치기구인 조선총독부에 들어가기를 원하는 조선인 전직관료, 유지(有志)들을 여기에 편입시켜 독립운동을 근원적으로 차단하려고 하였다.

중추원의 의장은 일본인이 차지하고 조선인은 부의장이 되었다. 그 밑에 고문과 참의(參議)가 있었다. 중추원은 친일 귀족 유지들을 회유할 목적으로 만들어졌는데 친일유지나 조선의 VIP는 앞다투어 중추원에 들어가려고 했다.

8.15 해방 후 이들은 모두 친일반민족행위자로 엮어 공포됨으로써 얼굴 뜨겁게 되었다.

9 『친일인명사전』

여기에는

① 일제의 침략에 적극 협력한 자

② 일제의 식민통치기구에 일정 직위 이상으로 참여한 자

③ 항일운동을 방해한 자

④ 일제의 징용이나 위안부 동원에 협력한 자

⑤ 다액의 금품을 일제에 바친 자

⑥ 문화예술인으로 식민통치에 협력한 자

⑦ 일본의 작위 · 백작 · 남작 · 자작 · 후작을 받은 자로서 100여 명이 있었다.

친일인명사전 표지

내지

그때 일본에 저항하게 되면 당장 서대문형무소가 눈앞에 보이는데, 일본에 저항해 본들 패가망신할 수밖에 없는 상황이었다.

친일파를 두둔하려는 것이 아니라 누구나 신체적으로나 정신적으로나 경제적으로 나약한 사람은 일본제국에 부역을 하지 않을 수 없었다.

"안 하면 그만 아니냐?"고 반문할 수 있으나 하루 이틀도 아니고 36년간이나 식민지 생활을 했는데 어느 누가 장담할 수 있겠나?

친일파의 척결문제는 오늘까지 오락가락하고 있으나, 친일행적을 사후에 조사하는 것도 어려울 뿐 아니라, 생계유지를 위하여 어쩔 수 없이 친일행보를 걸은 분도 적지 않다. 오늘까지 친일파 운운하는 것은 '지나치다'라고 하지 않을 수 없고, 실익도 없는 정치구호에 지나지 않는다.

그때 그 사람들은 벌써 요단강 건너갔는데 이제 와서 따져봐서 뭘 얻겠나. 그 후손들을 박해하자는 것이냐? 그 후손들은 조상들이 무슨 짓을 했는지도 모르고 있는데 그들을 박해해야 하겠나. 다 물 건너갔다.

10 고종의 영세중립국 선언

1) 영세중립국이 되려면…

영세중립국이란 주변 이해 당사국과 조약에 의하여 영구중립을 맺고 그럼으로써 중립이 보장된 국가를 말한다. 중립국은 외국과 어떤 전쟁에 개입할 우려가 있는 조약도 체결할 수 없다.

영세중립제도는 한 나라의 안전과 독립을 위하여 필요할 뿐만 아니라, 영세중립국가가 하나의 완충지대 역할을 함으로써 이웃 나라의 평화와 안전까지도 보장하게 될 수 있다.

영세중립국가가 되면 그 나라의 독립과 안전도 보장되지만, 다른 나라끼리의 싸움에도 일절 관여하지 않아야 한다.

영세중립국가로 인정되면 다른 나라도 이 나라를 침입할 수 없게 된다. 영세중립국가도 자기방어를 위한 군인과 군비는 갖출 수 있다. Swiss를 여행할 때 보면 젊은이들이 예비군복을 입고 무기를 휴대하고 훈련장으로 가는 모습을 간혹 볼 수 있다.

스위스는 중립국가의 표본이라고 할 수 있는데 영세중립국가가 된 후에 여러 차례 구주지역에 전쟁이 있었고 두 차례의 세계대전이 있었지만, 그때에도 Swiss는 영세중립국의 지위를 유지할 수 있었다.

영화 'Sound of Music'을 보면 Austria의 군인 가족이 히틀러의 탄압을 피하기 위하여 국경을 넘어 Swiss로 도주하는 모습이 생생하게 그려져 있다.

2) 고종의 영세중립국 선언

고종은 이웃 도적 떼들에게 몰리어 달아나면서 살아날 길을 찾으려고 했다. 코앞에 닥친 국가 위기를 극복하려고 하나의 고육지책으로 영세중립국가가 되려고 다방면으로 노력하였다.

① 고종은 1900년 8월 조병식 특사를 일본에 파견하여 조선을 대신해서 열강 국가에 조선의 영세중립화를 이루도록 요구하였으나, 일본 측으로부터 거절당했다.

② 고종은 1900년 10월 조병식 공사를 통하여 동경주재 미국공사 Buck에게 미국 정부가 조선이 영세중립국이 되도록 힘써 달라고 했으나 거절당했다.

③ 고종은 1901년 1월 동경주재 러시아 공사 Isvolski에게 조선의 중립화에 대하여 일본 정부와 협의해 달라고 했으나 거절당했다.

고종의 중립화 의지는 이루어지지 못하였지만, 먼 미래에도 우리나라의 평화와 안전을 위한 하나의 방법이 될 수 있다고 생각한다.

영세중립국이란 어느 나라나 선언한다고 되는 것이 아니다. 주변국가와 확실한 약속과 조약을 맺어야 되는 것이다.

우리는 미국이 우리의 우방이라고 생각한다. 우방인 것은 틀림없지만, 영원한 우방은 될 수도 있고 아닐 수도 있다.

모든 나라가 자국의 이익을 위하여 존재하지, 남의 나라를 거저 공짜로 도와주지는 않는다. 자국이 손해 볼 일은 하지 않는다는 것이 역사적 교훈이다.

냉엄한 국제관계에서 영원한 우방도 없고 영원한 적도 없으며, 국가의 이익만이 영원하다.

우리나라와 중국과의 관계를 보더라도 6.25 전쟁 때는 원수지간으로 싸웠으나 세월이 흘러 경제적 이해관계가 맞아떨어져 가까운 이웃이 되었다.

월남과의 관계에 있어서도 월남 전쟁 때 우리나라는 미국의 요청에 의하여 미군과 함께 호찌민 공산군과 죽기 아니면 살기로 싸웠다.

그 후 미국과 우리나라는 월남에서 철수를 하고 호찌민의 승리로 월남은 완전히 공산국가가 되었다. 그러나 월남이 경제개발을 하면서 우리나라의 도움이 절실히 필요하여 양국 간에 국교 정상화가 이루어지고 교역 면에서 우리나라나 월남이나 떨어질 수 없는 관계가 형성되어 이제는 피차 간 '형제의 나라'라고 칭하고 있다.

아직 우리나라는 미국과의 관계에서 뗄 수 없는 우방이지만 지난 날을 돌이켜 보면 러일전쟁이 끝났을 때 미국의 Roosevelt 대통령은 "나는 일본의 승리를 더없이 기쁘게 생각한다. 일본은 우리의 싸움을 대신해 주었기 때문이다."라고 말하였다. 그의 안중에는 '한국이라는 나라가 있다'는 것을 인식하지도 않는 것 같았다.

3) 우리나라가 영세중립국이 되기 위한 조건

우리나라가 영세중립국이 되기 위해서는 먼저 남북이 통일되고 하나의 나라가 되어야 한다.

남북이 나뉘어 사사건건 싸우고 있고, 언제 다시 싸우게 될지 아무도 모르는 상태에서는 영세중립이란 논의의 대상도 아니다.

미국과 북한과의 관계도 평화적으로 해결되어야 하고, 미국과 중국과의 관계도 평화적으로 해결되어야 한다. 그날이 언제나 올지 예상하지 못하고 있는 상태에서 우리의 영세중립은 상상도 할 수 없는 일이다.

하지만 국제관계는 살아있는 생물과 같아서 언제 어떤 일이 일어날지 예측도 할 수 없는 일이다.

우리의 영세중립화는 현 단계에서는 하나의 꿈에 지나지 않지만,

그렇다고 포기할 일은 아니고 그 어느 땐가 우리에게 행운이 온다면 영세중립도 이룰 수 있다고 본다.

11 일제시대 궁핍한 살림살이

나라를 일제에 강제로 빼앗기면서 그 백성들은 누구나 거지꼴이었다. 더러는 노예와 다름없었다. 지주의 노예가 되었고, 일본 침략자의 노예가 되었다.

농사지을 땅도 별로 없는데, 거기다가 일본 위정자들이 세금으로 훑어가고, 공출이라고 해서 추수한 알곡들마저 뺏어갔다.

백성들의 삶은 극도로 궁핍하여 초근목피로 겨우겨우 하루하루를 연명하고 있었다. 한겨울에도 양말 없이 검정고무신을 신고 다니다가, 발이 얼어 동상이 걸린 어린이들도 종종 볼 수 있었다. 어른들은 새벽 일찍 밭에 나가 일을 하고 간혹 어린이들도 어른들 따라 밭에 나가 어른만큼 일하는 아이들도 있었고, 여자 어린이는 부엌일을 도맡아 했다.

못난 조상님 만난 덕에 원망할 데도 없었다. 일제강점기에 우리 백성들의 피폐한 생활을 글로써 다 표현하기가 매우 어렵다.

1) 먹거리 부족

사람이 생존하려면 무엇보다 먹거리가 있어야 하는데 일제강점기에는 일본은 계속 전쟁을 일으켜 조선 백성은 어쩔 수 없이 전쟁에 시달리고 있었다. 무엇보다 먹거리가 부족해서 백성 모두가 허기져 기력 없이 조그마한 먹거리나마 찾으려 헤매고 다녔다.

원래 국토의 74%가 산악지대이고 농사지을 땅이 부족한데다가 일본군이 전쟁 식량으로 뺏어가고, 조선의 양반족들이 착취를 해서 일반 백성은 항상 굶주리고 살았다.

강원도 산골에 가면 논농사는 조금밖에 못하고 옥수수·감자·조·보리 등 농사를 지어 그것으로 끼니를 때웠다.

보통 가정에서는 하루 세끼, 아침은 좁쌀로 지은 밥을 먹고, 점심은 감자를 삶아 한 광주리 내어놓으면 온 식구가 둘러앉아 그것으로 끼니를 때우고, 저녁은 보리쌀이 조금 들어간 멀건 죽을 끓여 먹고 지냈다.

이것이나마 먹을 수 있으면 다행이었다. 하루 두 끼만 먹는 것도 다행으로 생각했다. 조금 더 영양을 보충하려고 깊은 산에 들어가서 봄에는 산나물을 캐오고, 가을에는 머루·다래를 따와서 식사대용으로 먹기도 했다. 가끔 밀기울 떡을 만들어 먹기도 했다. 도시에 사는 아이들은 쓰레기통을 뒤져 먹다 버린 음식 찌꺼기를 주워 먹기도 했다.

사람이 영양분을 섭취하지 못하니 크고 작은 병이 그치지 않았다. 영양부족으로 굶어 죽는 사람도 적지 않았다.

2) 의료시설 꽝

병이 들면 병원에 가서 진료를 받든지, 주사를 맞든지, 약을 타서 먹든지 해야 할 것이나, 의료시설이 거의 없으니 병들면 죽는 날만 기다리는 수밖에 없었다.

내가 사는 동네에는 병원이 없고 30리쯤 떨어진 읍에 가야 병원이 딱 하나 있었다. 의사 선생님은 한 분 계셨는데 맹장 수술로 박사학위를 받으신 분이었다. 외과 병이 생기면 간호사들이 호따이(붕대)로 칭칭 감아 주는 방법밖에는 없었다.

그때 아이들을 출산할 때는 산부인과 병원이 아예 없었으므로 병원에 가지 않고 조산원이라는 산파(産婆)께서 집에 와서 아이를 받아 주었다. 그럼에도 불구하고 산파가 실수를 해서 난산을 했다거나 사산(死産)을 했다는 말을 들은 적이 없다.

나의 어머니는 아들딸 9남매를 낳았는데 그때 그 산파가 아이들 모두를 받아냈다. 산파가 집에 올 수 없을 때는 출산 경험이 많은 동네 아주머니가 아이를 받았다. 그때 산파는 전문인으로 검정 가

방 들고 지나가면 동네 사람들이 존경의 표시를 하였다. 지금은 출산율이 감소하면서 산부인과 병원도 문을 닫을 형편이고, 산파라는 직종은 없어진 것 같다.

일제시대에는 병이 들어도 돈도 없고, 병원이 있어도 30리 정도 떨어진 먼 곳에 있어 병원에 갈 수가 없었다. 그래서 웬만한 병이면 자가 치료를 했다. 자가 치료는 일종의 한방요법인데 어떤 경우에는 효과가 금방 나타날 때도 있었다.

소화불량이면 엄지손가락 손톱 위쪽에 바늘로 콕 찌르면 검정 피가 나오는데 몇 번 계속 짜면 붉은 피가 나오면서 뱃속이 편안해지기도 했다.

감기가 들면 쌍화차나 인삼차 아니면 맹물을 끓여 여기에 꿀을 조금 넣어 마시고 나서 이불 뒤집어쓰고 한숨 자고 나면 머리가 깨끗하게 되는 경우도 있었다.

어쩌다 외상을 입게 되면 아까징끼(머큐럼)를 부위에 바르고 호따이(붕대)를 칭칭 감아 두고 물만 묻히지 않으면 상처가 아물기도 했다.

손목 · 발목 · 무릎 · 허리가 아플 때는 냉찜질을 하거나 침을 맞으면 신기하게 나을 때가 있었다.

연세 많은 할아버지 · 할머니는 웬만한 병이 들어도 자가 치료를 할 수밖에는 없었다. 머리를 끈으로 꽉 묶고 참을 수밖에는 없었다.

그러다가 큰 병으로 발전할 수도 있고 며칠 그렇게 있다가 낫는 수도 있었다.

그때는 목욕탕이라는 것이 없었다. 샴푸라는 것은 아예 없었고 비누도 빨랫비누밖에 없었다. 세수도 가끔 한 번씩 했고 보통 어머니가 물수건에 물을 묻혀 얼굴을 닦아 주는 것으로 세수 끝이었다.

그때는 어른들은 상투를 틀었기 때문에 이발소가 필요 없었다. 머리카락이 너무 많이 자라면 가위로 뭉텅뭉텅 잘라 주었다.

아이들은 머리를 박박 깎았다. 바리깡(이발기구)으로 머리를 깎았는데 그 이발기구가 고물이라서 머리카락을 깎지 않고 머리카락을 쥐어뜯는 형국이었다. 그래서 우리들은 이발소가 공포의 대상이었다.

그때는 쓰레기가 많지 않았다. 음식을 거의 몽땅 박박 긁어 먹으니 쓰레기가 나오지를 않았다. 생활쓰레기도 거의 없었는데 왜냐하면 재활용해서 다시 쓰기 위해 집 안에 보관하였기 때문이었다. 영 버릴 쓰레기는 땅을 파서 묻고 끝이었다.

3) 교육은 일본식으로

일제시대나 지금이나 부모님들은 자녀들 교육하는 일에 All-In했다. 하지만 교육 시설이 없었다. 고작 시골에는 서당이란 것이 있었고 선생님은 훈장이라고 불렀다. 선생님도 밑천이 짧으니 1년 12달 천자문만 가르치는 것이 전부였다.

그때, 학교가 있는 곳에서는 선생님 절반이 일본인이고 조선사람 선생님은 많지 않았다.

일본선생님은 조선학생을 일본사람으로 만드는 것이 목적이었다. 유치원은 없고 소학교 6년, 중학교(현재의 중·고등학교 합친 것) 5년, 대학 4년이었다.

그때는 집 가까이에는 초등학교밖에 없었다. 그나마도 학교가 10리 이상 멀리 떨어진 곳에 위치하고 있어 학생들은 등하교에 시간 낭비를 많이 했다. 그래도 학교에 다닐 수 있다는 것은 큰 행운이었다.

새벽밥 먹고 책 보따리를 허리에 질끈 동여매고 학교로 달려가 점심은 굶고 수업을 마치면 허기진 몸으로 느릿느릿 집에 돌아오면 그 어린이에게도 일거리가 기다리고 있었다. 학비도 마련하기 어렵거니와 일손이 부족해서 아이들 손도 아쉬웠다.

학비가 없어 소학교도 갈 수 없는 아이들이 수두룩하였다. 8.15 해방 이후 소학교 명칭도 국민학교로 바뀌고, 모든 국민이 최소한 국민학교는 거쳐야 한다. 법적으로 의무교육이 되었다. 학비를 정부가 다소 보조해 주었다.

그럼에도 불구하고 미취학 아동들이 상상 이상으로 많았다. 그런 풍조는 8.15 해방 이후에도 끝나지 않고 일컬어 無學인 자가 엄청 많았다.

그때 너무너무 가난해서 신발 살 돈도 없어 신발 대신 짚신을 집에서 만들어 신었다. 짚신은 볏짚으로 만들었는데 얼마 쓰지도 않았는데 신을 수 없게 되어 버렸다.

겨울에도 양말이 없어 맨발로 다녔다. 그때도 아이들은 잘 뛰어놀았으나 가끔 동상 걸린 애들이 있었다. 동상이 걸려도 약이 없으니 찬물로 발을 깨끗이 닦는 것 이외 별다른 방법이 없었다.

어린이들은 그 고생을 하면서도 뛰어놀기를 좋아했다. 놀이 종류는 여러 가지 있었다. 남자애들은 재기차기 · 딱치치기 · 구슬치기 · 기마전을 했고 여자아이들은 오재미놀이 · 그네타기 · 널뛰기 · 새끼줄넘기를 하였다.

가끔 그때가 그립다.

4) 소 키우기

그때 농촌에서 집집마다 소를 키웠다. 소는 그 집 재산목록 1호였다. 어린 송아지를 사서 키워서 우시장에 가서 팔아 그 돈으로 아들 장가보내고 여자아이 시집도 보내고 아이들 학비도 보태 썼다.

소는 동물 중에 영특한 동물이다. 소도 주인을 알아보고 주인에게는 순종하고 아이들이나 여자에게는 위험한 존재였다.

'소 잃고 외양간 고친다'는 말이 널리 쓰이고 있는데, 그때는 소를 훔쳐 가는 도적이 있었다. 그래서 외양간을 단단히 만들었고 외양간은 출입문 옆에 지었다.

소는 여물(짚이나 마른풀)을 먹고 자라는데 꼴을 베어다가 잘게 썰어서 먹이로 준다. 봄여름에는 소를 들로 끌고 가서 방목을 한다. 이곳저곳 저 혼자 다니면서 꼴(풀)을 뜯어 먹는다.

소는 되새김 동물이라서 하루 종일 우물우물 씹었다가 넘기고 다시 뱉어서 씹다가 먹는다. 이제는 소에 대한 추억도 다 사라졌다. 먹이도 전부 수입 사료를 먹이니 들에 데리고 나갈 일이 없어졌고, 소를 키워도 수지타산이 맞지 않으니 이제 농가에서 개별적으로 소 키우는 일은 없어졌다.

5) 가족제도

그때는 거의 모든 가정이 대가족제도에 있었다. 한 가옥 안에 할아버지 · 할머니 · 아버지 · 어머니 · 아들 · 며느리 · 딸 · 손자 · 손녀가 한 지붕 밑에 살았다. 사회가 근대화되면서 핵가족으로 발전하여 아버지 · 어머니 따로, 아들 · 며느리 따로 산다. 한 아파트에 살면서도 아버지 · 어머니는 아래층에 살고, 아들 · 며느리는 위층에 살고 있다. 대가족제도의 장점은 핵가족제에 밀리어 저 멀리 사라지고 있다.

우리 어머니는 아들 여섯, 딸 셋을 낳아 아들 둘은 일찍이 저세상 보내고, 나머지 7남매만 잘 키우셨다. 식구가 그렇게 많아도 즐겁기만 하였다.

그때 한 가족이 식사를 하려면 어머니가 큰 고생을 했다. 식사관습이 상당히 엄격했다. 어른들이 숟가락 들기 전에는 아랫것들은 절대로 먼저 밥을 먹으면 안 된다. 할머니는 손자 녀석에게 밥 한 숟가락이라도 더 먹이려고 자기 밥그릇을 비우지 않고 배가 부르다는 핑계를 대고 조금 남겨서 손자에게 주었다.

할머니는 생선 대가리만 잡수신다. 할머니는 왜 생선 대가리만 먹느냐고 손자가 물으니 "할머니는 생선 대가리가 맛있다."라고 해서 그 이후 손자는 할머니에게 생선 대가리만 주었다는 일화도 있다. 식사 때만 찾아오는 손님이 있었지만, 그때 어머니는 그들을 푸대접하지 않고 식사를 새로 차려 주셨다.

그때는 반찬이 별로 없어 밥을 물에 말아 후닥닥 먹어 치워 버렸다.

하루 세끼를 감자만 먹어도 모든 식구가 즐겁게 먹었다. 밥투정하는 놈은 아예 없었다.

제4장

8.15 해방과 더불어

제4장 줄거리

나는 2006년 4월 8일 MSC Cruise선을 타고 흑해 연안에 있는 UKRAINE의 YALTA(현재는 러시아 크림공화국)을 방문한 적이 있다.

이곳에 있는 조그마한 호텔 뒤켠 별실에서 미국 Roosevelt 대통령 · 영국 Churchill 수상 · 소련 Stalin 수상이 모여 앉아(그때 그 의자와 테이블이 그대로 남아 있다) 제2차대전 종료 이후 여러 가지 대책을 논의하는 과정에 한반도를 두 조각 내는 결정이 이루어졌다.

그때를 회상하면서 감회 아니, 분노가 치솟았다.

약소국의 설움이기는 하지만 어찌 그들은 남의 나라를 거리낌 없이 두 조각 내었는가?

지나간 일을 후회한들 소용없겠지만, 아직도 우리 국민이 제정신을 차리지 못하는 것 같아 안타깝기 그지없다.

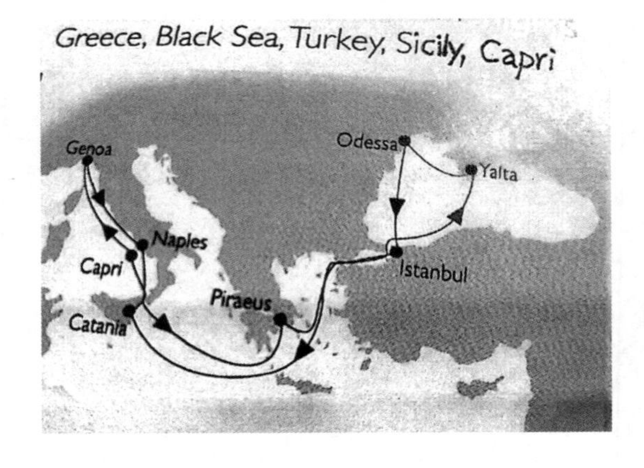

1 미군정청 설립과 신탁통치

우리나라는 36년간 일제에 무참히 할퀴고 뜯기었으니 해방이 된들 온전할 수는 없었다. 제2차대전이 마무리 단계에 들어가자 1945년 2월 미 · 소 · 영 강대국들이 자기네 입맛에 맞추어 우리나라를 요리했다. 흑해에 붙어 있는 우크라이나의 조그마한 항구 도시 Yalta(지금은 소련에 합병)에 루스벨트 미국 대통령 · 처칠 영국 수상 · 스탈린 소련 원수가 모여 한반도를 두 동강 내어, 일정 기간 미 · 소가 신탁통치 하기로 합의하였다.

북한에는 소련군이 들어와서 일본군을 무장해제시키고 남한에는 미군이 들어와서 무장해제시키고 그들이 일정 기간 통치하기로 합의하였다.

소련이나 미국이나 한국 땅을 어느 한쪽으로 넘겨주기는 아쉬웠다. 소련은 오래전부터 겨울에 얼지 않는 부동항을 얻으려고 하였고, 미국은 제2차대전 후 커지는 공산주의 세력을 막을 수 있는 전초기지가 필요했다.

이런 상황 가운데 남북한 저명인사들은 남북한 통일 정부를 만들자고 거듭 논의는 했으나, 각기 자기의 주장만을 고집하여 협상은 깨지고 말았다. 절체절명의 기회를 놓친 격이었다. 참으로 참담한 일이었다!

북쪽은 소련의 간섭을 받아 공산국가를 세웠고, 남쪽은 미군이 진주하여 미군정청을 만들어 입법·사법·행정 모두에 걸쳐 신탁 통치를 하게 되었다.

미군정청은 우선 흐트러진 민습을 수습하는 일이 가장 급한 일이었다. 군정청에서 일할 인원을 모집하는데, 참신한 인재를 찾기 어려웠다. 특히 행정 경험이 있는 경찰·사법·재정 업무를 담당할 인원을 찾기 어려웠다.

부득이 일제 치하에서 공무원 또는 기관에서 일하던 인물을 다수 채용해서 쓰지 않을 수 없었다. 그 여파가 지금까지 이어져 친일파라고 낙인찍어 성토하고 있으나, 그때 다른 인물을 구할 수 없었으니 달리 다른 수가 없었다.

다행히 그들은 거의 모두가 일본의 신식교육을 받았고, 자유 자본주의를 신봉하는 자들이었기에 6.25 전쟁이 일어났을 때 그들의 역할이 공산 세력을 저지하는 데 크게 공헌했다는 사실을 저평가할 수 없다.

② 미군정청의 농지개혁

8.15 해방 이전 우리나라의 농지제도는 경자유전(耕者有田)의 원칙 아래 직접 농사를 짓는 자만이 농지를 가질 수 있었으나, 실제는 전 농토의 65%에 해당하는 농지가 소작제(小作制)로 영농되었다. 농지를 가지고 있지 않은 소작인(빈민)은 농지소유자(양반)로부터 농지를 빌려 1년간 농사를 지어 그 수확량의 약 30%를 현물(쌀)로 지주에게 바치었다.

이로 인하여 지주와 소작인 간에 끊임없이 마찰이 있어 왔고, 소작인은 항상 약자의 입장에서 불평을 하고 있었다. 이런 불합리하고 불평등한 도지(賭地)제도를 개선하기 위하여 미군정청은 농지제도개혁을 서둘러 단행하였다.

① 소작료를 최대 15% 이하로 낮추고

② 일본인이 버리고 간 농지(귀속농지라고 함)를 미군정청이 관리하도록 하고

③ 소작농지에 대하여 유상매수(有償買收)·유상분배(有償分配)를 하였다.

미군정청의 농지개혁은 단시간에 완성하자는 것이 아니라 농민의 불만을 일시적으로 해소하는 동시에 일본인이 버리고 간 귀속농지의 관리를 위하여 시급히 단행한 것이었다.

미군정청이 서둘러 농지개혁을 했기 때문에 6.25 전쟁이 일어났을 때 농지개혁으로 농민의 불만이 다소 사그라져 남한에서 농민의 봉기가 일어나지 않았다고 군사전문가는 평가하고 있다.

북한은 일찍이 농지개혁을 단행했기에 이를 이용해서 선전도구를 삼았고, 북한이 남침하게 되면 남한의 농민 등 빈민이 동조해서 쉽게 남한을 차지할 수 있을 것이라고 오판하였던 것이다. 농지개혁은 미군정청의 큰 성과라고 하지 않을 수 없다.

3 적산재산 나누어 먹기

미군정청은 일제시대 일본인이 가지고 있던 주택·공공건물·공장 등 적산재산(敵産財產)을 군정청 관리하에 두고 그중 일부분(주로 주택)을 불하하기로 하였다.

불하 처리 건수로는 주택이 많았고, 일제가 세워 놓은 신사(神社) 등 종교시설과 일부 공장도 불하하였다.

“눈먼 돈(나랏돈)은 먼저 본 놈이 임자이다.”라는 속담도 있듯이 적산재산도 먼저 따고 들어가 앉은 놈이 임자였다.

패전 후 일본인은 도망가기 바빴다. 우물쭈물하고 있다가는 맞아 죽기 십상이었다. 일본 군인과 경찰은 일찌감치 달아났으므로 피해가 적었으나 민간인은 적지 않은 피해를 보았다. 특히 그들이 가지고 있던 부동산은 말 그대로 움직일 수 없는 재산이다. 할 수 없이 부동산은 내 버리고 몸만 빠져나가야 할 형편이었다.

미군정청은 군정청에 소요되는 경비도 마련해야 하였기에 적산가옥을 일부 불하하였다. 당시 미군정청에 발탁되어 들어간 관리들도 적산재산 불하에 한몫 끼어 재미를 본 사람도 있다. 대한민국 정부가 수립된 후에는 나머지 적산재산을 몽땅 대한민국 정부에 이관하였다.

일본인이 도망가고 비워 놓은 주택에는 불량배들이 들어가 가재도구를 마구 훔쳐 가고 공장의 집기와 시설도 이들이 마구 도적질해 갔다.

평소 일본인과 친분이 있던 사람은 일본인 주인과 짜고 재산을 헐값에 매각한 것처럼 조작해서 적산재산을 취득한 경우도 있고, 서류를 위조해서 통째로 적산재산을 집어 먹은 사례도 있었다.

대한민국 정부가 수립된 후 수사기관에서 부정하게 적산 재산을 취득한 사례를 찾아 처벌한 경우도 있었으나 요령을 부려 빠져나간 사례도 많이 있었다.

4 정부 수립 후 농지개혁

미군정 때에도 농지개혁을 일부 단행한 바 있으나 대한민국 정부가 수립된 후 또다시 농지개혁을 단행하였다. 1949년 6월 21일 농지개혁법이 국회를 통과하였다.

개혁의 대상은 지주가 직접 농사를 짓지 않는 농지를 대상으로 하고 유상매수 유상분배원칙으로 지가보상액과 상환액은 평균 수확고의 1.5배로 하였고, 지주에게는 지가증권을 주었다.

농지를 헐값으로 얻게 되는 농민들에게는 땅값으로 지주에 대한 보상액과 같은 금액으로 하되 5년간 분할 상환하도록 혜택을 주었다.

농지개혁을 실시하는 첫해에 6.25 전쟁이 터져 그 실시가 일시 중단되었다가 수복 후 다시 착수하여 실시하였다.

농지개혁을 단행하게 된 까닭은 무엇인가?

첫째, 종래 소작제하에서는 지주들의 갑질 때문에 소작인은 빈곤의 수렁에서 벗어날 수 없었다. 소작인들 중에는 지주의 종노릇을 하는 경우도 많이 있었다.

새로운 민주사회가 들어오면서 가난한 농민을 구제하려고 소작제의 병폐를 고치려고 하였다. 농부에게 농지를 돌려주려고 하였다.

둘째, 소작제하에서 농민은 남의 땅을 빌려 농사를 짓기 때문에 생산성이 떨어질 수밖에 없었다.

아무렴, 자기 땅에 직접 농사짓는 것과 남의 땅을 빌려 농사짓는 것과는 생산성에서 차이가 날 수밖에 없지 않은가.

셋째, 북한은 8.15 해방 직후 일찍이 1946년 3월 농지개혁을 단행하고, 이를 대남 정치공세의 수단으로 삼았다. 그나마 남한은 6.25 전쟁 직전에 농지개혁을 착수하여 진행 중에 있었으므로 6.25 전쟁을 전후하여 공산 프락치들의 준동을 사전에 막을 수 있었다. 아쉬운 점은 북한은 공산국가답게 예리한 칼로 난도질했고 남한은 무딘 칼을 들이 되어 큰 성과를 거두지 못하였다는 점이다.

대한민국 정부가 수립된 후 농지개혁을 단행했으나, 안타깝게도 개혁 중에 6.25 전쟁이 터져 마무리를 하지 못하였고, 지주들은 시간을 벌어 그사이 교묘한 방법으로 탈법을 하여 농지를 빼앗기지 않고 그대로 보유한 사례가 수없이 나타났다. 지금까지 그 여파는 이어지고 있어 2021년에 벌어진 부동산 투기 특히 농지와 산지에 대한 투기 사례는 농지개혁이 마무리되지 못한 그 연장선상에서 다시 보아야 할 것이다.

5 아아, 그리워라! 전차 다니던 그 시절

내가 7살 되던 해 8.15 해방이 되었다. 새로운 세상이 펼쳐졌다. 하지만, 우리 가정은 해방이 그리 좋은 소식만은 아니었다. 생활 터전을 잃어버렸기 때문이다.

그때 우리 가정은 소백산 중턱에 있는 광산촌에서 살았는데, 일본이 패전하여 그 광산을 경영하던 일본인들이 광산을 그대로 내동댕이치고 누구도 모르게 도망을 가버려 그 광산이 폐광되어 버리니 그곳에서 먹고 살던 수많은 노동자와 주변상인들은 하룻밤 사이에 모두 생계의 근거지를 잃어버리게 되었다. 어쩔 수 없이 정든 광산촌을 버리고 무작정 어디론가 떠나지 않을 수 없었다.

1945년 10월 우리 가정도 이삿짐을 목탄 트럭에 가득 싣고 그 위에 우리 가족 4명이 옹기종기 올라타고 영주역까지 가서 난생처음 보는 칙칙폭폭 기차로 옮겨 타고 긴 밤 여행을 하여 청량리역에 새벽 일찍 도착하여 또 처음 보는 땡땡이 전차를 타고 종로4정목(종로4가)에 와서 노리가애(옮겨 타고) 해서 돈암동 전차 종점까지 왔다.

그때 우리 가족만 서울로 온 것이 아니라 전국 도처에서 일자리 찾아 먹거리를 찾아 서울로 모여들었다. 당시 서울 인구가 70만 정도였는데 100만 명을 넘었다고 한다. 지금은 1,000만 명을 넘어섰다가 차츰 주는 형국이다.

돈암동은 전차 종점이었기에 꽤 번잡하였다. 우리 집은 전차 종점에서 미아리고개로 올라가는 초입에 있었다. 건너편 산기슭에는 성신여중이 있었고 남쪽으로 조금 떨어진 곳에는 일본인 학생들이 많이 다니던 욱구공립중학교(현재 경동고등학교)가 있었다.

돈암동은 일제시대부터 이름난 주택지였기 때문에 내가 알고 있는 저명인사들이 많이 살았다. 이승만 대통령 별장이라는 돈암장 · 조병옥 박사님 저택 · 조소앙 선생님 저택 · 一中 김충현 서예가 · 삼성제약 사장님 댁(나의 초등학교 동창집) 그리고 조선일보 방 사장님 댁(이 댁은 많이 넓었고, 담이 높았고, 자가용차가 드나들었다)….

그때 대중교통수단은 전차밖에 없었다. Bus도 없고, Taxi도 없고 간혹 인력거를 타고 다니는 분이 있었다.

그때 시내로 가려면 돈암동 전차 종점에서 전차를 타고 퇴계로4가(그때는 황금정4정목이었다)까지 갔고, 가끔 종로4가에서 방향을 바꾸어 서울역까지 가는 전차도 있었다.

교통수단이 전차밖에 없고, 전차마저 드문드문 왔기 때문에 전차는 항상 만원이었다. 그 복잡한 틈을 타서 소매치기(쓰리꾼)가 극성을 이루었다. 전차 하나에 쓰리꾼 두서너 명이 작당해서 타고 승객들의 주머니를 털었다. 뒷주머니에 넣은 지갑은 쓰리꾼의 몫이었

대중교통수단 전차

다. 그만큼 쓰리꾼이 많았다. 쓰리꾼은 승객이 전차 타는 틈에 쓰리를 하고(훔치고) 다음 정거장에 가면 쓰리꾼은 bye bye였다. 돈이나 귀중품을 몸에 지니고 꼭 움츠리면 쓰리꾼에게는 '여기 돈이 있다'는 신호에 지나지 않았다.

그때 돈암동은 전차 종점이므로 돈암동 인근에 사는 사람들이 시내(당시는 문안이라 하였다)에 가려면 여기를 거쳐야 하므로 언제나 많은 사람이 득실거렸다.

가로수가 늘어선 널따란 큰길에는 가끔 일본인이 버리고 간 야마다구시(독일 폭스바겐 승용차)가 눈에 띄었고, 포장이 되어 있지 않은 도로에 가끔 트럭이 지나가려면 먼지투성이가 되었다.

동네 아이들은 자동차만 보면 신기해서 그 뒤에 유독가스가 새어 나오는 것도 아랑곳하지 않고 먼지를 뒤집어쓰면서 따라갔다. 나도 몇 차례 자동차 뒤를 쫓아간 적이 있지만 냄새가 고약하지 않고 오히려 향긋한 냄새가 났다.

하루가 멀다 하고 변하는 시대에 돈암동 전차 종점 그곳에서 어린 시절을 보낸 나에게는 그때가 늘 그립다.

6 정릉천에서 있었던 일

그때 돈암동에는 공중목욕탕이 성북경찰서 옆에 하나밖에 없었다. 목욕비 아끼려고 전차 종점 부근에 사는 사람들은 아리랑고개 넘어 정릉천에 가서 목욕을 했다.

지금 생각하면 상상도 못하는 일이었지만, 그때 정릉동에는 가옥이 몇 채밖에 없었고 정릉천을 따라 북한산 쪽으로 올라가다가 지금 북한산 도시공원 끝자락까지 가면 개울이 움푹 파여 어린이들이 수영할 정도의 넓은 공간(탕)이 있었다. 그 뒤에는 북한산 올라가는 오솔길이 있었고 가옥은 전혀 없었다.

여름에는 가족들끼리 목욕하러 가서 남자들은 조금 아래쪽에 자리 잡고 목욕을 하고, 여자들은 조금 위쪽에 올라가서 그 움푹 파인 탕에서 목욕도 하고 빨래도 하였다. 7살짜리 나는 어머니를 따라 윗개울 탕에서 여자들 사이에 끼어 목욕을 하였다.

정릉에도 6.25 전쟁 이후 많은 인구가 유입되어 아파트 등이 생기고, 그 추억의 목욕탕도 사라졌다.

돈암동 1번지는 미아리고개 넘어 정릉천까지가 포함되어 있었는데 여기에는 엿공장이 몇 채 있었고 서라벌예술대학(후일 중앙대와 통합)이 있었고, 그 앞에는 창녀촌이 오랫동안 번성하였는데, 2018년에 와서 도시개발이 되어 몽땅 사라져버렸다.

미아리고개를 넘어 한참 내려가면 정릉천이 흐르고 있었다. 그때는 이곳이 청정지역이어서 비교적 깨끗한 물이 흘러 내려왔다. 길음교 바로 밑에는 조그마한 웅덩이가 있어서 이곳에서 어린이들이 물장구를 치고 놀았다. 이제는 그 밑으로 지하철이 지나가 그 웅덩이는 사라졌다.

길음교를 지나면 도로변에 오래된 초가집이 몇 채 있었고 그 뒤편 나지막한 산은 몽땅 공동묘지였다. 이곳도 개발되기 시작해서 묘지는 몽땅 사라지고 아파트와 상가가 들어섰다. 그 많던 묘지의 혼령들은 전부 어디로 갔을까?

7 Hello山의 추억

돈암동과 종암동 사이에 나지막한 개운산이 놓여 있다. 우리는 어릴 때 그 산을 Hello산이라고 불렀다. 그 산 정상에 8.15 해방 후 미군이 축구장만 한 마당을 만들어 놓고 몇 동의 막사도 지어 놓고 미군이 다수 주둔하고 있었다. 미군 트럭이 가끔 그곳을 오르내리고 있었다. 그 산 북쪽에는 서라벌예술대학이 있고 남쪽에는 성신여대가 있고, 동쪽에는 고려대학이 있었다.

그 산 정상으로 가려면 미아리고개에서 미군이 닦아 놓은 도로를 따라 올라갔다. Hello산은 이 부근에 사는 어린이들의 놀이터이기도 하고 어른들의 등산로이기도 하였다.

내가 초등학교 5학년일 때 친구들과 함께 그 산에 놀러 가려고 올라가는데 길목에 도토리나무와 참나무가 우거진 움푹한 곳에 누가 놀던 자국이 있고 고무풍선이 팽개쳐 있어 그것을 주워서 입으로 불어 풍선을 만들기도 하고 물을 넣어 제기 차기도 하였다. 그런데 나중에 알고 보니 그것이 콘돔이라는 물건이었다. 에, 퉤퉤!

8 남한 빨치산

빨치산은 이름도 여러 가지다. Partisan · guerrilla · 공비(共匪) · 산사람 등으로 불린다. 남한 빨치산은 6.25 전쟁 전 1948년부터 6.25 전쟁 전후에 걸쳐 남한의 지리산 · 태백산 · 함백산 · 오대산 · 한라산 등지에 거점을 두고 북한에서 군사훈련을 강도 높게 받고 남한으로 파견되어 북한의 지령을 받으면서 요인암살 · 방화 · 약탈 · 납치 · 소요 등을 자행하였다.

여기에 남한에서 자생적으로 생긴 빨치산도 나타났다. 주로 농촌의 빈민층의 청년들이 남한에서 어떤 적대 감정을 가지고 공산주의 사상이 물들기 시작해서 독자적으로 또는 북한에서 남파된 게릴라와 함께 활동을 하기도 했다.

그간 게릴라들은 북한의 지령을 받아 제주도 4.3 사건, 여순반란 사건, 대구 10.1 사건 등 활동을 했으며 남한을 교란하는 데 일조를 했다.

6.25 전쟁 직전에는 게릴라의 활동이 극에 달하였다.

1950년 6월 25일 북한의 정규군이 남한으로 쳐 내려와 서울을 점령하게 되자, 산속에 숨어 지내던 북한 게릴라들이 도시로 내려와 자기네 세상이 되었다고 생각하면서 노골적이며 폭력적인 행동을 자행하였다.

하지만 UN군의 참전으로 전황이 급격히 불리하게 되자 인민군의 주력부대는 북으로 퇴각하였으나 일부 인민군은 남쪽에서 밀고 들어오는 UN군과 인천에 상륙한 UN군 사이에 끼어 뿔뿔이 산속으로 도망하여 6.25 전쟁 이전부터 남한에서 활동하던 게릴라와 함께 북으로 도망가려고 하였으나, 국방군과 경찰 및 민간의 용병까지 합세하여 그들 잔당을 토벌하게 되어 일부는 산속에서 죽고, 일부는 토벌대에 잡혀 포로가 되었다.

그때 '자수하여 광명 찾자'는 플래카드가 거리에 나붙게 되었다.

9 북한 가는 길목

해방이 되고 잠시 동안은 남북 간에 사람들이 왕래하였다. 38선은 있었지만 남북이 각각 독립 국가를 수립하기 이전에는 상인들이 북한으로 왔다 갔다 했으며 북한에 있는 가족들이 남한의 친지를 만나러 남한으로 왔다 갔다 할 수 있었다.

그때 출발점이 돈암동 전차 종점이 있는 곳이었다.

나의 큰아버지께서 일찍이 서울에 오셔서 돈암동 전차 종점 가까이에 조그마한 여관을 차리시었는데 북한으로 가는 버스가 새벽에 여기서 출발하기 때문에 그 여관에 머무는 손님이 많이 있었다.

후일 내가 들은 이야기지만, 그때 손님들 가운데 공산주의를 지지하는 분들이 많았다고 한다. 그 후 얼마 있다가 남북 관계가 악화하면서 38선이 가로막혀 차량도 갈 수 없게 되고 그 여관을 찾는 손님도 줄어들었다.

나의 큰아버지께서는 특별한 정치적 이념이 없어 누구와도 대화가 통하여 손님과도 자주 대화를 나누시고 친절하게 맞아 주어 좌우 손님도 불편 없이 하룻밤을 지나고 떠나갔다.

⑩ 우리의 소원은 통일

1945년 8월 15일 우리나라는 일본의 쇠사슬에서 풀려나 독립 국가가 되었다. 강대국 특히 미국의 힘으로 일본이 항복하고 전쟁은 연합국의 승리로 끝맺었다. 하지만 세계 제2차대전이 끝나자마자 이번에는 소련 땅에서 일어난 공산주의 사상이 전 세계로 번져 좌·우 이념투쟁으로 번져갔다.

일제강점기 때 해외 나가 있던 동포들이나 국내에서 독립운동을 하던 인사나 한 목소리를 내지 않고 좌·우로 나뉘어 끝없이 싸우고 있었다.

이러한 좌·우 대립이 해방이 되면서도 그대로 이어져 하루도 빠지지 않고 다투고 있더니 해방의 기쁨도 채 가시기 전에 드디어 남북은 갈라져 각기 다른 두 개의 나라를 만들었다. 독립된 한 나라를 못난이 정치인이 나서서 완전히 두 조각을 내 버린 것이다. 오호, 통재라!

내가 초등학교 5학년 때(6.25 전쟁 직전) 학교 운동장에서 학예회를 했는데, 그때 6학년 어린이들이 '우리의 소원은 통일'을 이중창으로 불렀다. 우리는 마당에 앉아 있고 합창단은 하얀 유니폼을 입고 돌계단에 서서 노래를 불렀는데, 그 노래를 듣는 순간 나는 감격에 젖어 가슴이 뭉클하고 눈물이 나올 지경이었다.

내가 처음 듣는 노래이지만, 이중창의 화음이 내 귀에 감격스럽게 울려 퍼졌다. 80이 넘은 내가 지금도 이 노래를 나도 모르게 콧노래로 가끔 부르고 있다.

우리의 소원은 통일

안석주 작사 · 안병원 작곡

우리의 소원은 통일,

꿈에도 소원은 통일

이 정성 다해서 통일,

통일을 이루자

이 겨레 살리는 통일,

이 나라 살리는 통일

통일이여 어서 오라,

통일이여 오라

제5장

6.25 전쟁 (동족상잔의 비극)

제5장 줄거리

이 장에서는 6·25 전쟁의 참상을 사실대로 찾아보려고 한다. 6·25 전쟁은 내가 초등학교 6학년 때 일어났다. 그때 우리 가족은 피난을 가지 못하고 서울에서 전쟁의 참상을 직접 보고 체험하였다.

좌·우 대립으로 사람을 몽둥이로 때려죽이는 것도 보았고, 미아리고개로부터 돈암동 전차 종점까지 총탄을 맞고 죽은 국방군의 시신을 수도 없이 보았다.

〈단장의 미아리고개〉 노래 가사에 나오는 한 마디 한 마디는 과장이나 허위 없이 모두 사실 그대로이었다.

＊ 6.25 전쟁일지

1950. 6. 25	새벽 4시 북한 인민군 남한 침입
1950. 6. 28	북한인민군 서울입성
1950. 8.12	낙동강 방어선 구축
1950. 9. 2	낙동강 전선에 UN군 참가
1950. 9.15	UN군 인천 상륙
1950. 9. 28	UN군 서울 수복
1950. 10. 19	UN군 평양 탈환
1950. 10. 25	중공군 개입
1950. 11. 25	UN군 압록강 진입
1950. 12. 5	UN군 흥남 철수
1951. 1. 4	중공군 서울 진입
1951. 1. 8	중공군 수원 · 원주 점령
1951. 3. 14	UN군 반격 개시
1951~1953	철의 삼각지(Triangle)전투
1953. 6. 18	반공 포로 석방
1953. 7. 27	휴전 협정 체결

1 김일성의 남침음모

해방의 기쁨이 채 가시기도 전에 1950년 6월 25일 새벽 북한의 김일성이 이끄는 인민군대가 38선을 넘어 남한으로 쳐들어왔다.

김일성은 1945년 8월 15일 직전까지 소련군 장교로 일제 침략자와 수시로 대결하여 좋은 성과를 내고 있었으며, 해방 후 경쟁자를 물리치고 조선공산당의 최고위 자리에 앉게 되었으며, 북한 정부가 수립되자 내각 수상이 되었다.

김일성은 일찍부터 한반도를 공산화할 계획을 세워 놓고 남한의 지도자와 대립하였고, 협상의 여지를 주지 않고 일방적으로 밀어붙였다. 그때 남한의 정치인은 멍청하기 짝이 없었다.

한반도가 38선으로 나누어지고 북쪽은 소련이 진입하였고, 남쪽은 미군이 진입하여 일본군을 무장해제 시키는 것과 동시에 일정기간 통치하여 하나의 독립 국가를 세운다는 목표를 세웠으나, 김일성은 이에 응하지 않고 북한의 최고지도자가 되면서 인민군 최고사령관직까지 독차지하였다.

조그마한 나라에서 군대원수(별 5개) 자리까지 차지하였다. 그날부터 김일성은 남침하여 적화통일(赤化統一)을 꿈꾸고 전쟁 준비를 비밀리에 진행하였다.

1949년 3월 17일 김일성은 부수상 박헌영과 함께 소련으로 달려가 남침에 필요한 무기와 장비를 지원하여 줄 것을 요구하였으나 소련의 Stalin은 북한이 전쟁에서 이길 수 있는 충분한 준비가 되어 있지 않고, 전쟁을 일으켰을 때 서방 국가들이 함께 하면 전쟁이 크게 벌어져 세계 제3차대전이 일어날 수 있다고 하면서 김일성에게 거부의사를 표시하고 중공의 모택동과 먼저 협의하라고 권유하였다.

김일성은 부수상 박헌영을 동반하고 바로 모택동을 찾아가서 전쟁을 도모하겠다고 강력히 주장하였으나 모택동 역시 거부 의사를 표시하여 김일성은 빈손으로 돌아왔으나, 그의 남침계획은 조금도 변함이 없었다.

그 후 김일성의 남침야욕에 도움이 되는 몇 가지 사건이 일어났다.

첫째, 1949년 3월 맥아더 장군이 '한반도가 미국의 방위선 밖에 있음'을 시사하는 발언을 하였고

둘째, 1949년 6월 29일 미군이 한국에서 일부 철수하기 시작했고

셋째, 1950년 1월 12일 에치슨 미 국무장관이 "극동에서 미국의 방위선은 한반도를 배제한다."라는 발언, 이른바 '에치슨 라인'을 발표하였다.

이와 같은 미국의 정책 변화에 힘입어 김일성은 다시 Stalin을 찾아가 남침하겠다는 뜻을 밝히고 소련이 협력하여 줄 것을 요청하였다.

이에 Stalin은 병력을 파견할 수는 없으나 탱크와 전투기 등 병기

는 지원하겠다고 약속하였다. 다만, 미리 중국의 모택동과 협의하라고 주문하였다.

그때 소련과 중국은 김일성이 남침하더라도 미국과 우방이 전쟁에 개입하지 않을 것이라고 판단하였다.

한편, 당시 남한의 국내 사정을 살펴보면, 정치인은 끼리끼리 편을 갈라 싸움질만 하였고, 이승만 대통령의 지도력도 부족하였고, 도심지에서는 군중집회가 끊이지 않았고, 치안 상태도 불안하였고, 군대의 사기도 많이 떨어져 있었고, 병기도 제2차대전 후 일본이 버리고 간 것들뿐이었고, 국민은 생활고에 몹시 시달리고 있었다.

또한 남한에는 박헌영을 비롯한 북한의 프락치와 게릴라들이 시중에 버젓이 쏘다니는 형국이었다. 박헌영은 남한 땅에 조선공산당을 조직하여 북한이 남침하면 동시에 많은 조직원들이 협력할 것이라고 믿고 있었고 김일성에게 이같이 보고했다. 그러나 박헌영의 활약은 그다지 크지 않았으며 게릴라의 작전도 미미하였다. 일부 공산주의를 지지하는 시민이 있었으나 대부분 활동 중 경찰에 붙잡혀 형무소에 있는 상태였다. 인민군이 서울에 입성했을 때 인공기를 들고나와 만세를 부르는 쫄따구는 조금 밖에 없었던 것을 나는 직접 목격하였다.

남침해서 서울까지 점령했으나, 박헌영이 장담하던 '민중봉기'는 일어나지 않았다.

그 원인 중 하나는 남한 정부에서 일찍이 농지개혁을 단행했기 때문이었다는 의견도 있었다. 일정시대부터 다수의 민중 특히 농민들은 소작제 등으로 위정자들과 부농에 대하여 많은 불만을 가지고 있었으나, 미군정 때에 한 차례 그리고 새 정부에서 또 한 차례 농지개혁을 단행하여 소작민들의 불만이 다소 수그러진 상태이기 때문에 민중봉기는 일어나지 않았다고 전문가는 말한다.

2 피비린내 나는 전쟁

1) 서울 입성

전쟁 준비를 완전히 갖춘 북한 인민군은 1950년 6월 25일 새벽 4시에 기습적으로 남한으로 쳐 내려왔다. 이날은 일요일이기에 전방의 국군 장병들은 상당수 휴가를 떠나고 경계초소가 많이 비어 있었다.

대한민국에서는 대통령을 비롯하여 누구나 북한이 이렇게 쳐들어올 것이라고는 상상도 하지 않았다. 갑자기 날벼락이 떨어지니 군 당국을 비롯하여 모든 국민이 당황하여 갈피를 잡지 못하였다.

이런 와중에 공영방송에서는 “우리 용감한 국방군 장병들이 북한 괴뢰도당을 물리쳐 38선 너머로 보내 버렸으니 국민 여러분께서는 안심하고 계시라.”라고 엉터리 방송을 하였다.

6월 25일 오후에 국방군 차량이 국군을 가득 태우고 미아리 고개 너머로 달려가고 있었다. 연도에는 시민들이 나와서 박수를 치고 만세를 부르고 있었고, 저녁때에는 동네 아줌마들이 주먹밥을 지어 국방군 장병들에게 나누어 주었다.

6월 27일 저녁에는 대포 소리가 가까이 들려서, 우리 집 가까운 곳에서 전투가 벌어지고 있구나 하는 생각을 하였다. 이웃집 사람들이 보따리를 싸 들고 피난을 가고 있어 우리도 집을 비워 놓고 정릉 쪽 산속으로 피난 갔으나 여기는 안전한 곳이 아니라 한참 인민군과 국방군이 격전을 벌이고 있는 곳이었다.

6월 28일 새벽이 되니 총소리가 더 가까이 들리고 공중으로 붉은 빛을 내면서 총알이 넘나들었다.

우리 식구는 당황해서 이리 뛰고 저리 뛰고 갈피를 못 잡고 있는데 그때 총알이 나의 발 앞에 떨어지면서 먼지를 일으켰다. 인민군이 우리를 조준하고 총을 쏘았는지 아니면 무작정 쏘았는지 알 수 없으나 아차 하면 총을 맞아 죽을 수도 있었다.

우리 가족은 도망가야 할 방향을 잡지 못하고 이리저리 방황하고 있는데 길가에 커다란 하수구가 있어 뛰어 들어가니 이미 많은 사람들이 거기에 들어와 있었다.

총소리가 잠시 멈추면서 조용하더니 하수구 밖까지 인민군이 다 가와서 우리를 향하여 "동무들! 손들고 나오시오." 하고 소리쳤다. 우리는 겁에 질려 손을 번쩍 들고 나가니 인민군 두 명이 우리를 향해 총을 겨누고 몸수색을 하였다.

젊은 사람에게는 신발을 벗으라고 하여 발목 검사를 하였다. 군인들은 군화를 신고 오랜 시간 다니면 발목에 굳은살이 생긴다고 해서 발목 검사를 마치고 "동무들 고생하였소."라고 소리치고 그냥 달려가는 것이다.

우리는 '아이고, 이제 살았구나'하고 안도의 한숨을 쉬고 하수구에서 나와서 집으로 돌아왔다. 집에는 돌출진열장 한 곳이 총을 맞고 유리창 하나가 깨지고 다른 사고는 없었다.

6월 28일 아침이 되었다. 인민군은 탱크를 앞세우고 뒤따라 트럭에 올라타고 수없이 미아리고개를 넘어 돈암동 전차 종점으로 내려오고 있었다.

연도에는 시민들이 나가서 환영의 손뼉을 치고 있었다. 나는 우리 국방군이 전선에 나가서 싸워 이기고 개선하는 것으로 착각하고 있었다. 옛날 만화를 보면 적과 싸워 이기면 말을 타고 개선하는 것으로 오해를 하였던 것이다. 잠시 후 국방군이 싸움에서 져서 남으로 후퇴하고 인민군이 이겨서 서울로 들어오는 것이라는 것을 알고 나서 나는 눈물을 흘리며 집 안으로 들어왔다.

국방군은 병력 면에서나 화력 면에서나 인민군에 뒤지고 있었기 때문에 그냥 후퇴하는 수밖에 없었다.

서울 시민도 극히 일부만 한강 너머 남으로 피난을 갔고 대부분의 사람들이 아예 피난 갈 생각도 하지 않고 그냥 지켜보고만 있었다. 그때 많은 지방 정치인이 서울에 와 있었는데 그들도 피난을 가지 못하고 서울에 숨어 있다가 후일 서울 수복 후 나오게 되었다.

서울 시내는 폭풍이 지나간 것처럼 조용하였다. 인민군 선무단이 트럭을 타고 다니면서 "이제는 해방이 되었다."라고 마이크로 떠들었다.

그 선무단 트럭 위 양쪽에는 커다란 김일성 초상화와 Stalin 초상화가 나란히 걸려 있었다.

인민군은 어른, 아이, 할아버지 누구를 막론하고 손을 잡으며 '동무'라고 부르고 담배를 나누어 주기도 했다.

연도에는 몇몇 사람이 어디서 주었는지 인공기를 들고 인민군을 향하여 만세를 부르고 손뼉을 치고 있었다. 길거리에는 이곳저곳에 국방군의 시체가 흩어져 있었다. 어떤 군인은 전날 우리들이 나누어 준 주먹밥을 그대로 손에 쥐고 벽에 기대어 죽어 있었다. 그날 오후에 트럭이 와서 그 시신을 수습하여 함께 트럭에 싣고 어디론가 가 버렸다.

미아리고개에는 시신을 탱크가 그대로 넘어가 핏자국만 남아 있었다. 거짓말 같은 이야기지만 내가 두 눈으로 똑똑히 보았다. 나중에 알게 된 사실이지만 국방군 용사가 포탄을 안고 탱크 밑으로 뛰어 들어가 비참하게 산화했다는 것이다.

돈암동 부근에 있는 국군 시신은 서울대 병원과 창경원으로 옮겨 시체 산을 이루었다.

우리는 9.28 서울 수복 때까지 돈암동에 살고 있었는데 인민군 치하에서 학교는 개학을 했고 등교를 했다. 돈암국민학교는 인민군이 점령해서 우리는 학년별로 흩어져서 공부를 했다. 우리 6학년은 돈암장(이승만 대통령 별장으로 알려져 있었음)에서 수업을 했는데 매일 〈김일성 장군 노래〉, 〈빨치산 노래〉만 가르치고 선생님들이 교재도 없이 주섬주섬 북한을 찬양하는 수업을 했다.

그때 우리는 먹을 것이 없어 멀리 삼각산까지 가서 도토리를 주워 오기도 했고, 왕십리까지 가서 채소를 사 오기도 했고, 아침은 멀건 죽을 먹고, 점심은 건너뛰고, 저녁은 보리떡 2개로 끼니를 채웠다.

땔감을 구하러 성신여고 뒷산에 올라가서 나뭇가지를 꺾어 등짐을 지고 집으로 왔는데 어느 날은 난데없이 비행기가 높이 날아오더니 신설동 쪽에 먼지를 일으키고 달려가는 트럭을 향하여 기관총을 몇 발 쏘아대니 명중되어 트럭은 금세 불에 타고 있었다.

거의 매일 UN군 비행기가 느닷없이 날아와 목표물을 향하여 폭격을 가했다.

어느 날 돈암파출소 앞을 지나고 있는데 하늘에서 비행기가 날아가고 있었다. 그 파출소에 있던 인민군이 지나가는 나에게 "폭격기냐? 전투기냐?" 하고 묻기에 나는 모른다고 답을 했다. 어린 내가 어떻게 알 수 있겠나 얼마나 겁이 났으면 어린 나에게 물었을까.

2) 한강 다리 폭파

국방군은 적들에게 쫓기어 1950년 6월 28일 새벽 2시 30분에 한강인도교 · 한강철교 · 경인철교를 동시에 폭파하였다.

이승만 대통령은 이미 6월 27일에 대전으로 피난 갔고, 한강철교 폭파는 군 당국의 작전명령에 따라 이루어졌다.

한강 다리 폭파로 인하여 당시 서울시장이었던 이기붕도 피난을 가지 못하고 어딘가 은신해 있다가 9.28 서울 수복 후에 나타났다.

한강 다리 폭파를 너무 일찍 서둘러 했기 때문에 서울 시내에서 전투 중이던 많은 군인이 후퇴를 하지 못하고 인민군의 포로가 되기도 했으며, 정부 요인들도 미쳐 피난을 가지 못해서 지하에 숨어서 지내다가 9.28 수복 후에 살아 나왔다.

당시 서울 시민은 한강 다리가 폭파되었다는 사실도 몰랐거니와 인민군이 워낙 빨리 진격해 와서 미처 피난 갈 채비를 하지도 못하고 있었다. 서울 시민에게 아무런 방송이나 통보도 없었기 때문에 약 800명의 민간인이 사망하였다고 알려졌다.

당시 인민군이 한강까지 도달하려면 약 6~8시간의 여유가 있었음에도 불구하고 군인들도 후퇴를 하지 못하고 군사장비도 옮길 수 없었을 뿐만 아니라 민간인도 다리 부근에서 많이 사망하였다고 알려졌다.

그 후 군 당국이 오판하여 한강 다리를 너무 일찍 폭파해서 많은 희생자를 내었다고 그 책임론이 제기되었다. 군사재판이 열리어 그 책임자로 최창식 공병감이 지목되어 적전비행죄(敵前非行罪)로

1950년 9월 21일 총살이 집행되었다.

공병감은 의당 상부의 지시에 의하여 한강 다리를 폭파했을 것인데 그 책임을 혼자 뒤집어쓰고 아까운 생을 마감하였다.

그 후 12년이 지나 1962년 재심이 이루어져 무죄의 판결을 받았다. 아무리 전쟁 중이었지만 너무 성급하게 서둘러 사형을 집행하여 공병감은 천당에 가 버렸는데 무죄를 받은들 무슨 소용이 있겠나? 사후나마 명예 회복은 되었기에 다행이었다.

다시 한번 살펴보면 그때 6시간 시간의 여유가 있었는데도 불구하고 공병감이 서둘러 다리 폭파를 명령하였다는 것인데 내가 직접 보기에는 이미 인민군은 6월 28일 새벽 2시 이전에 미아리고개를 넘어 동대문까지 진격해 들어와 있었는데 걸어서 가도 2시간이면 한강 다리까지 도달할 수 있는데 6시간이나 여유가 있었다는 것은 가당치 않은 주장이다.

너무 희생자가 많았기 때문에 민심 수습 차원에서 졸속한 판결이 이루어진 것이 아닌가 하는 의문이 남아 있다.

③ 남으로 남으로!

돈암동 사거리에는 6.25 전쟁 이전에 조그마한 병원이 하나 있었는데, 그 병원을 인민군이 접수해서 내무서(파출소)를 설치했다.

전쟁 중의 치안을 담당하고 시민들의 동향을 파악하고 있었다. 그 내무서 앞에 전황판(戰況版)을 세워 놓고 그때그때 전쟁 상황을 화살표로 표시해 놓고 전황을 자랑하고 있었다.

인민군이 서울을 돌파하고 수원 → 오산 → 평택 → 대전으로 내려가더니 여기서부터 두 갈래로 나뉘어 하나는 추풍령을 넘어가고 다른 하나는 호남선을 따라 내려갔다. 학교 가는 길목에 그 상황판이 세워져 있었다. 그 화살표는 추풍령 → 김천 → 구미 → 왜관까지 쉬지 않고 내려가더니 그곳에서 며칠을 기다려도 꼼짝하지 않고 거의 한 달간 멈춰 있더니 어느 날 그 상황판이 사라졌다.

후일에 알게 되었지만, UN군이 참전하여 낙동강 방어선을 구축하여 인민군이 더 이상 쳐들어갈 수 없었기에 전황판은 사라지게 된 것이었다.

4 Dean 미 육군 사단장, 포로 되다

미 육군 소장이 대전 근교에서 북한군의 포로가 되는 비극적인 사건이 발생했다.

한강 방어선이 무너지자 국군은 금강 방어선을 치고 금강 방어선이 무너지자 국군은 낙동강 방어선을 최후의 방어선으로 구축하였다. 국군은 38선에서부터 계속 밀려 대전까지 왔다. 대전에 임시수도를 정했던 정부는 다시 부산으로 내려갔다.

그때 Dean 사단장은 8군 사령관으로부터 대전을 사수하라는 지시를 받았다. 인민군이 대전근교까지 밀고 내려와 대전을 목표로 하고 맹공을 하여 Dean 사단장은 어쩔 수 없이 대전에서 철수하기 시작하고 자신도 철수길에 나섰다.

그때 길가에 매복해 있던 인민군으로부터 기습공격을 받아 부대는 뿔뿔이 흩어지게 되었다. Dean 소장도 외톨이로 남아 여기저기 헤매고 다니던 중 그 동네 나쁜 사람들이 인민군에 밀고를 하여 Dean 소장은 거기서 포로가 되어 이북으로 이송되어 휴전협정이 체결될 때까지 3년 넘게 포로생활을 하면서 갖은 고초를 당하였다.

휴전협정이 이루어지고 포로교환이 될 때 Dean 사단장은 북한군의 거물급 인민군 총좌(한국의 대령급) 이학구와 맞교환방식으로 풀려나 미국으로 가게 되었다. 포로가 되기 전에 그의 노력으로 인해 유엔군이 증원되고 전차포가 긴급 수송되어 전선이 강화되고 전투가 지연되면서 낙동강 전선을 방어할 수 있었다. 그리하여 그 후 Dean 소장은 미국에도 한국에서도 영웅 대접을 받았다.

5 낙동강 최후 방어선

북한이 남한을 기습적으로 침공한 이래 국방군은 밀리고 또 밀리어 이제 낙동강까지 밀려왔다. 여기서 더 밀리어 인민군이 낙동강을 넘어서게 되면 그때는 끝장이다. 인민군은 당초 1950년 8월 15일까지 남한 전체를 점령할 계획이 짜여 있었다.

바로 그때 UN군이 전투에 참여하여 낙동강 방어선을 구축하였다. 낙동강 방어선은 동쪽으로 포항 · 영천으로 삼고 북쪽으로 왜관 다부동으로 삼고 서쪽은 마산 · 밀양을 잇는 방어선이다.

이 방어선은 미 8군 사령관 Walker 중장이 한국전에 참여하는 즉시 그어 놓은 라인이다. Walker는 "내가 여기서 죽더라도 한국을 지키겠다."라고 선언할 정도로 의지가 강했으며, "버티지 못하면 죽어라(Stand or Die)."라고 하면서 부대원을 독려하였다. 그때 내무부

장관인 조병옥 박사는 대구에서 낙동강 방어선 진지까지 직접 나가서 대구사수를 시민들에게 여러 차례 알리고 시민과 함께 최선을 다하였다.

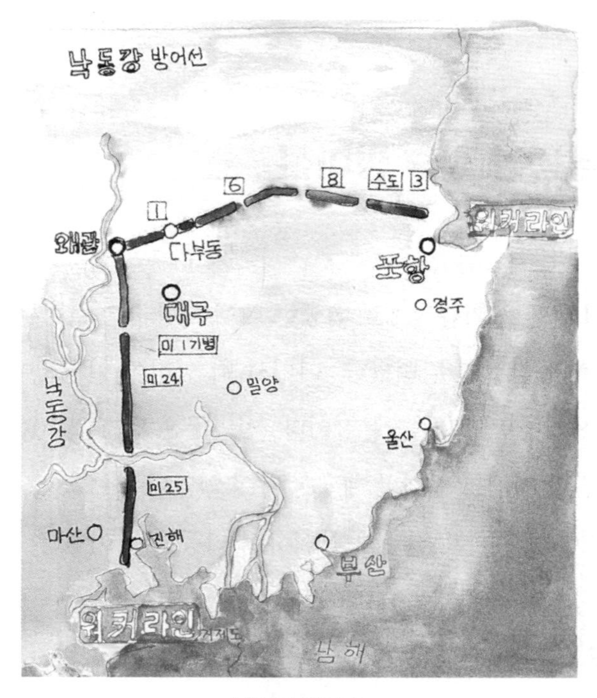

낙동강 방어선

인민군은 낙동강까지는 기세 좋게 밀고 내려왔으나, UN군이 이때 참전하면서 인민군이 아무리 발악을 해도 낙동강 방어선을 뚫지는 못하였다. 여기서 한 달 가까이 밀고 밀리는 전투는 계속되는 동안 인민군은 피로로 지치기도 하거니와 UN군의 폭격에 견디지 못하고 낙동강을 건너지 못하여 마침내 철수하기 시작했다.

한편 인민군은 인천으로 상륙한 UN군과 맞부딪혀 많은 병력을 잃게 되어 북쪽으로 달아나기 시작했고, 일부 병력은 포로가 되고 일부는 산속으로 도망가서 힘겹게 북으로 도망쳤다.

UN군 도움으로 우리는 다시 자유를 찾게 되었다.

Thank You, UN ARMY.

6 학도 의용군

6.25 전쟁이 터지고 북한 인민군이 남쪽으로 쳐들어왔을 때 중학 4, 5학년 학생들이 조국의 자유를 지키기 위하여 군대에 자원입대하였다.

이들은 급히 입대하여 전선으로 달려가야 할 상황이었기에 군번도 계급도 없었다. 전국 여러 곳에서 2주간의 단기 교육을 받고, 총 몇 방 쏴 보고 그냥 최전선으로 배치되었다.

이 중 772명의 학도병은 부산에 집결하여 제1유격대대에 배속되어 1950년 9월 14일 경북 영덕군 장사리로 문산호를 타고 떠나갔다. 불행하게도 때마침 태풍이 강하게 불어 상륙선은 해안가에서 좌초되었고 학도병들은 배에서 뛰어내려 육지로 올라가려고 하는데, 이때 육지에 있던 인민군이 학도병을 발견하고 마구 총을 쏘아 많은 학도병이 그 자리에서 숨지게 되었다.

일부 학도병은 무사히 상륙하여 적과 싸워 적진지를 격파하였다. 이 전투로 북에서 남으로 내려가는 국도를 차단하여 인민군의 보급로를 막는 성과를 거두었다. 마침 이곳을 정찰하던 항공기가 학도병을 발견하고 LST 조치원호를 급파하여 전투 중인 학도병을 전원 구출하여 귀환하였다.

장사리상륙작전은 맥아더 사령관이 인천상륙작전을 강행하면서 양동작전(兩動作戰)으로 실행하였다고 알려지고 있다. 양동작전은 중국소설 『삼국지』에 나오는 성동격서(聲東擊西) 작전과 같은 것으로 동쪽에 적은 병력이 요란하게 공격하는 것처럼 꾸미고 실상은 서쪽으로 많은 병력이 총집결해서 공격하는 작전이다.

군사작전 명령에 인천상륙작전과 장사리상륙작전이 양동작전이라고 명시되어 있지 않으나, 그 시기(9월 15일)와 방법으로 보아 군사전문가들은 양동작전이라고 불렀다.

장사리상륙작전은 영화로 상영되기도 했다. 장사리상륙작전으로 학도병 139명이 전사하고 92명이 부상을 당했다. 그 유해는 지금까지 찾지 못하고 있다. 근년에 영덕군에 전승공원이 만들어지고 전승탑도 건설하고 LST 문산호를 복제하여 세워 놓았다.

7 인천상륙작전과 9.28 서울 수복

더글러스 맥아더 UN군 사령관은 1950년 7월 말부터 인천상륙작전을 계획하고 있었다. 상륙지점을 어디로 할 것인지, 어느 날을 D-day로 할 것인지 모든 작전 계획을 짜고 실행 준비를 진행하고 있었다.

인천항 멀리 함대를 집결시켜 놓고, 인천항 만조기인 8월 15일을 D-day로 잡았다.

북한군은 낙동강 전선에서 최후의 전투를 기울이고 있을 즈음에 느닷없이 인천항으로 UN군 함대가 쳐들어오니 인민군은 놀라서 도망가기가 바빴다.

UN군 함대는 미리 함대에서 중거리 대포로 인천 연안을 쑥대밭으로 만들어 놓고, '귀신도 잡는다'는 미해병대가 상륙을 개시했다. 인민군은 일찌감치 모두 도망을 갔기에 별 저항을 받지 않고 상륙작전은 성공을 거두었다.

인천 상륙 후 서울을 향하여 진격을 계속하였다. 상륙하기 전에 일본에서 군사훈련을 받은 한국 청년 8000여 명이 미국해병대와 함께했다.

진격을 거듭하여 단시간에 노량진에 이르렀다는 소문은 서울 시내에 퍼졌다. 쉴 새 없이 비행기 폭격이 서울 시내로 떨어졌고, 대포 소리도 요란하게 들리고 돈암국민학교 건물 한가운데에 대포가 떨어지기도 했지만, 정작 기다리고 기다리던 UN군은 오지 않고 소문만 요란하게 들렸다.

인민군은 UN군에 대항할 태세는 전혀 갖추지 않았고 살아서 도망갈 생각만 하고 있었다.

UN군이 왜 일찍이 서울로 진격하지 아니하였는가? 확인되지 않은 이유지만, 어림짐작해 보면 첫째, UN군의 희생을 최소화하자는 것이고, 둘째, 서울 시내에서 인민군과 교전하게 되면 민간인 희생자가 많이 생길 우려가 있고, 셋째, 급하면 '쥐도 고양이를 문다'는 격으로 인민군이 악에 받쳐 죽기 살기로 덤비면 양측 모두 희생이 커질 것이므로 인민군이 도망갈 기회를 준 것이라고 전해졌다.

모두 옳은 말씀인데, 한 가지 아쉬운 점은 인민군이 도망가면서 곱게 도망가지 않고, 90일간 서울을 점령하고 있으면서 그간 점찍어 놓았던 많은 민주인사를 강제로 북으로 끌고 갔고, 인민군 부상병을 끌고 갈 민간인을 무수히 데리고 갔다는 것이다.

인민군이 총을 들고 집집마다 다니면서 가택수색을 하여 일꾼을 찾아냈다. 인민군은 낮에는 비행기의 폭격이 계속되니 숨어서 꼼짝하지 않고 있다가 밤만 되면 개미떼들이 지나가는 것처럼 돈암동 거리가 비좁을 정도로 헤집고 달아났다.

인민군 부상병은 엄청 많았으나, 이들을 후송할 차량은 전혀 없고 병력이 모자라게 되니까, 민간인을 총으로 위협하여 끌고 나가서 부상병을 후송토록 하였다. 우리 이웃에 사는 아저씨도 붙잡혀 갔다가 미아리고개 넘어 수유리까지 갔을 때 비행기 폭격이 있어 그 틈을 타서 도망하여 집으로 돌아오셨다.

나의 아버지께서도 붙잡혀 갈 수 있는 36세의 청년이었으나 오래전부터 위장병을 앓으셔서 몸무게가 겨우 45kg에 지나지 않았다. 인민군이 집으로 뛰어 들어와 나의 아버지를 한 번 쳐다보고 그냥 돌아갔다.

인민군은 삼각산 쪽으로도 많이 도망가는 모양이었다. 밤에 비행기가 날아와 삼각산 쪽으로 조명탄을 한 방 터트리고 기관총을 마구 쏘아붙였다.

그 광경이 마치 불꽃놀이를 하는 것처럼 보였다. 나의 눈에는 참 아름답게 보였다. 지금까지 그 광경이 눈에 뚜렷하게 떠오른다.

UN군이 인천에 상륙했다는 소식은 오래전에 들었다. 비행기에서 뿌려 주는 삐라에 "UN군이 인천에 무사히 상륙했다. 서울에 곧

들어가겠다." 하고 더글라스 맥아더가 사인까지 해서 뿌린 것을 주워보았다.

UN군이 한강을 넘어 종로를 거쳐 돈암동까지 왔다. 아이들은 UN군 트럭 뒤를 쫒아가면서 "Hello Hello Give me Choco"를 소리쳐 외쳤다.

단장의 미아리 고개

작사: 반야월, 작곡: 이재호

(1절) 미아리 눈물고개 님이 넘던 이별고개
화약연기 앞을 가려 눈 못 뜨고 헤매일 때
당신은 철사줄로 두 손 꽁꽁 묶인 채로
뒤돌아보고 또 돌아보고 맨발로 절며 절며
끌려가신 이 고개여 한 많은 미아리 고개

(2절) 아빠를 그리다가 어린 것은 잠이 들고
동지섣달 기나긴 밤 북풍한설 몰아칠 때
당신은 감옥살이 그 얼마나 고생을 하오
십 년이 가도 백 년이 가도 부디 살아만 돌아오소
울고 넘던 이 고개여 한 많은 미아리 고개

8 반동분자 색출 그리고 반공청년단

사람이 살다 보면 억울한 일도 많이 당하지만, 6.25 전쟁이 일어났을 때 서울에 살다가 인민군이 서울에 쳐들어왔을 때 피난을 가지 못하고 집에 머물러 있다가 인민군의 징집영장이 나와서 피할 수 없이 인민군에 입대하여 낙동강 전선까지 끌려가서 국군에게 총부리를 겨누는 신세가 되었다. UN군이 참전하여 후퇴하여 서울 쪽으로 올라오게 되었는데, 찬스가 생겨 도망하여 서울 집에 왔는데 이번에는 국군이 서울로 들어오면서 그들을 인민군 부역자로 꼼짝없이 낙인찍어 몰매를 받게 되었다. 이보다 더 억울한 일이 어디 있겠나!

이런 억울한 일을 당한 사람이 그들만은 아니었다. 아무리 억울하지만 인민군에 입대한 사실이 명백한데 하소연할 곳도 없었다.

전선이 엎치락뒤치락하면서 하루는 인민군 세상이고, 다음날은 국방군 세상이니 선량한 국민은 갈피를 잡을 수 없었다.

인민군이 서울을 장악하고 있을 때 자기네 편을 들지 않으면 무조건 반동분자로 낙인찍어 꼼짝달싹하지 못하게 하였다. 영 마음에 들지 않은 반동분자에 대하여는 법도 없이 자기네 아지트로 끌고 가서 말로 형용할 수 없을 정도로 고문을 자행하였다.

우리 집 바로 옆집에 6.25 전쟁 전에 경찰관 하던 분이 살고 있었는데 인민군이 쳐들어오자 일찌감치 남행열차를 타고 멀리 가버렸다. 그 집을 인민군이 접수해서 자기네 아지트로 사용했다.

낮에는 조용하다가 밤만 되면 얘네들은 바빴다. 어디서 데려왔는지 반동분자라는 중년 아저씨를 끌고 와서 그 집 뒤 헛간에 모셔 놓고 고문을 시작했다. "너와 같이 활동하던 반동분자를 밝혀라!" 하며 마구 고문을 하였다.

나는 집 안에서 고문당하는 사람의 신음 소리만 들었지 무슨 고문을 하는지는 알 수 없었다.

여러 차례 이런 일이 있고 나서 9.28 수복이 되어 이들 고문하던 놈들은 다 도망가고 그 집은 빈집이 되었다.

이번에는 이 집을 반공청년단이 접수해서 인민군들이 하던 그 무지막지한 짓을 똑같이 했다. 실제로 볼 수는 없었으나 흘러나오는 소리로 그 집 안에서 무슨 일이 벌어지고 있는지 짐작할 수 있었다.

반공청년단은 인민군이 쳐들어왔을 때 그들에게 부역(附逆)한 일을 빠짐없이 자백하라는 것이고, 다른 부역자들의 이름을 대라고 윽박지르는 소리가 희미하게나마 들리었다.

누구든 죄를 지었으면 사법기관에서 수사하고 처벌해야지 어쩌면 너희들은 무슨 권한으로 어쩌면 전에 있던 놈이나 후에 들어온 놈이나 똑같이 살인적인 폭력을 행사하는지 모르겠다.

그들이 완장을 차고 남다른 모자를 썼고 남다른 언어를 썼기 때문에 그들이 누구인지 알 수 있었다. 이런 비극이 또 일어날 수 있을까?

9 38선 넘어 압록강까지

UN군과 국군은 인천 상륙 이후 서울까지 수복하고 계속해서 북진하기로 작전을 세우고 38선을 뛰어넘었다.

계속해서 평양을 향해 힘차게 진격했다. 그때 평양은 삼국지에 나오는 공성(空城) 작전과 같이 비어 있었다. 김일성과 수뇌부는 모두 일찌감치 북쪽으로 도망가고 소수의 정예부대만 평양 외곽을 수비하고 있었다. 인민군은 낙동강까지 쳐 내려갔다가 다시 뒷걸음쳐 38선을 넘어 평양까지 도망쳐 와서 지칠 대로 지쳐 완전히 전투력을 잃어버린 상태였다.

UN군과 국군은 쉽게 평양을 탈환하였다. UN군사령부는 '어느 부대가 먼저 평양에 입성할 것인가' 하고 경쟁을 붙였다. 부대마다 다투어 평양에 들어가서 모두 자기 부대가 먼저 입성했다고 자랑하고 있었다. 부대원에게는 거의 모두 특별진급의 혜택이 주어졌다.

UN군과 국군의 사기는 최고조에 달하고 추수감사절인 11월 23일까지 압록강·두만강까지 진격하라는 명령이 내렸다. 추수감사절 공세계획에 따라 서부전선에서는 청천강을 넘어 압록강으로 진격하였고, 동부전선에서는 원산으로 상륙한 부대와 함께 함흥과 흥남을 점령하였다.

파죽지세로 치고 들어가 서부전선에서는 압록강 가까이 이르렀고 자랑스러운 육군 제6사단(후일 내가 복무한 사단)은 압록강 변에 있는 초산까지 진격하였다. 여기서 압록강 물을 떠서 이승만 대통령에 바쳤다는 소식이 전해졌다.

동부전선에서는 원산을 지나 장진호에 이르러 그곳을 지키던 인민군과 한판 승부가 벌어졌으나 UN군과 국방군은 크게 이기고 계속해서 두만강까지 치고 올라갔다.

이때 맥아더 사령관은 "여세를 몰아 중국까지 폭격해 쳐들어가자."라고 백악관에 강력하게 건의하였으나, 백악관의 Truman 대통령은 6.25 전쟁이 터졌을 때 미국의 참전을 결정한 바 있으나 중국으로 쳐들어가면 자칫 세계대전으로 번질 우려가 있다고 판단하여 압록강을 넘지 못하도록 지시하였다.

국군과 UN군이 압록강·두만강에 이르렀을 때 느닷없이 중공군이 탱크를 앞세우고 소총을 들고 꽹과리를 치며 피리를 불며 세력을 과시하면서 진격해 왔다. 수백 대의 탱크와 항공기 그리고 30만

대군이 일거에 쳐들어 왔다.

UN군과 국군이 처음에는 그들을 과소평가했으나 시체를 넘고 또 넘어 덤벼드는 중공군의 인해전술(人海戰術)을 감당할 수 없었다.

압록강까지 이르렀으나 아군은 후퇴를 하지 않을 수 없었다. 평양을 다시 내어 주고 원산을 내어 주고 홍남 부두에서 수많은 피난민과 군인들이 커다란 함정에 나누어 타고 뒤로 물러서지 않을 수 없었다. 이때 문재인 대통령 부모님께서 홍남에서 떠나는 함정을 타고 거제까지 피난을 갔다고 한다.

⑩ 1.4 후퇴

국방군과 UN군은 1950년 9월 28일 서울을 수복하고 계속 전진해서 평양을 점령하고 압록강·두만강까지 이르렀으나, 중공군이 떼를 지어 공격해 와 UN군과 국방군은 불가피하게 후퇴할 수밖에 없었다. 서울을 다시 적에게 내어줄 형편에 이르렀다.

우리 군은 서울 시민에게 1951년 1월 4일까지 '서울을 떠나라'고 소개명령(疏開命令)을 내렸다. 우리 가족은 1950년 12월 25일 청량리에서 기차를 타고 나의 고향 영주로 피난을 하였다.

중공군은 계속 남하해서 서울을 거쳐 오산·제천·삼척까지 치고 내려왔다. 제천에서 영주까지는 불과 40㎞밖에 되지 않아 다시 피난 갈 준비를 하고 있었으나 다행히 UN군과 국방군이 다시 진격하여 1951년 3월 14일 서울을 다시 찾았다.

⑪ 철의 삼각지(Iron Triangles)

우리 국방군은 중공군의 인해전술에 밀리어 평양을 내주고 서울까지 내주고 오산·제천·삼척까지 밀리었으나, 다시 반격해서 서울을 수복하고 옛 38선에 이르렀으나 양측 모두 오랜 전투로 지쳐 더 이상 전투를 할 의욕도 명분도 없게 되었다. 낮에는 UN군이 폭격기를 앞세워 공격을 하고 밤에는 어둠을 틈타 적군이 공격하는 전투가 계속되었다.

철원·평강·김화지역을 철의 삼각지라고 명명하고 일진일퇴를 거듭하였다. 양측 모두 더 이상 진격을 하지 않고 제자리에서 끊임없는 전투를 계속하였다. 하지만, 쌍방 모두 전투를 계속할 의지가 없었다.

이때 마침 1951년 6월 23일 말리크 소련 UN 대표가 6.25 전쟁 휴전협상을 제의하고, 6월 30일에는 리지웨이 UN 사령관이 동의함으로써 일단 전쟁은 교착상태에 빠졌다.

휴전회담이 시작되었다. '어디를 경계선으로 할 것인가?' 하는 점이 협상의 걸림돌이 되었다. UN군 측은 현재의 점령지를 기준으로 경계선으로 하자고 하는 반면 북한 측은 옛 38선으로 돌아가자고 주장하였다. 결말을 얻지 못하고 전투는 그 자리에서 계속되었다.

현재의 점령지를 경계로 한다면 땅 한 평이라도 더 차지하려고 땅따먹기 경쟁이 붙었다. 현재의 점령지 중 가장 관심을 가지게 된 지역은 철원 · 평강 · 금화인데 이 지역 안에는 백마고지 · 화살머리고지 · 저격능선이 놓여 있었는데 이 고지를 차지하는 측이 전 지역을 차지하게 되어 여기서 치열한 전투가 무려 2년 넘게 계속되어 6.25 전쟁으로 인한 전체 전사자의 거의 3분의 1을 차지할 정도로 많은 희생자가 나왔다.

⑫ 지게 부대

노무자(일명 지게 부대)들은 전투병이 아니고 일선에 가서 탄약·식료품 등 군수품을 전투지역까지 지게를 지고 운반하는 일과 토치카와 연결통로를 만드는 일을 하고 병사들의 취사를 돕는 일들을 하였다.

이들은 주로 현역병을 마치고 제대한 사람들이 나이 40 전후해서 특별한 직업이 없을 때 자원해서 전쟁터로 가서 현역병을 도와주는 역할을 했다. 지게부대는 복무연한이 1년으로 정해져 있었으므로 사고가 없을 때에는 1년 후에 복무를 마치고 귀가할 수 있었다.

그때에도 병무 비리가 많이 있었는데 노무자로 징집영장이 나오면 그 사람을 대신해서 전방으로 가는 사람이 있었다. 한번 노무자로 전방에 갔다 돌아온 사람 중에 경제적 어려움이 있는 사람이 대가를 받고 다른 사람으로 위장해서 지게부대로 다시 전선으로 가는 것이다. 그 당시는 이런 사실을 이웃 사람들이 다 알고 있었으나 누구도 고발하는 사람은 없었다. 오죽하면 팔려 갔을까 하고 걱정하는 사람은 있었다.

⑬ 유해 봉송

휴전협정을 앞두고 있으나 좀처럼 해결은 되지 않고 지구전을 벌리고 있는 가운데 전사를 하는 군인이 많이 있었다. 특히 철의 삼각지에서 서로 치열한 전투를 하면서 전사자가 수없이 많이 생겼다.

휴전협정이 체결되기 직전에 특히 전사자가 많이 나왔다.

내가 중학교 다니던 1952~53년 사이 수시로 전쟁 중 사망한 영주군 출신자의 유해가 기차 편으로 수송되었다.

의장병이 유해를 앞으로 메고 기차에서 내리면 우리 학교 밴드부 학생들이 진혼곡을 부르면서 시가행진을 하였다. 나도 밴드부 일원으로 이 행진에 참가했다.

연도에 있던 시민들이 흐느껴 울기도 하였다. 나라를 지키다가 운명한 장병들의 영혼을 기리기 위한 행사였다.

이 같은 행진은 휴전협정이 맺어질 때까지 수시로 계속되었다.

14 비극의 결산

6.25 전쟁은 김일성의 헛된 영웅심과 자만심에서 빚어진 참극이었다.

사내라면 누구나 영웅심을 가지고 있을 수 있으나, 김일성은 그 때 38살의 젊은이로 헛되고 어리석은 영웅심을 가지고 있었던 것 같다.

김일성은 일제시대 만주벌에서 일본군과 마주 싸워 여러 번 승리를 거두었고, 그는 중국에서 오랫동안 살았던 연고로 중국지리에 밝아 적과 싸울 때 유리하였던 것이다.

태평양 전쟁 말기에 김일성은 소련군 장교로 복무하면서 일본군과 싸워 여러 차례 이기면서 자만심도 가졌던 것이다. 그는 26세 때인 1938년 소련군과 함께 빨치산 활동하면서 전술작전도 익혔던 것으로 알려져 있다.

이와 같은 경험을 통해서 Stalin에게 쉽게 접근할 수 있었던 것 같다. 또한 김일성은 만주에 거주한 관계로 중국어도 제법 알고 있었을 것이다. 그러므로 모택동과도 쉽게 소통할 수 있었을 것이며 중공군을 끌어들이는 데도 도움이 되었을 것이다.

김일성이 북한에서 동지들을 끌어모아 조선민주주의인민공화국을 건설하고 내각 수반을 차지하게 되고 인민군 최고사령관까지 꿰차고 나니 눈앞에 두려움이 없었던 것이다.

그리하여 그는 남침계획을 짜고 Stalin과 모택동의 동의를 받아 남침을 시도하게 된 것이다.

그의 헛된 영웅심과 자만심이 남침계획을 막지 못하였다. 그래서 38선을 넘어 부산까지 쳐들어가는데 50일이면 충분하다고 오판한 것이다.

그러나 김일성의 자만심에는 몇 가지 흠이 있었다.

첫째, 박헌영의 잘못된 계산을 액면 그대로 받아들인 것이다. 남침을 하게 되면 박헌영이 남한에 깔아 놓은 프락치들이 크게 준동할 것으로 생각했으나 기대에 크게 빗나가고 말았다.

둘째, 김일성은 Stalin과 모택동만 신주처럼 모셨지만, 그 뒤에 어마어마한 미국을 비롯한 우방세력이 있다는 것을 감지하지 못하였다.

김일성이 남한으로 쳐내려올 때 UN이 그렇게 신속하게 대규모의 병력을 지원할 것이라고는 꿈에도 생각하지 못하였던 것이다.

UN군 사령관 맥아더는 전투에도 능할 뿐 아니라 과단성이 있어 그때 원자탄을 평양에 터트릴까 하는 계획도 여러 차례 세웠다는 것이다.

다행히 미국 정부의 만류로 원자탄을 쓰지 않고 전쟁은 끝났으나, 자칫하면 북한이 송두리째 날아갈 뻔했다.

김일성은 '하룻강아지 범 무서운 줄 모른다'는 격언처럼 큰 실수를 한 것이다.

셋째, 김일성은 UN군이 인천항으로 상륙하리라고는 상상도 할 수 없었다. 전술적으로 인천항으로 침투하는 것은 거의 불가능하다고 생각했으나 맥아더 사령관은 그 불가능한 것을 역이용하여 가능하게 만든 것이다.

요컨대 김일성의 헛된 영웅심과 자만심이 민족의 비극을 가져왔다. 수십만 명의 목숨을 앗아갔고, 1,000만 명이 넘는 이산가족을 남겨놓았다.

아직도 그 상처는 다 아물지 않고 있다. 폭격·화재 등으로 재산상의 손실은 금액으로 환산할 수 없을 정도이다.

김일성의 대를 이어 김정일·김정은 대까지 와서도 그들은 민족의 아픔은 거들떠보지도 않고, 권력 유지에만 급급한 현실을 볼 때 안타깝기 그지없다.

6.25 전쟁 중 희생자

구분	국방군	인민군	UN군	중공군	합계(명)
전사	137,899	393,599	36,900	136,000	684,398
부상	450,742	229,625	116,000	208,000	1,004,367

＊ UN군 참가국(17개국)

USA	New Zealand	Greece	Ethiopia
UK	France	South Africa	Norway
Australia	Philippine	Belgium	
Netherland	Turkey	Luxemburg	
Canada	Thailand	Columbia	

15 좌파 · 우파 나는 싫다

세계 역사가 바뀌고 또 바뀌어도 우리 어린 백성의 생각은 안타깝게도 한 치도 바뀌지 않고 똑같다.

세계 제2차대전 중 미국 · 영국 · 불란서 그리고 소련은 연합국이 되어 독일 · 이태리 · 일본 연맹과 맞싸워 드디어 연합국 측이 이기고 독일 · 이태리 · 일본은 망해 버렸다.

하지만, 제2차대전이 끝나고 이번에는 편이 바뀌어 소련과 소련의 위성 국가들이 한편이 되고, 미국을 비롯한 우방국가들이 다른 한편이 되어 냉전 상태로 계속 싸우고 있다.

제2차대전의 후유증으로 독일은 동독 · 서독으로 나뉘고, 베트남은 북베트남 · 남베트남으로 나뉘어 싸우고, 우리나라는 북한 · 남한으로 나뉘어 싸우고 있었다.

그 후 독일은 자주적으로 평화롭게 통일하여 하나의 독일을 세웠고, 베트남은 한국과 미국이 거들어 싸웠지만 패하고 공산 베트남이 되었다.

오직 우리나라만 6.25 전쟁이라는 동족끼리 싸우는 전쟁을 치렀지만, 어느 쪽도 승리하지 못하고 38선 대신에 군사분계선을 만들어 놓고 오늘까지 싸우고 있다.

8.15 해방 후 남한에서는 공산주의자 그리고 공산게릴라와 끊임없이 싸우고 있었다. 박헌영을 비롯한 공산주의에 찌들어 있는 자들이 남한 땅에 그들만의 공산당을 만들어 놓고 정치활동을 계속하고 있었다. 가끔 폭력에 의한 충돌도 있었다.

서울대학교 내에서 좌파 학생이 우파 교수를 향해 공개적으로 비난하기도 하고, 학생들 간에도 좌파·우파 나뉘어 폭력행사를 했다.

나는 당시 초등학교 5학년이었는데 어느 날 등굣길에 어느 집 앞에 시체가 놓여 있는 것을 보았다. 좌파학생이 밤사이 우파학생을 불러내어 포대 자루를 머리에 뒤집어씌우고 몽둥이로 때려 죽게 했다는 것이다.

나는 그때 좌·우에 대하여 크게 느끼지 못하고 하나의 폭력사태라고 여겼는데 후일 알고 보니 좌·우 학생 간의 싸움이었다는 것이다. 그때 이런 일이 전국에 걸쳐 수없이 일어나고 있었다.

시골에서도 한 마을에 살면서 좌우대립이 많아 살인사건이 종종 일어났었다. 주로 지주와 하인 간의 다툼이 사상대립으로 번져나갔다.

솔직히 표현하면 당시 시골 사는 사람들은 공산주의 · 자유주의 · 자본주의 · 사회주의에 대한 개념도 알지 못하고 윗마을 놈들이 우익이면, 아랫마을 놈들은 무조건 좌익으로 돌아섰다. 참으로 어처구니없는 사태였다.

그때 시골 사는 나의 외가 식구는 모두 기독교 신자였고, 나의 외삼촌은 반공청년단장이었는데 어느 날 밤 공산 프락치들이 혼자 주무시고 있는 외삼촌을 불러내어 논바닥으로 끌고 가서 죽창으로 마구 찔러 죽이고 달아났다.

당시의 경찰도 무능하기 짝이 없었고, 이런 사건이 종종 일어나고 있었지만, 귀찮은 사건이라고 생각하고 그냥 덮어버렸다.

나는 어린 나이에 이런저런 사연을 보고 듣고 자라면서 좌 · 우의 사상대립에 대하여 많이 실망하였고, 뚜렷한 사상도 이념도 가지고 있지 않으면서 이웃 간에 같은 동포끼리, 같은 사람이면서 맹목적으로 물어뜯고 싸우는 꼴을 보고 많이 실망하고 있었다.

공산주의란 한자로 '共產主義'인데 사유재산을 인정하지 않고 모든 재산을 모든 사람이 공유하는 제도를 말한다. 내 것 네 것 없이 모두 같이 가진다는 것이다. 상당히 이상적인 제도이기는 하나 인간의 본성인 소유욕을 너무 무시한 제도인 것이다.

나는 공산주의는 절대로 성공할 수 없는 제도라고 믿고 있다. 이런 믿음의 바탕은 두 가지이다.

첫째는, 인간은 모두 이기적인 동물이라는 것이며 둘째는, 노동이라는 것은 누구에게나 매우 힘들다는 것이다.

인간은 이기적이기 때문에 잘 먹고 잘살려고 발버둥 친다. 밭에 나가 일하거나, 공장에 가서 일하거나, 책상머리에서 머리를 짜내고 일하거나 그 일의 대가가 나에게 와야지, 공산주의처럼 그 결과물이 정부 창고에 들어가고 내게 오지 않는다면 누가 일을 하겠나! 열심히 일해서 부(富)를 쌓아가는 재미가 있어야지 남을 위해 일하려고 한다면 일할 필요가 없게 된다.

그러므로 공산국가는 창의성이 없고, 노력하지 않으며 지도자의 눈치만 보게 되고, 아부만 하고 요령을 부리게 된다. 따라서 노동생산성은 떨어지기 마련이고, 제품은 조잡하게 되고 낙후하게 되어 결과적으로 Global 경쟁사회에서 뒤떨어지기 마련이다.

존재하지도 않은 좌파 · 우파 Frame 씌워 놓고 싸움질만 할 것이 아니라 진정 나라 위해 국민 위해 이웃 위해 자신을 위해 슬기롭게 살아갔으면 하는 것이 우리의 바람이다.

정치인에게는 좌파 · 우파가 있는지 모르겠으나 일반시민에게는 엄밀하게 말해서 좌 · 우가 없다.

나는 '좌파, 우파'라는 말은 옳지 않은 말이라고 생각한다. 왜냐하면 현재 우리나라에는 좌파도 없고 우파도 없기 때문이다.

민주당 놈은 모두 좌파이고, 전라도 사람은 모두 좌파라고 하는 말은 당치 않은 말이다.

우리나라 정계에는 오직 '정권을 뺏으려는 파'와 '정권을 빼앗기지 않으려는 파'만이 존재한다.

정권을 빼앗으려고 상대방을 좌파로 올가미 씌워 묶어 놓으려 한다.

굳이 파를 나누려면 보수파 · 진보파로 나누는 것이 옳다고 본다.

좌파정권이라면 좌파적 정책을 내놓아야 할 텐데 그 어떤 정책이 좌파정책인가? 좌파정책의 핵심은 모든 토지의 국유화이고 모든 기업이 국유화되어야 한다. 정권이 바뀌어져 내려오면서 국유화되어 있는 기업마저 사기업으로 돌려져 있다.

최저임금정책을 놓고 좌파정책이라고 하는 측도 있으나, 최저임금제는 우리나라만 있는 것이 아니라 미국 · 영국 · 불란서 · 이태리 · 일본 모든 선진국가에서도 이 제도를 시행하고 있다. 그러면 이 국가들도 좌파국가인가?

혹자는 노동조합을 두고 좌파정책이라고 하나 노동조합 없는 나라는 극히 드물다는 것을 알아야 한다.

혹자는 감세정책을 놓고 좌파정책이라고 주장하기도 하지만, 증세정책은 우파정책인가?

전 세계에서 소련 · 중공 · 북한 · 월남 · 쿠바 등이 공산국가라고 할 수 있으나, 아이러니하게 중국에도 세계적인 재벌이 여럿 있다.

원래 공산국가에서는 국제적 교역은 정부만이 할 수 있었으나 지금 우리나라는 중국의 민간기업과 월남의 민간기업과 교역을 하고 국가와의 교역은 전무한 상태이다.

순수한 공산주의 경제정책은 전 세계 모든 공산국가에서 실패를 했고, 공산국가 자체에서도 실패를 인정한 지 오래되었다.

현재 공산국가는 이름만이 공산국가이고 사실상은 자본주의 · 자유주의 체제로 조금씩 전환해 가는 과정에 있다.

현재 우리나라는 부동산 문제로 골머리를 앓고 있다. 부동산문제 특히 부동산 투기 문제는 근년에만 일어난 것이 아니고 오랜 역사를 가지고 있다.

미국 · 영국 · 일본 · 불란서 등 나라에서도 부동산 문제는 두통거리로 남아 있다. 경제개발과정에서 부동산 가격의 상승은 불가피한 부작용의 하나이다.

자유주의 경제 체제하에서 토지의 사유화는 당연한 것이지만, 이것을 투기의 대상으로 삼고, 불로소득을 얻으려는 데서 문제가 발생하는 것이다.

이 문제만큼은 확실한 대책을 찾아 그 병폐를 최소화하도록 정책을 펴나가야 할 것이다.

좌우의 이념논쟁과 관련된 영화 한 편을 보자.

영화 〈Doctor Zhivago〉는 1978년 1월 1일 우리나라에서 개봉된 영화로서, 삼각관계를 주제로 한 melodrama라고 할 수 있다. 영화 한 편을 두고도 엄청난 시각 차이가 있었다. 이 영화가 아카데미 수상 후보로 올랐으나 소련당국에서 사회주의를 비판하는 장면이 여러 군데 있다고 해서 아카데미상을 못 받게 하였다.

반면에 우리나라에서는 사회주의 혁명을 비호하고 있다고 해서 여러 장면을 Cut down 했다.

이 영화가 국내에 들어온 1978년은 박정희 대통령이 긴급조치 9호를 발표하여 신문·언론만 사전 검열하는 것이 아니라 영화까지도 사전검열을 했다.

이 영화에는 잠시 모스크바광장이 나오고 거기에 러시아 국기가 있고, 달려가는 열차 앞에 붉은 기가 펄럭이고 있고, 혁명군이 붉은 완장을 차고 있었다. 이런 장면이 모두 삭제되었다.

마지막으로 러시아 민속악기 발라라이카 선율에 맞추어 주제곡 〈Somewhere my Love〉가 울려 퍼진다.

그 이전에도 Tchaikovsky가 러시아 작곡가라고 해서 그의 작품이 공항검열에 걸려 통관이 되지 않은 때도 있었다. 우리 모두 부끄러워할 일이다.

16 남북통일, 그날이 오기를…

남한과 북한은 물과 기름이 아니라, 물과 물이다. 둑으로 막혀 일시 물과 물이 하나로 융합하지 못하고 있는 실정이다.

일제강점기를 포함해서 100년이 막 지났다. 그러나 긴 안목으로 보면 그리 긴 기간은 아니다.

지금은 갈라진 물과 물이지만, 언제 올지 알 수는 없으나 그리 멀지 않는 장래에 그 둑은 무너지고 하나의 깨끗한 물로 엉키게 될 것이 분명한 역사이다.

누구도 막을 수 없는 역사이고 천리(하늘의 이치)이다.

이것은 북진통일도 아니고, 적화통일도 아니다. 탈바꿈하는 진화론적 통일이고, 상생의 통일이 될 것이다. 비로소 One-Team이 되는 것이다.

그 시기는 알 수 없으나 100년, 200년 후는 아닐 것이다. 그때가 반드시 오게 될 것이다.

왜냐하면, 우리는 한 민족 단일민족이기 때문이다. 우리는 피가 같고, 피부 색깔이 같고, 눈빛이 같고, 언어가 같고, 문자가 같고, 문화와 풍속이 같기 때문이다.

남북통일, 그날이 오기를 두 손 모아 기도하자.

17 이렇게 될 바에는 차라리 독립을 하지 않았으면…

6.25 전쟁으로 같은 민족끼리 피나게 싸울 바에는 1950년 8월 15일에 해방이 되지 않고 일본에 묶이어 있다가 때를 기다려 통일된 나라로 독립되었으면 더 낫지 않았을까, 하는 생각을 해 본다.

그게 무슨 친일파 같은 소리를 하느냐고 비난을 할지 모르나 좀 더 깊이 생각해 보면 그것도 옳은 소리라고 호응할 수 있을 것이다.

1950년대를 지나 1960년에 이르면 우리는 자연스럽게 일본의 굴레를 벗어나 온전한 독립국가를 만들 수 있었을 것이다.

왜냐하면,

첫째, 우리나라에서 6.25 전쟁이 일어나지 않았다면, 일본이 패전국가의 올가미에서 빠르고 쉽게 벗어날 수 없었을 것이다.

둘째, 우리나라 남북한은 단일민족이고 언어가 같고, 문자가 같고, 풍속이 같고, 국민 정서가 같기 때문에 패전국가 일본은 우리나라를 자기들 손아귀에 계속 잡아둘 수가 없었다. 역사의 진리이다.

셋째, 1960년대에 들어와서 Russia 연방이 해체되면서 20여 개 위성국가가 모두 독립을 쟁취했고, 서구 선진국들이 빼앗아 가지고 있던 수많은 식민지 국가들이 독립을 쟁취했다.

우리나라가 그들 나라보다 못한 점이 무엇이 있나 이와 같은 근거로 보면 우리나라는 그 어느 나라보다 더 빨리 더 쉽게 온전한 독립 국가를 세울 수 있었을 것이다.

그때는 일본도 억지를 부릴 수 없고 미국·중국·러시아도 우리의 독립에 군소리를 할 수 없었을 것이다. 미국은 우리의 독립에 중개자 또는 교량 역할을 자발적으로 하였을 것으로 믿는다.

결론지어 말한다면 넉넉잡아 20년만 기다렸으면 6.25 전쟁도 일어나지 않았을 것이고 수십만 명의 인명도 잃지 않았을 것이고, 이산가족도 생기지 않았을 것이고 오늘까지 남북이 으르렁거리며 싸우지도 않았을 것이다.

떳떳한 독립 국가가 되어 영세중립 국가도 만들 수 있었을 것이다.

좋은 기회를 놓쳤으나 멀지 않은 장래에 참 좋은 나라 ONE KOREA가 이룩되기를 간절히 기다린다.

제6장

6.25 전쟁 이후 비참한 삶

제6장 줄거리

이 장에서는 전쟁으로 인한 피해가 얼마나 비참하였는가를 보여 주려고 한다.
수십만 명의 젊은 용사들이 목숨을 잃게 되었고 팔다리가 떨어져 나가는 비참한 고통을 겪게 되었다.
굶주림을 이기지 못해 어린 것들이 깡통을 허리에 차고 이 집 저 집 구걸을 하고 다녔다.
누구를 막론하고 살아남기 위해 죽기 살기로 가난과 싸우면서 지내왔다.
또다시 이런 비극이 나온다면 차라리 죽는 것이 편하다는 하소연도 나왔다.

1 온 국토가 파괴되어 흉물만 남았다

전쟁으로 인하여 전 국토가 파괴되어 황무지가 되었다.

인민군이 쳐들어가지 못한 대구와 부산을 제외하면 전 국토가 말로 표현할 수 없을 만큼 처참하게 파괴되었다.

인민군이 처음 서울에 입성할 때 국방군은 인민군의 침입을 저지하기 위해 미리 한강 인도교·한강철교·경인선철교를 두 동강 내 버렸다.

인민군이 서울을 점령하고 계속 전진해서 오산·대전을 침입하면서 가는 곳마다 파괴를 저질렀다.

낙동강 방어선에서도 두 달 가까이 싸우면서 인명피해도 많았지만, 공공시설 등 주요 건물이 대포를 맞고 파괴되었다.

UN군이 참전하여 전황이 역전되어 인민군이 후퇴하면서 공공건물을 불 지르기도 하였다.

특히 서울 광화문 거리를 비롯해서 종로·을지로에 즐비하게 있던 주요 건물들은 도주하는 인민군들이 방화를 하여 잿더미만 남게 되었다. 어쩌다 그 많던 건물이 하나도 남지 않고 파괴되어 쓰레기더미만 남게 되었나.

전기도 끊기어 밤에는 암흑세계가 되었다. 파괴된 건물과 시설물을 복구하려고 하니 엄청난 비용과 시간이 필요하였다.

시민들은 그간 이곳저곳 피난 다니면서 모두 빈털터리가 되었다. 국고도 바닥이 났다.

정부는 우선 공공시설 특히 도로를 복구하기 위해서 인력을 강제 동원하려고 하였으나, 젊은이들은 전부 군대에 동원되고 힘없는 늙은이와 부녀자만 남았으니 동원할 인력도 없었다.

많은 시민이 강제부역을 대신해서 빈 주머니를 털어서 금전으로 대납하기도 하였다.

2 도강증(渡江證) 없이 서울 나들이

전쟁이 소강상태에 들어가면서 피난 갔던 서울 시민은 서울로 돌아오려고 하였다. 전쟁이 완전히 끝난 것이 아니므로 군 당국에서 시민들의 서울 이주를 극히 제한하고 있었다. 그래서 서울에 들어가려면 미리 경찰서에 가서 도강증을 발급받아 한강을 건널 때 보여 주어야 했다. 누구나 서울에 가고 싶다고 해서 도강증을 발급해 주지는 않았다. 서울 가고자 하는 사람의 신원이 확실해야 하고, 서울 가고자 하는 이유가 분명하여야 했다.

인민군이 다시 서울에 쳐들어왔을 때 군 당국이 모든 시민에게 소개령(疏開令)을 내려 우리 집 온 가족이 집을 통째로 비워 놓고 피난을 갔으므로 우리 집이 혹시 파괴되지는 않았나 하고 궁금하였다.

1.4 후퇴 때 모든 시민이 서울을 떠나갔지만 나의 큰아버지께서는 피난을 가지 않고 혼자 서울에 남아 계셨다. 인민군이 쳐들어왔다가 다시 도망가는 사태가 벌어졌지만, 큰아버지께서는 서울에 남아계셨다.

그러나 그때는 통신이 완전히 두절되어 안부를 알 수 없었다. 어른들은 도강증을 얻기 어려웠다.

그때 나는 15살 중학교 2학년이었는데, 비교적 겁이 없는 성격이었기 때문에 아버지께서 나를 전령사(傳令使)로 서울에 다녀오라고 말씀하셨다.

1953년 여름 나는 주머니에 노자 몇 푼을 넣고 서울행을 하였다. 버스가 없어 트럭에 몰래몰래 올라타고 갈 수밖에 없었다. 경기도 여주까지 왔는데 다리가 끊겨 배를 타고 건넜다. 배에서 내려 서울 가는 트럭에 올라타고 한강을 넘으려면 도강증이 있어야 하는데 나는 도강증이 없어 검문에 걸리면 서울로 들어갈 수 없었다.

내가 도강증을 가지고 있지 않다는 것을 알고 같이 트럭을 타고 있던 군인 아저씨가 나를 화물 덮개에 숨기고 비스듬히 나를 깔고 앉아 있었다. 그렇게 해서 요행히 한강을 넘어 용산에 이르렀는데

통행금지 시간이 되어 더 갈 수 없었다.

나를 숨겨준 그 군인이 여관에 같이 가자고 해서 공짜로 잠을 잘 수 있겠나 생각하고 따라갔는데 그 아저씨가 따로 각자 방을 쓰자고 해서 나는 여관비를 내고 조그마한 방에 들어가 잠을 잤다.

아침에 일어나 나가려고 하는데 그 군인 아저씨는 다른 방에서 예쁜 아가씨 손을 잡고 나오는 것이었다. 그 군인과 용산에서 헤어져 걸어서 돈암동까지 갔다. 큰아버지께서 나를 보고 깜짝 놀라면서 반갑게 맞아 주셨다.

우리 집은 전쟁 통에도 아무 탈 없이 그대로 있었다. 며칠 동안 서울에서 잘 지내다가 큰아버지와 눈물겨운 하직을 하고 청량리역에서 기차를 타고 영주 우리 집으로 오게 되었다. 서울에서 빠져나올 때는 도강증이 없어도 상관없었다.

3 야간통행금지

1945년 9월 미군정청에서 해방 후의 혼란을 막기 위해 야간통행금지 긴급명령을 내렸고, 1950년 6.25 전쟁이 일어나자 치안 관계로 야간통행금지 명령을 다시 내렸다.

밤 12시 가까이 되면 예비 사이렌이 울린다. 그때부터 시민들은 귀가하기 바쁘다. 특히 시내 한복판에 있는 유흥가에서 즐기던 인파가 한꺼번에 쏟아져 나와 택시, 택시 하고 불러댄다. 타려는 손님이 너무 많아 달려가는 택시 문고리를 잡고 차를 멈추게 하여 막무가내로 올라탔다. 줄을 서 있던 행렬은 없어지고 길바닥이 난리다.

12시를 넘기면 경찰들이 호루라기를 불면서 통금 위반자를 잡는다. 10명 정도 잡으면 한 줄로 세워서 파출소로 끌고 간다. 거기서 조사를 받고 기다리면 새벽 4시 통금 해제 시간이 되면 풀어 주기도 하고 어떤 때는 치안재판에 넘겨지고 벌금이 부과되기도 했다.

그 후 서울올림픽을 준비하는 과정에서 통금이 내국인뿐만 아니라 외국인에게도 나쁜 인상을 줄 우려가 있다고 하여 1982년 1월 5일을 기하여 36년간 이어오던 야간통행금지는 해제되었다.

통행금지가 해제되니 세상은 크게 바뀌었다.

심야극장이 생겨나고 성인을 상대로 야한 영화가 상영되었다.

심야식당도 생겨났다. 일을 마친 직장인들이 늦게 와서 식사를 하였다. 포장마차에는 우동 · 오뎅 · 김밥 · 소주는 기본이고 카페, Dance hall도 한몫해 보게 되었다. 남녀손님이 밤늦게까지 들락날락 그치지 않았다. 새벽 시장도 열렸다. 수산물시장은 새벽 개시를 한다고 밤새껏 준비를 했다.

지방에서 조그마한 의류 가게, 잡화점 식료품 가게를 하는 상인은 야간열차를 타고 서울에 와서 남대문시장 · 수산시장으로 가서 장보기를 해서 한 보따리 싸서 둘러메고 이고 지고 다시 서울역 · 청량리역으로 달려갔다.

심야버스도 운행하였다. 젊은 데이트족이 쌍쌍이 버스를 타고 어두컴컴한 버스 안에서 즐기고 있었다. 이러한 사회생활 풍경은 Corona-19로 인하여 일시 중단되었다. 어서 속히 Vaccine으로 Corona-19를 몽땅 잡아 옛날로 돌아갔으면 하는 바람이다.

4 6.25 전쟁 후의 기억

일본강점기를 지나 해방이 되고 6.25 전쟁이 터지고 피난 갔다가 제자리에 돌아왔다. 서글픈 일도 많았지만 지금도 잊히지 않는 기억들도 많다.

- 그때는 먹을거리가 없어서 모든 사람이 배고픔에 시달리고 있었다.
- 그때는 서울역 · 청량리역 앞에 지게꾼이 엄청 많았다. 기차에서 내리는 손님이 무거운 짐을 들고나오면 낚아채듯 짐을 받

아 자기 지게에 올려놓고 손님이 가는 곳까지 짐을 배달해 주었다.

- 그때는 인력거도 많이 있었다. 다리가 불편하면 인력거를 타고 목적지까지 갔다. 그때는 택시도 없고 버스도 없고 전차밖에 없었다.
- 그때는 전기가 부족해서 밤에는 호롱불이나 촛불을 켜고 살았다. '반딧불에 글공부한다'는 이야기가 있지만 아이들이 촛불 켜고 공부하면 부모님들이 칭찬은 아니 하고 초 값이 아까우니 일찍 자라고 꾸짖었다.
- 그때는 유한킴벌리가 없어서 붕대를 감아 쓰기도 했고 기저귀를 만들어 쓰기도 했다. 그것마저 일회용이 아니라 빨아서 다시 쓰기도 하였다.
- 그때는 서울이나 시골이나 초가집이 많았다. 새마을사업이 시작되면서 지붕 개량사업을 했다. 짚을 걷어내고 슬레이트(slate) 지붕으로 교체하면서 정부가 다소 지원도 해 주었다. 한참 후에 슬레이트에서 석면 가루가 날아와 폐암을 유발한다고 해서 이번에도 정부가 보조금을 주면서 슬레이트 지붕을 걷어냈다. 철거과정에서 석면가루가 날아온다고 해서 전문용역업체에 맡기었다.
- 그때는 한강 얼음이 두껍게 얼어 스케이트 애호가들이 때를

기다려 즐겁게 skating을 했다. 지금은 지구온난화로 한강에 얼음이 얼지 않아 스케이트를 탈 수 없다.

- 그때는 경찰이 보행위반자를 단속했다. 건널목으로 걷지 않고 차도로 걸어가면 멀리서 단속 경찰관이 호각을 불며 쫓아와 보행위반자를 붙잡아 한구석에 몰아 놓고 있다가 시간이 되면 이들을 끌고 파출소로 가서 벌을 주거나 어떤 때는 그 자리에서 훈방하였다. 많이 창피했다.
- 그때는 경찰이 장발족을 퇴폐풍조라고 해서 붙잡았다. 머리칼이 귀밑까지 덥수룩하게 길러 놓으면 미관상 좋지 않다고 해서 단속을 했다. 이것은 일제시대 버릇이다.
- 그때는 미니스커트를 단속했다. 미니스커트는 윤복희 가수가 우리나라 최초로 입고 미국에서 귀국하였다. 보기가 좋으니 어른·애들 할 것 없이 정강이 자랑을 하면서 입었다. 치마 길이가 무릎 이상으로 올라가면 단속대상이었다. 보기만 좋던데, 이런 나라가 또 어디 있을까!
- 그때는 엄마들이 젖가슴을 드러내고 다녔다. 아기들 젖 주기가 편했다. 지금은 수치스럽다고 생각하고 있으나 그때는 전혀 의식을 하지 않았다.
- 그때는 엄마들이 머리카락을 길게 길러 이를 잘라서 팔았다. 그것으로 가발을 만들어 수출하였다. 가발 만드는 공장이 여

러 곳에 있었고 우리나라 수출품 가운데 큰 비중을 차지하고 있었다.

- 그때는 눈물의 보릿고개가 있었다. 봄이 지나고 여름이 오면 작년에 추수한 양곡이 다 떨어지고 먹을거리가 없었다. 조금 기다려야 보리를 추수해서 먹을 텐데 아직은 아니다.
- 그때는 20세 전후해서 일찍 결혼했기 때문에 신부 나이가 신랑보다 많은 경우가 있었다. 지금도 가끔 연하의 남성과 결혼하는 여성이 있지만, 드물어서 뉴스거리가 된다.
- 그때는 보통 3세대가 한 지붕 밑에 살았다. 할아버지 · 아들 · 손자 내외가 함께 살면서 식사도 같이했다. 그 집 며느리는 어른들 수발들다가 허리가 휘게 되었다. 삼촌 나이가 조카 나이보다 더 어린 경우도 있었다. 며느리도 아기를 낳고 뒤이어 시어머니도 아기를 낳았다.
- 그때 엄마들은 누구나 뜨개질을 잘했다. 식구들 모자 · 양말 · 내복 · 장갑 등을 손수 뜨개질해서 만들어 주었다. 지금은 아무도 뜨개질을 하지 않고 배우려고 하지도 않는다. 필요 없으니….
- 그때는 겨울에 교실 한가운데 난로가 있어 점심시간이 되기 전에 양은으로 만든 도시락을 난로 위에 올려놓고 데우면 김치 냄새가 교실 안에 가득했다. 그 냄새가 한참 있으면 느낌이

없어진다.

- 그때는 야간열차를 타고 피곤해서 한잠 자고 나면 빈대들이 온몸을 물어뜯어 가려워서 죽을 지경이었다. 그래도 열차 안을 소독하지 않았다.
- 그때는 가정이 궁핍해서 중학교는 고사하고 초등학교도 다닐 수 없는 어린이들이 많았다. 지금은 초등학교는 물론 중학교까지도 입학금 없이 입학할 수 있고 멀지 않아 고등학교도 입학금 없이 입학할 수 있게 될 것이다.
- 그때는 아파트 사는 것을 두려워했다. 1960년대 초에 주택공사가 마포에 처음 아파트를 직접 지었으나 분양이 되지 않아 어려움을 겪었다.
- 그때는 어린 거지들이 많이 있었다. 아침 일찍이 빈 깡통을 어깨에 메고 집집마다 다니면서 "밥 좀 주세요." 하고 구걸을 하면 어머니들이 먹다가 남긴 밥을 거지에게 주었다.
- 그때는 식수가 부족해서 아주머니들이 물동이를 이고 공동 수도장에 가서 물을 받아 머리에 이고 집으로 왔다.
- 그때는 시골에 오일장이 있었다. 지금도 시골에는 오일장이 열리고 있으나 상설시장이 있어 오일장은 큰 구실을 못한다. 그때 인기 있는 시장은 나무전이었는데 연탄에 밀리어 나무시장은 사라졌다. 쌀전이나 고추전에 가면 저울 속임수, 됫박

속임수가 많이 있어 농민들은 처음부터 여유분을 수북이 들고 나왔다.

- 그때는 산아제한이라는 것이 없었다. “갓난아기는 제 먹을 것을 가지고 나온다.”라는 풍설이 있어 엄마들은 아기가 생기는 대로 아무 생각 없이 7~8명씩 아기를 낳았다. 지금은 왜 결혼도 안 하고, 아기도 낳지 않는지 이해할 수 없다.

그때를 회상하며 글을 쓰다 보니 눈물이 고였다. 모든 사실이 내가 직접 보고 체험한 것들이다.

5 송구죽 먹고 허기 면하다

1950년대는 우리가 상상하지 못할 정도로 6.25 전쟁으로 인해서 모든 공장이 파괴되어 all stop하고 인구는 엄청 늘어났는데 식량은 부족하였다. 외국에서 원조물자가 조금씩 들어오기는 했으나 식량은 턱없이 부족하였다.

그때 하루 세끼를 제대로 찾아 먹는 집은 많지 않았다. 대부분 아침·저녁 두 끼만 먹고 점심은 건너뛰거나 약식으로 밀기울 떡 한 조각 먹으면 다행이었다.

특히 춘궁기 또는 보릿고개라고 해서 보리가 미처 여물기 전에 양식이 떨어지면 농가에도 양식이 없었다.

어쩔 수 없이 산에 올라가서 소나무 가지를 꺾어 껍질을 벗기면 그 속에 또 한 겹의 연한 껍질이 있다. 그냥 씹어 먹으면 달사하다. 이것을 철 방아에 지어 솥에 넣고 보릿가루를 조금 넣고 삶으면 멀건 송구죽이 된다. 배가 고플 때 이걸 한 그릇 먹고 나면 배가 두둑해진다.

하지만, 이것으로 끝나는 것이 아니다. 아침에 먹고 저녁때쯤 화장실에 가면 대변이 나오지 않는다. 소나무 속껍질에는 아교 성분이 있어 배 속에 들어가면 이것들이 한데 엉켜 큰 덩어리가 된다. 대변이 나오지 않는다. 죽을 용을 써도 나오지 않는다. 그때 나는 어머니를 부른다. 어머니는 나무젓가락 같은 꼬챙이를 들고 나를 엎드려 놓고 항문에 찔러 넣고 대변을 뽑아냈다.

눈물이 찔끔 나올 정도로 고생을 했지만, 내일이면 또 송구죽을 먹어야 한다. 굶을 수는 없었다. 오랜 기간 동안 이 고생을 반복했다.

조금 형편이 나아지면서 밀기울떡을 먹었다. 밀기울은 쌀 기울과 마찬가지로 밀에서 알맹이를 뽑고 나면 싸래기와 속껍질이 남는다. 맛이 없기 때문에 평상시에는 이것을 버린다. 그러나 식량이 부족하여 그 기울로 반죽을 해서 떡을 만든다. 조금 나은 것은 거기에 콩을 몇 알 섞어 넣는다. 너무 퍽퍽해서 목구멍에서 잘 넘어가지 않는다. 맛대가리가 하나도 없다.

그래도 송구죽하고 번갈아 가면서 밀기울떡을 끼니로 먹었다. 그때도 거리에 빵집도 있고 짜장면집도 있었다. 돈이 없어 사 먹을 수가 없으니 그 가게 앞을 지나가지 못하고 돌아갔다.

그때 시골에 가면 물레로 누에고치에서 실을 뽑는다. 냄비에다 누에고치를 넣고 약한 불을 때면서 물레를 돌리면 누에고치에서 실(silk)을 뽑고 나면 번데기가 나온다. 동네 아이들이 다 모여 할머니 누에고치 뽑는 데 둘러앉아 할머니가 번데기를 젓가락으로 하나씩 골라주면 냉큼 받아먹는다. 고소한 맛이 정말 맛있었다.

6 상이군경 대책이 없다

6.25 전쟁 때 일선에 나가 전투를 하다가 부상을 입은 자가 적지 않았다. 어떤 사람은 다리를 절단하여 목발을 짚고 다니고, 어떤 사람은 한쪽 팔을 잃어 의수를 끼고 끝에는 손 대신 쇠갈고리를 붙이고 다녔다.

돈벌이를 할 수 없으니 생계를 유지할 수 없었다. 나라도 가난하였기 때문에 그들을 보살필 수가 없었다.

그들은 마지막 수단으로 거리에 나서게 되었다. 점포에 들어가서 금전을 요구하다가 점포 주인이 거절하면 행패를 부리기 시작한다. 가겟집 아주머니는 겁이 나서 주머니에서 쌈짓돈을 꺼내 집어 준다.

우리들이 많이 겪은 일이지만, 상이용사들이 기차에 올라타서 행인들에게 껌을 판다. 시중에서 500원 하는 것을 1,000원 달라고 한다. 행인들은 그들의 행패가 두려워 껌을 비싼 가격에 사 주었다.

공안 경찰이 있어 이들을 단속하고 있으나, 일시적이다. 공안 경찰도 단속이 어려우니 못 본 체하고 그냥 지나간다.

젊은 나이에 전쟁터에 붙잡혀 가서 팔다리를 잃었으니 얼마나 원통하겠는가! 하지만, 그때는 국민 모두가 어렵게 살고 있을 때이므로 상이용사들의 처지를 불쌍히 여기면서도 한두 번이 아니니 일반 시민들도 짜증이 나게 되어 그들을 기피하게 되었다.

세월이 많이 흘러 전쟁의 아픔도 조금씩 아물어 가게 되니 상이군인의 행패도 자취를 감추게 되었다.

7 통시 이야기

'통시'란 화장실의 방언이다. 주로 남부지방에서 그렇게 불렀다. '통시'는 이름도 가지가지였다. 변소 · 화장실 · 해우소(사찰) · 측간 · 작은집 · 먼데 · 통싀(제주도) · 똥뚜깐(충청도) · 뒷간(서울) 등이 있다.

뭘 그리 자랑할 거리가 없어 통시 이야기를 꺼내느냐고 말할지 모르나, 어느 귀공자라도 하루 몇 번씩 화장실에 들어가서 인사를 하고 나와야 하니 통시도 자랑거리가 될 수 있다.

태곳적부터 어느 나라에나 통시는 있었을 것이다. 그 통시의 발전이 한 나라의 경제성장과도 거의 정비례하였다.

내가 왜 지저분한 통시 이야기를 꺼내 속이 메스껍게 하느냐고 언짢아하실 분도 있을 것이나 그간 70년 사이에 통시의 발전과 더불어 우리나라가 얼마나 발전했는가를 자랑하려고 하는 것이다.

통시 이야기 1

지금도 농촌에는 통시가 집안에 없고 집 바깥에 있는 집이 많다. "화장실과 처갓집은 멀리 떨어져 있는 것이 좋다."라는 속담이 있다.

하지만 겨울밤에는 집 밖에 떨어져 있는 통시에 가기가 몹시 불편하였고 불안하기도 하였다. 그래서 요강이라는 통시 대용품을 만들어 머리맡에 두고 잤다. 요강은 철제로 만든 것도 있지만, 사기로 만든 것이 씻기가 편해서 널리 사용되었었다.

요강은 남녀 공용인데, 특히 여성들이 사용하기 편하게 만들어졌다. 어린아이는 대변까지도 보았다.

예전 통시의 모습

통시 이야기 2

그 옛날에 시골에 가면 통시 가는 일이 여간 불편하지 않았다. 휴지가 없었으므로 나뭇잎을 따서 화장지 대용으로 썼고 아니면 볏짚을 둘둘 말아 썼고 화장실 문이 없고 가마때기를 펴서 막아 놓았는데 일이 급하면 그 가마때기를 조금씩 뜯어 묶어서 엉덩이를 닦는 일도 있었다.

하나밖에 없는 그 통시를 온 가족이 함께 사용했다. 할아버지·할머니·아들·딸·손자·며느리 모두 함께 사용했다.

가마때기로 엉성하게 앞을 막았으니 속이 환하게 다 들여다보였다. 그래서 통시 앞에 가서 안에 누가 있나 헛기침을 하고 대답이 없으면 안으로 들어갈 수 있었다.

그 통시는 넓은 공간을 파 놓고 그 위에 널빤지로 깔아 놓고 용변을 볼 만큼 구멍을 뚫어 놓았다. 헛발 디디면 빠질 수도 있었다.

통시 안에 변이 가득 차면 두레박처럼 생긴 바가지를 긴 막대기에 묶어 변을 퍼서 똥 단지에 넣고 마개를 꼭 막은 다음에 지게에 지고 가서 밭에 골고루 뿌렸다.

그때는 화학비료가 없었기 때문에 이게 비료로서 큰 몫을 차지하였다. 이를 두고 어떤 유명 스님은 음식 먹고 → 똥 싸면 → 거름이 되어 → 다시 맛있는 채소가 되는 전통적인 자연순환의 법칙이라고 말했다. 솔깃한 말이다.

똥 단지를 짊어진 모습

통시 이야기 3

그때 서울 청계천에는 수많은 사람이 개천 따라 판잣집을 짓고 살았는데 그 많은 대소변을 어떻게 처리했을까?

개천을 따라 널빤지 또는 양철 조각으로 통시를 조촐하게 지어 놓고 거기서 대소변을 보면 그대로 개천에 떨어졌다. 사람들이 그 곳을 지나가기 힘들 정도로 구린내가 진동하였다.

하지만 여름에 장마가 한차례 지나가면 대소변이 확 씻겨 한강으로 내려가면 청계천은 말끔하게 되었다.

통시 이야기 4

제주도에서는 통시를 지을 때 돼지우리 옆에 지어 놓고 변을 보고 일어나면 돼지들이 몰려와서 통시를 말끔하게 청소하였다. 지금도 남아 있다.

서울 사람들은 그렇게 키운 제주도 ×돼지고기를 맛있다고 즐겨 먹는다. 제주도 ×돼지만 구워 파는 식당이 성황리에 영업하고 있다.

통시 이야기 5

6.25 전쟁 이후 경상도 · 전라도에서 살던 분도 서울로 많이 올라왔고, 월남동포들도 서울로 몰려왔다. 한꺼번에 너무 많은 인원이 몰려오니 주거할 곳이 많이 부족하였다.

산동네 · 달동네에 많이 들어가 간이 집을 짓고 살았는데, 잠자리도 구하기 어려웠거니와 통시를 갖춘 집은 찾기가 어려웠다.

그래서 거기에 사는 주민들은 몰래몰래 으슥한 곳을 찾아가 급히 용변을 보기도 했고, 아니면 뒷산에 올라가 용변을 보고 흙으로 살짝 덮고 도망치듯 내려왔다.

너무 많이, 너무 오랫동안 용변을 보아서 그쪽으로 걸어갈 수가 없었다. 실수를 해서 밟고 나면 그 냄새가 오랫동안 남았었다.

그때는 화장지가 따로 없어 신문지를 손바닥만 하게 잘라서 엉덩이 닦고 끝이었다. 팬티에 적지 않게 묻었을 텐데도 우리 어머니들이 빨래하면서 불평하는 소리를 한 번도 들은 적이 없다. 존경스러운 우리 어머니.

통시 이야기 6

그 옛날 우리 동네 어린이들이 성신여고 뒷산(Hello山)에 가끔 올라가서 이리 뛰고 저리 뛰고 재미있게 놀았는데, 한번은 내가 똥구덩이에 빠졌다.

그 구덩이는 산동네 사는 사람들이 거기에 용변을 보고 가득 차면 흙으로 슬쩍 덮어놓고 봄에 호박씨를 심어 놓으면 여름에 거기에서 큼직한 호박이 나왔다.

그 상태를 모르고 나는 뛰어놀다가 그 구덩이에 빠져 버렸다. 몇 달 동안 싸서 묻어 놓은 인분이기에 썩을 대로 썩어 고약한 냄새가 온몸에 배었으나 가까이 우물도 없고 개천도 없어 그 상태로 집에 왔는데 어머니께서 크게 나무라지도 않고 뒤처리를 잘해 주셨다.

그 냄새를 한참 동안 맡았으니 콧구멍에서 폐까지 들이찬 기분이었다. 70년이 넘었지만 지금도 그때를 생각하면 머리가 띵해 온다.

옛날이 그리워 얼마 전에 그곳을 찾아갔더니 그때의 흔적은 어디로 가고 없고 아파트만 가득 차 있더라.

통시 이야기 7

6.25 전쟁 이전에 서울 북부지역에서 수거한 분뇨를 분뇨 수거 마차(그때 우리는 '똥 구루마'라고 불렀다)에 가득 싣고 미아리고개 끝까지 올라가면 좌측으로 100m쯤 떨어진 곳에 분뇨처리장이 있었다.

그 마차가 미아리고개를 올라가려면 마부가 언덕 아래 전차 종점 부근에서부터 말을 채찍질해서 속도를 내어 고개를 올라갔다.

여름철에는 가끔 말이 올라가기 너무 힘들어 정상까지 올라가지를 못하고 뒤로 빠꾸(Back)을 하였다.

한번은 짐을 가득 싣고 내리막길을 빠꾸하여 마구 달리다가 균형을 잃어버리고 길가 상가 앞에서 뒤집어졌다. 분뇨가 마구 밖으로 쏟아져 상가를 덮친다. 그래도 상가주인은 군소리 한 마디 하지도 않고 청소하는 일을 도왔다.

요즈음 같으면 상가주인이 손해배상 청구를 한다는 등 괴롭힐 것이고, 손도 하나 까닥하지 않고 팔짱 끼고 서 있을 텐데, 그때는 그랬다. 세상이 이렇게 변했다.

8 도적 떼가 들끓었다

서울 시내에는 도적 떼들이 들끓었다. '목구멍이 포도청'이니 도적질 이외는 살길이 없다고 생각하는 놈팡이들이 적지 않았다.

- 다 헤진 헌 옷가지도 훔쳐 가고
- 장독대에 있는 된장 · 고추장도 퍼가고
- 먹다 남겨둔 밥도 훔쳐 가고
- 열차 안에 있는 의자 덮개(벨베트)도 잘라가고
- 쓰리꾼이 너무 많아 '눈 감으면 코 베어 간다'는 말까지 생겼다.

그만큼 당시의 궁핍함이란 말로 다 할 수 없었다.

- 구멍 난 양말도 천을 대어 꿰매 신었고
- 내의는 한겨울이 지나도록 벗지도 않고 빨지도 않고
- 대학생들은 교복 한 벌로 졸업할 때까지 입었고
- 목욕은 한 달에 한 번 하면 자주 하는 편이고
- 돈 많은 사람은 아들 군대 안 보내는 것이 정상이고
- 창녀들은 전국 도처에 우글거리고 있었고,

- 4년치 등록금만 내놓으면 깨끗한 졸업장도 주는 대학이 수두룩하였다. 논문 표절이란 웃기는 소리다.

9 자유 찾아 월남한 동포들

전쟁 중에는 인구이동이 많았다. 고향 찾아 북으로 가는 사람도 있고, 고향 찾아 남으로 가는 사람도 있었고, 밥벌이하러 객지로 떠나가는 사람도 있었다.

그중에 전쟁 전에 북한에 살다가 전쟁이 일어나 남으로 내려온 사람이 다수 있었다. 이들을 월남동포(越南同胞)라고 한다. 북한에서 억압받고 있던 지주들, 종교적 신념으로 공산주의가 싫었던 사람, 자유주의를 좋아하는 지식인, 북한 권력층으로부터 박해를 받던 인사, 원래 남한 출신인 사람 등등 이들은 각자 여러 가지 사정으로 남으로 밀려 내려왔다. 어떤 사람은 그냥 도망가듯이 야간도주를 해서 남으로 내려왔다. 대부분 공산주의 체제가 싫고 자유를 그리워하던 사람들이다. 대략 총 100만 명으로 추산한다.

이들은 갑자기 무작정 탈출을 했으니 남한에서 어떻게 살 것인가 하는 계획은 전혀 없었다. 군인을 따라 내려온 사람도 있고, 제 고향을 찾아간 사람도 있고, 특별한 연고를 가지고 있던 사람도 있었으나 거의 대부분 무작정 탈출해 나왔으므로 의탁할 곳이 없었다.

서울·부산·대구 등 큰 도시로 몰렸으나 거처할 집을 찾지 못하였다. 부산·대구 사는 원주민은 인심이 좋아서 처음에는 조금씩 도와주기도 하고 방 한 칸 헐값에 빌려주기도 하였으나, 차츰차츰 인원이 많아지니 이들을 수용할 수 없었고, 정부도 전혀 대책이 없었다.

서울로 온 사람은 청계천 주변, 후암동 주변, 영등포역 주변, 동대문시장 주변에 빈 공간만 있으면 거기에 다가 하꼬방(일본어로 상자라는 말)을 짓고 살았고, 그것도 되지 않으면 아무 곳이나 빈 공간만 있으면 허가도 받지 않고 마구잡이로 들어가 움막을 짓고 살았다.

이북에서 넘어온 사람은 생활력이 아주아주 강했다. 6.25 전쟁 전에는 서울에 냉면집이 없었는데, 이들이 평양식 냉면·함흥식 냉면을 만들어 팔았다. 후일 서울에서 제법 부자가 된 분도 있었다. 그때부터 지금까지 알뜰한 기업을 몇 대째 상속한 경우도 있다.

그들은 정치에 전혀 관심이 없었다. 정치논쟁을 하면 슬그머니 그 자리를 피했다. 그간 너무 혹독하게 당했기 때문일 것이다.

부산에도 많은 월남동포들이 광복동 국제시장을 통차지했고, 자갈치 시장에서 어판을 하는 분도 계셨다. 감만동에는 빈 공간이 많왔으므로 거기에 하꼬방을 짓고 옹기종기 모여 살았다.

이제는 월남동포 3대까지 내려오게 되어 이북 말을 강하게 쓰는 사람도 없고 그때처럼 구차하게 사는 사람도 없고, 미국 등 해외로 빠져나간 사람도 많다.

현재 제1세대는 거의 돌아가시고 없어 굳이 월남동포를 찾을 필요도 없게 되었다.

10 공산주의자는 모두 북으로!

8.15 해방의 기쁨이 채 가시기도 전에 우리나라 정치인들은 좌파·우파 나뉘어 싸움질만 하였다. 싸우지 말고 우리끼리 힘을 합쳐 독립 국가를 만들자는 우국 인사도 적지 않게 있었지만, 미국과 소련이 등 뒤에서 지켜보고 있는 이상 그런 우국 인사는 힘을 쓸 수가 없었다.

1945년 해방되고 5년 만에 북한이 남한을 적화통일하려고 남한을 무력으로 치고 들어오면서 전쟁의 도가니에 국민 모두가 빠지게 되었다.

일반시민은 좌 아니면 우, 우 아니면 좌, 어느 한쪽을 선택할 수밖에 없고, 중도파니 민족파니 독립파니 하는 말도 끄집어낼 수 없었다.

6.25 전쟁으로 좌·우는 선명하게 나누어지게 되었다. 북쪽은 좌, 남쪽은 우인 것이다. 중간층은 없어졌다. 지금 대한민국에서 좌파라고 하는 것은 극단의 우파가 Frame을 씌워 만들어 놓은 좌익일 뿐이다.

정전협정이 맺어지고 나니 그간 참혹했던 전쟁의 아픔은 하나씩 거두어지게 되는 것 같다. 전쟁 중에는 군인만 싸우는 것이 아니라, 민간인도 좌우로 나뉘어 죽이고 살리고 한몫했다.

인민군이 서울로 진입하자 일부 공산주의에 물들어 있는 사람들은 '고기가 물 만난 격'이었다. 깊이 감추어 두었던 인공기를 들고 인민군을 향하여 만세 부르는 사람도 있었고, 붉은 완장을 차고 거들먹거리는 사람도 있었다.

인민군이 남으로 쳐 내려갈 때는 그들이 세상 무서운 것이 없듯이 거리를 활보하고 다녔으나, 남으로 내려갔던 인민군이 서울로 다시 돌아오면서 북으로 후퇴를 하자, 그 거들먹거리던 사람들은 어느새 모두 자취를 감추었다. 상당수가 인민군을 따라 북으로 갔거나 그 이전에 이미 줄행랑을 놓았다. 서울은 아니 대한민국 안은 전쟁 덕에 좌익들을 깨끗하게 청소한 격이 되었다.

제7장

자랑스런 대한민국

第7장 줄거리

이 장에서는 우리의 자랑거리를 몇 가지 소개하려고 한다. 우리나라를 한두 번 다녀간 외국인들은 모두 한국이 살기 좋은 나라라고 칭찬을 아끼지 않는데, 어찌 우리의 삐뚤어진 몇몇 정치인만은 우리나라가 살기 힘든 나라라고 하면서 심지어는 "이게 나라입니까?" 하고 내뱉는지 알 수 없다.
우리나라는 불과 60년 전만 하더라도 국민소득이 겨우 $100도 되지 않는 가난한 나라였다. 하지만 지금은 너나 할 것 없이 자가용 승용차를 굴리고 다니고, 집집마다 TV · 냉장고 · 에어컨 등 가전제품을 다 갖추고 있고, 지금은 어느 집 아이가 밥 굶었다는 소리가 없고, 돈이 없어 학교에 가지 못하고 있다는 소리도 없다. 행복은 내 마음속에 있다. 자랑스러운 대한민국이다.

1 삼천리 반도 금수강산

우리나라는 삼면이 바다에 둘러싸여 있는 산 좋고 물 맑고 공기 깨끗한 보물단지이다. 우리나라 국토는 북쪽 끝에서 남쪽 끝까지 산과 강 그리고 들 모두 일 년 내내 하나같이 아름답다. 봄에 예쁜 꽃 피고 여름에 녹음 지고 가을에 단풍 들고 겨울엔 하얀 눈으로 덮인다.

세계는 넓고 크고 아름다운 곳도 많지만, 우리나라처럼 4계절이 뚜렷하고 번갈아 가면서 아름답지는 않다. 금강산 · 설악산 · 한라산 줄기에 놓여있는 기암절벽은 그 누가 만들었는지 감탄사가 절로 나온다.

우리나라는 미국처럼 허리케인 없고, 중국처럼 홍수 없고, 일본처럼 지진 없고, 아프리카 나라처럼 물 부족 없고, 남극 · 북극처럼 혹한 없는, 평화의 나라 · 고요의 나라이다.

우리나라 사람은 온순하고, 예절 바르고, 이웃사랑하고, 노래 좋아하고(요즘은 트로트가 난리친다) 슬픈 일을 당하면 같이 울어 주고 기쁜 일이 생기면 같이 즐거워하는, 정(情)이 넘치는 나라이다. 이보다 더 좋은 나라가 또 어디 있을까?

아! 대한민국, 삼천리 반도 금수강산 영원하라!

② 한강의 기적

우리나라는 짧은 기간에 기적 같은 경제성장을 이룩하였다. 불과 60년 전 1960년대 초만 하더라도 우리나라는 아시아 국가 중 필리핀·태국·인도네시아와 비슷하게 뒤떨어진 나라였다.

하지만 우리나라는 최저개발국가 → 저개발국가 → 개발도상국가로, 이제는 선진국 문턱까지 넘어섰다. 이는 우리 국민이 그간 피땀 흘려 이룩해 놓은 성과에 대한 결실이라고 할 수 있다.

우리 모두 기립박수! 대~한민국!

불과 70년 전 6.25 전쟁 전후해서 우리나라는 외국으로부터 원조를 받던 나라이었으나, 지금 우리나라는 어려운 나라에 원조를 주는 나라로 변모하였다. 우리나라가 1960년대 이후 이룩한 기적 같은 결과물은 헤아릴 수 없을 정도로 많다.

한강의 기적이라고 하는데 우선 눈에 띄는 것은 한강 위에 놓여있는 다리를 손꼽을 수 있다. 6.25 전쟁 때 한강 위에 놓여있는 한강인도교·광진교·한강철교를 철수하는 군대가 모두 끊어 버렸다. 서울 수복하여 끊어진 다리를 임시로 이어 외길로 지날 수 있었다.

1960년대에 들어와서 교통량이 늘어남에 따라 새 다리를 연이어 건설하여 지금은 한강 위를 지나는 다리가 무려 27개·철교가 4개가 건설되었고, 그것도 모자라 한강 밑으로 Tunnel을 뚫어 전철이 지나가고 있다.

여름밤에 한강 변을 산책하다 보면 그 다리에 가설해 놓은 휘황찬란한 네온 장식이 밤새 비춰 주고 있다. 파리의 에펠탑 근처 다리에 장식해 놓은 네온사인이 으뜸인 줄 알았는데 한강 다리에 수놓은 장식은 그보다 훨씬 찬란하다.

제2차대전이 끝나고 세계의 모든 나라는 각기 전쟁의 아픔을 딛고 경제부흥을 일으키려고 안간힘을 다 들였다. 미국과 러시아를 제외하면 거의 모든 나라는 전쟁으로 인하여 생활 터전을 잃고, 가난에 허덕이고 있었다.

그 후 독일은 패전 국가임에도 불구하고 일찍이 전쟁 복구를 끝내고 경제부흥을 일으켜 '라인강의 기적(Das Wunder am Rhein)'을 이루었다.

우리나라도 해방 후 6.25 전쟁을 거치면서 온 나라가 상처투성이였는데 그 후 온 국민이 피땀 흘리고 일해서 아시아의 4마리 용(홍콩 · 싱가포르 · 타이완 · 대한민국)이 되었고, 계속해서 빠른 성장을 해서 한강의 기적(Miracle on the Han River)을 이루었다.

1960년대까지는 전쟁으로 인한 상처를 치유하는 데 그쳤고, 그 이후 한일 국교 정상화, 월남전쟁 참가 등으로 외화를 받아들이고 정부의 수출장려정책으로 세계시장으로 발을 뻗쳐 연평균 8.5%의

높은 성장을 이룩하였다.

가난을 벗고 산업화를 이루었고, 뛰어난 기술혁신을 이루었고, 엄청나게 새로운 생활수준의 향상을 이룩하였다.

이제는 G20의 회원국이 되었고, OECD의 회원국이 되었고, 2021년 G7회의에 문 대통령이 초청받아 앞자리에 앉아 회원국들의 따뜻한 환영을 받았고, 멀지 않아 정회원이 될 것을 기약하였다.

2020년에는 원조를 받던 국가가 원조를 주는 국가로 변모하였다. 특히 Corona-19가 세계적으로 번지고 있는 때에 우리나라가 방역에 앞장서 검사 시료를 서둘러 만들어 세계 각국에 보급하였고, 품질 좋은 마스크도 제작해서 나누어 주어 방역에 많은 도움을 주어서 세계 각국으로부터 칭송을 받았다.

얼마 전 미국의 U.S NEWS가 세계 10대 강국(Most Powerful Counties)을 발표하면서 우리나라가 최빈국에서 선진국으로 도약했다고 발표하였다.

참고로 세계 10대 강국을 보면

1위 USA : 국가의 힘 · 강력한 군대

2위 Russia : 강력한 군대, 무기 수출국

3위 China : 시장경제 기반 구축

4위 Germany : 자동차 수출국, 1990년 통일
5위 England : London 국제 금융 도시
6위 France : 풍부한 문화유산 · 관광자원
7위 Japan : 교역 강국
8위 Israel : 전 국민의 단결력 · 국방력
9위 Saudi Arabia : 전 세계 석유공급량의 1/4 차지
10위 Korea : 선진국으로 도약

유엔 산하 국제기구인 UNCTAD(UN 통상개발회의)에는 195개 회원국이 있는데 이를 A, B, C, D 4개 Group으로 나누고 있다.

A Group(99개 회원국)은 Asia · Africa에 있는 저개발국
B Group(31개 회원국)은 선진국
C Group은 중남미 국가
D Group은 러시아 및 동구권 국가

우리나라는 1964년 제2차 회의에 처음 참석하면서 저개발국가 모임인 Group A에 분류되었다. 어떤 기준으로 분류하느냐 하면 각국이 스스로 선택해서 선언(Declare)하면 해당 Group으로 분류되었다.

2021년 7월 2일, 이 회의에서 처음으로 한국을 A Group에서 B Group으로 옮기기로 의결하였다.

야호! 우리나라가 스스로 선언한 것이 아니라 이 회의에서 공식적으로 만장일치 의결을 하였다.

A Group · B Group의 차이는 선진국 · 후진국으로 나뉘는 것을 넘어서 '원조받는 국가'에서 '원조 주는 국가'로 바뀌는 것이다.

3 전 세계가 깜짝 놀랄 전자산업

2022년 1월 5~7일까지 미국 Las Vegas에서 CES22(Consumer Electronics Show)가 열리었다.

이 전시회는 1967년 뉴욕에서 처음 개최된 이후 계속 발전을 거듭하고 있다. 우리나라 가전업체는 이번 전시회에 무려 292개 업체가 참여하였다.

삼성전자는 99형 Micro LED · 98형 QLED TV 갤럭시 S21을 출품하였고 LG전자는 세계에서 가장 큰 OLED TV를 선보였다. 현대자동차는 미래 모빌리티 기술을 내놓았고 현대모비스는 미래 모빌리티 플랫폼을 내놓았다.

수많은 외국 참가자들이 우리나라 가전산업의 기술을 보고 감탄하였고 곧 많은 수주가 이루어질 것으로 예상하고 있다.

1) 초고속 Internet

언제부터인지는 알 수 없으나 나도 하루에 2~3시간을 PC 앞에 앉아 Internet을 검색하면서 시간을 보내고 있다. 단시간 내에 내게 필요한 여러 가지 정보를 얻을 수 있다. 새로운 뉴스가 실시간으로 나온다. 이제는 종이신문이 필요 없게 되었다.

Internet은 우리나라뿐만 아니라 전 세계 각국이 이용하고 있으나 우리나라의 것이 가장 빠르다는 것이 자랑거리가 된다. 3초를 넘기면 사용자는 신경질을 부린다. 조금만 더 있으면 눈 깜박할 사이에 화면이 뜰 것 같다.

Internet을 이용하여 증권 시황을 실시간으로 볼 수 있다. 증권전문가라면 집에 앉아서 순식간에 수백만 원, 수천만 원을 벌 수도, 잃을 수도 있을 것 같다.

Internet을 이용하여 중국에 있는 모르는 사람과 바둑을 실시간으로 둘 수도 있다.

Internet을 이용하여 각종 스포츠를 볼 수 있다. 하루 동안의 각 팀의 성적을 한눈에 볼 수 있다. 나는 손흥민의 축구와 류현진의 야구와 김연경의 배구를 하루도 빠지지 않고 Internet을 통해 즐기고 있다.

요즘 PC방이 여러 곳에 생겨 젊은이들이 밤새워 게임을 하고 있는 실정이다. 이런 사실을 두고 우리는 그냥 방치해야 할 것인가 하는 걱정이 생겼다. 젊은이들의 건강 특히 시력보호를 위해 그 어떤 대책을 찾아야 할 것 같다.

2) Smart Phone

이제는 전 세계 모든 사람들, 노인 · 학생 · 어른 · 어린이 할 것 없이 Smart Phone을 이용하고 있다.

전철을 타고 보면 나 빼고 거의 모든 승객이 Smart Phone에 열중하고 있다. 새로운 정보도 얻을 수 있고, 화상통화도 할 수 있고 광고로 나오는 상품을 사기도 하고, 젊은 직장인들은 재미나는 게임도 즐기고 있고 최근에는 지능범검거에 일조도 하고 있다.

이렇게 소중한 Smart Phone을 우리나라 삼성 · LG · SK에서 만들어 엄청나게 해외로 수출해 억수로 외화를 벌고 있다는 것은 그냥 놀랄 일이 아니라 까무러칠 일이다.

그 옛날 삼성의 이병철 회장이 일본에 건너가 몇 달 동안 호텔에서 밤새워 IC 전문 서적을 읽고 연구하고 전문가의 자문을 듣기도 하여 국내에 돌아와 삼성 사원들에게 전자 관련 책을 한 권씩 나누어 주고 각자 연구해서 공장 설립 추진계획을 보고하라고 했다. 여기서부터 삼성 Smart Phone을 비롯하여 각종 전자제품이 세계를 석권하게 되었다.

3) 드론(Drone)

드론은 조종사가 탑승하지 않고, 무선전파 유도에 의하여 비행할 수 있는 기기이다. 드론은 고공 영상 · 사건 사고 촬영 · 택배 · 농약 살포 등 다양하게 이용되고 있다.

최근에는 드론 택시까지 거론되고 있고 농촌에서는 농약 살포용으로 개발되어 많은 농민이 한참 교육을 받고 있고, TV 화면을 보면 드론으로 촬영한 영상이 자주 나오고 있다. 〈나는 자연인이다〉를 보면 드론이 촬영한 산속 깊은 골짜기가 생생하게 보인다. 드론은 도주하는 범인을 검거하는 일까지 하고 있고, 머지않아 냉면 · 자장면을 농촌일터에 배달할 날이 올 것 같다. 최근에는 여러 대의 드론으로 고층 건물화재 진압을 할 수 있게 되었다고 한다.

우리나라에서의 드론 보급은 아직 두각을 나타내지 못하고 있는 실정이다. 무엇보다 개인의 사생활 침해와 안보 문제로 인하여 개발이 지연되고 있으나, 하루가 다르게 발전하는 드론을 막을 길은 없다.

＊ 깜짝 뉴스

북한 Drone 5대가 2022년 12월 26일 군사분계선을 넘어왔다. 그중 한 대는 서울 상공을 몇 시간 동안 헤집고 날아다니면서 무슨 작란을 했는지 알 수 없지만, 우리 군은 그중 한 대도 떨어뜨리지 못하고 모두 북한으로 되돌려 보냈다.
이런 섬뜩한 일이 일어났지만 국방부는 말 바꾸기만 계속하고 있고, 정치인들은 입방아만 찧고 있다.
이 Drone이 무시무시한 무기로 돌변할 수 있다는 것을 입증하는 사례이다.
Drone은 이미 1982년 이스라엘-레바논 전쟁에서 쓰였고, 최근 러시아 · 우크라이나 전쟁에도 쓰이고 있다.
요놈은 제작하는 데 비용이 적게 들고, 누구나 몇 시간만 배우면 쉽게 사용할 수 있다는 점이 장점이자 단점이다.

4) 전자기기의 발달

전자기기의 이용은 TV · 냉장고 · 에어컨 · 전자레인지 등의 보급으로 그치지 않고, AI 로봇이 나날이 달라지게 개발되고 있고 이제는 자동차 · 선박 · 항공기 · 건설기기 · 공장설비 자동화로 확대되어 2021년 현재 자동차에 쓰이는 전자기기가 보급되지 않아 자동차 생산에 차질을 가져왔고 국제적 분쟁이 일어나고 있고, 선박 · 항공기 등도 생산에 큰 영향을 끼치고 있는 실정이다.

그 큰 선박이 어느 정도 전자화되느냐에 따라 수십조짜리 선박 수주에 가늠자가 되고 있다.

북·미 간에 핵무기 개발을 두고 다투고 있으나, 좀 더 기다리면 그것들이 고철 덩어리로 남을 수도 있게 되었다. 제아무리 고성능의 미사일을 개발해서 실전에 사용하더라도 전자기술의 발달로 미사일을 쏘지 못하게 할 수도 있고, 쏴 봤자 공중에서 분해될 가능성도 있다.

4 기적을 이룬 조선강국(造船强國)

우리나라가 조선강국이 될 것이라고는 꿈도 꾸지 못할 그때 현대건설 정주영 회장은 울산에 조선소를 세울 계획을 세웠다.

자금도 없고, 기술도 없고, 경험도 없고, 땅도 없는 상황에서 감히 조선소를 건설하겠다는 허황한 계획을 세웠다.

조선소를 지을 땅은 정부가 지원해 주기로 했으나 다음으로 자금을 구하러 영국의 Burkley 은행을 찾아갔다. Burkley 은행 측은 한국이 기술도 뒤떨어지고 그간 실적도 없지 않냐고 하면서 싸늘한 반응을 보였다.

이때 정주영 회장은 "우리나라는 이미 1400년에 거북선을 만들어 일본과의 실전에서 크게 승리를 거두었다."라고 하면서 지폐에 그려진 거북선을 보여 주었다.

이 협상에서 난관을 뚫고 성공을 거두어 울산에 조선소를 건설하기에 이르렀다.

이 이야기는 정 회장이 여러 곳에서 여러 번 자랑삼아 말해서 우리는 익히 알고 있다.

내가 그 무렵 울산조선소를 방문하였는데, Gorirah Crane이 넓적한 철판을 자석의 힘을 이용해 끌어올려 옮기는 것을 보고, 그 순간 만약 전기가 끊어지면 철판이 뚝 떨어지게 될 것 같은 그런 일이 발생하면 어쩌나 하고 쓸데없는 걱정을 하고 있었다.

공사 현장은 온통 질퍽질퍽한 맨땅이기 때문에 장화나 군화를 신고 들어가야 했다. 그때 정 회장은 수시로 현장에 와서 작업하는 것을 지켜보고, 마음에 들지 않으면 회사 간부도 구둣발로 조인트를 깐다는 이야기도 곁들었다.

이렇게 시작한 울산 현대조선소가 나날이 발전하여 세계 굴지의 조선소가 되었다. 우여곡절 끝에 1972년 2월 처음으로 현대건설은 그리스의 해상왕 오나시스의 둘째 아들이 경영하는 Livanos 선박회사로부터 26만 톤급 초대형 원유운반선 2척에 대한 수주계약을 체결하였다.

대규모 조선소를 건설할 때는 Dock을 함께 만들면서 선박을 건조한다. 1974년 6월 조선소 1단계 공사인 1호 · 2호 Dock을 완공하였고, 그해 12월에 수주받은 유조선을 건조하여 Livanos 사에 인도하였다. 이렇게 시작된 한국 조선업은 1990년대와 2000년대까지 매년 세계 1위의 자리를 유지하고 있다가 그 후 중국의 저가수주정책에 밀리어 중국에 1위 자리를 13년간이나 내어 주고 있었다. 하지만, 중국에서 건조한 선박에 여러 가지 결함이 나타나 어떤 경우에는 취항한 지 1년도 지나지 않아 폐선하게 되는 불상사가 일어났다.

그리하여 한국 조선은 다시 1위 자리를 되찾게 되었다. 하지만, 그때 마침 IMF 금융위기가 와서 수출입 물량이 줄면서 선박 수주량도 크게 줄게 되어 우리의 조선업도 큰 타격을 받게 되었다. 그때 울산·부산에 수없이 깔려 있던 소규모조선소와 하청업체들이 줄도산하고, 수많은 실직자도 생겼다.

그러나 위기를 기회로 잡은 우리 조선업계는 Corona-19 대유행 시기에도 전 세계 187개 선박 수주량 가운데 42.6%를 차지하게 되었다. 우리의 뒤를 이어 중국이 31%, 일본이 12%를 차지하였다.

근년에 들어와 친환경 선박의 선호도가 높아지면서 저탄소 선박 수주에 있어서 우리 조선사가 당당하게 앞서고 있고, 또한 자율주행 선박 수주가 늘어나는 상황에서 우리나라 조선업계는 IT를 이용한 핵심기술 개발에 앞장서 나날이 발전을 거듭할 수 있을 것으로 기대하고 있다.

5 막강한 우리의 군사력

총체적으로 우리의 군사력은 세계 7위라고 한다.

1위 미국, 2위 소련, 3위 중국, 4위 인도, 5위 프랑스, 6위 일본 그리고 7위 한국이고, 북한은 28위이다.

한국의 육군은 세계 3위이다. 우리나라 자체 기술로 개발한 K-9 자주포는 세계 최고의 것이다.

그간 Turkey · Poland · India · Finland · Norway · Estonia 등 국가에 다량 수출하였다. 2021년 12월 문재인 대통령이 호주를 방문하면서 1조 원이 넘는 금액의 자주포 K-9 등 군사 장비를 수출하는 큰 성과를 거두었고, 연이어 문 대통령은 중동지역 Egypt를 방문해 자주포 K-9 수주를 성사시켰다. 자주포 1문의 가격은 약 40억 원이라고 알려져 있다.

한국의 해군력도 막강하다고 하지 않을 수 없다. 세계 최강의 공격력을 갖춘 이지스함을 가지고 있고 전술적으로 뛰어난 항공모함도 건조 중인 것으로 알려져 있다.

한국의 공군력은 세계 10위이다. F-15, F-16, F-35A 등 전투기를 보유하고 있고, 우리의 미사일 화력은 세계 5위이다. 현무 3C라는 미사일을 보유하고, 적군이 쏘는 미사일도 그 궤도를 식별하고 요격할 수 있는 능력을 갖추고 있다.

아들 자랑·딸 자랑 다 좋지만, 국방력은 자랑거리가 아니다. 그만큼 국민의 혈세가 날아가기 때문이고 젊은이들의 희생을 강요하기 때문이다.

매년 40조 이상의 혈세가 들어가고 있고 60만 젊은이 병력을 유지해야 하기 때문이다.

지난날 우리는 일본의 약탈을 경험했고, 피비린내 나는 6.25 전쟁으로 인하여 수십만 명의 인명을 잃게 되었었다. 또다시 전쟁이 일어난다면 어떻게 될 것인가 상상만 해도 소름이 끼친다.

앞으로 전쟁이 한반도에서 일어난다면 한반도 전체가 사라질 우려가 있다.

남한은 누가 뭐라고 떠들든 절대 선제공격을 할 의지가 없다는 것을 우리 국민은 다 알고 있다. 북한도 지난 6.25 전쟁처럼 공격해오기는 어려울 것이다. 지금의 우리 군사력은 6.25 전쟁 때와는 비교할 수 없을 정도로 어마어마하다는 것을 북한도 잘 알고 있을 것이다. 하지만, 전쟁이 우리나라에서 다시 일어날 것인가, 아닌가는 아무나 예측할 수는 없다. 전쟁의 단초(端初)는 예상 밖에서 일어날 수 있기 때문이다.

우리나라에서 절대로 전쟁이 일어나지 않을 것이라고 말 한마디만 하면 누리꾼들이 벌떼처럼 덤벼든다. 그러니 위정자들은 전쟁이 일어날 가능성을 항상 염두에 두고 면밀하게 준비하는 것 같다. 애처롭고 한심한 일이다.

6 세계 제일의 지하철

지하철에서 쏟아져 나오는 젊은 청년 남녀를 보면 누가 뭐라 해도 우리나라는 희망이 있다. 1974년 8월 15일 서울에 제1호 지하철이 개통되었다. 서울의 교통난 해소를 위하여 지하철을 건설키로 하고 첫 단계도 서울역에서 청량리까지 가는 제1호 노선이 완공되었고 계속 공사가 이어져 서울에만 11개 노선이 생겼으며 앞으로 더 많은 지하철이 생길 것으로 예상된다.

서울 이외 인천·부산·대구·광주·대전에서도 지하철이 생겼다.

전 세계에서 지하철이 처음 건설된 곳은 영국 London이며, 현재 세계에서 첫째가는 전철은 미국 New york이라고 한다.

우리나라 지하철은 선진제국보다 늦게 건설되었기 때문에 선진국의 선례를 보고 보다 나은 지하철을 건설할 수 있었다. 외국인이 우리나라 지하철을 타 보고 하나같이 한국의 지하철이 세계 제일이라고 칭찬한다. 우리나라 지하철의 자랑거리는 아래와 같다.

① 지하철 요금이 외국에 비해 싸다. 외국에는 경로우대, 학생할인 등도 없다.

② 외국의 오래된 전철보다 너무 깨끗하다.

③ 노약자 · 장애인 · 임산부를 위한 좌석이 따로 있다.

④ 시각장애인을 위하여 출입구부터 차량 진입구까지 바닥에 마크가 있다.

⑤ 4계절에 따라 에어컨이 가동된다.

⑥ 의자에도 난방이 된다.

⑦ 응급조치 시설이 마련되어 있다.

⑧ 안전을 위하여 스크린도어가 설치되어 있다.

⑨ 차량 입구에는 차량 도착 시간이 실시간으로 표시되고 차량 안에는 통과지점과 도착지점이 방송된다.

⑩ 안내방송이 영어 · 중국어 · 일본어도 방송된다.

⑪ 대부분의 차량 안에서 WiFi 사용이 가능하다.

⑫ 차량 안에 소형 TV가 설치되어 있다.

⑬ 외국인도 지하철 이용에 불편이 없다.

⑭ 지하철역 안에 화장실이 설치되어 있다.

⑮ 지하철역 안에 편의점 · 잡화점 · 제과점 등이 있다.

⑯ 환승을 무료로 할 수 있다.

⑰ 모든 곳에 조명이 잘되어 있다.

⑱ 지하철노선과 운행 시간을 Smart phone으로 알 수 있다.

⑲ 지하철요금을 카드로 결제한다.

⑳ 응급조치를 외부에 쉽게 요청할 수 있다.

㉑ 지하철 시설은 비상시 방공호로 사용할 수 있다.

㉒ Walking Road가 여러 곳에 설치되어 있다.

㉓ 자전거도 가지고 탈 수 있다.(노선에 따라)

㉔ 지하 통로에 자판기가 여러 곳에 놓여 있다.

㉕ 출입구가 곳곳에 표시되어 있다.

7 Sports 강국

1) 올림픽의 꽃, 마라톤

우리나라는 8.15 해방 이후 1948년 제14회 올림픽이 London에서 열릴 때 처음 참가한 이래 1988년 제24회 올림픽을 서울로 유치하여 성대하게 개최하였다. 전 세계 160개국이 참가하여 올림픽 사상 최대 규모였다.

미국 선수 615명, 소련 선수 514명 등이 참가하여 힘을 겨루어 그 결과 소련이 금 55개, 동독이 금 37개, 미국이 금 36개, 우리나라는 금 12개를 따내 종합순위 4위를 차지하였다.

올림픽의 꽃은 대회 마지막 날 개최되는 마라톤이다. 1936년 일제강점기에 베를린올림픽에서 손기정 선수가 비록 일장기를 달고 뛰었지만, 그는 분명 조선 사람으로 우승을 하였다. 8.15 해방 이후 1947년 제51회 Boston 마라톤대회에서 서윤복 선수가 우승을 하였고, 이어 1950년 제54회에서는 함기용이 우승, 1992년 바르셀로나 올림픽에서 황영조가 우승을 함으로써 우리나라가 마라톤 강국임을 전 세계에 다시 한번 알리었다. 1996년에는 이봉주 선수가 애틀랜타 하계올림픽에서 은메달을 따고, 그 이후 계속해서 메달 사냥을 했다.

2) 2018년 평창 동계올림픽

우리나라는 2018년 평창에서 동계올림픽을 개최하였다. 이 대회에 북한 선수들이 참가하여 남북한 선수들이 한반도기를 함께 들고 동시입장을 하였고, 여자 아이스하키팀은 남북한이 단일팀을 구성하여 함께 뛰었고, 북한은 많은 인원의 응원단과 예술공연단을 파견하여 관중들의 열렬한 환영을 받았다. 운동경기를 통하여 남북이 화합하는 좋은 모습을 보여 주었다.

이 대회에서 별로 관심을 끌지 못하던 여자 컬링 경기가 의외로 최고의 인기를 끌었다. 경기 도중 선수들이 "김아, 김아", "영미, 영미" 외치던 소리가 우리의 뇌리에 오랫동안 남았다. 이 여자선수들이 마늘 고장인 시골 경북 의성에서 왔다는 사실은 너무나 의외의 일이었다. 일본을 이기고 Sweden에 져서 준우승에 그쳤지만, 금메달 부럽지 않은 경기를 보여 주었다.

이번 평창 동계올림픽에 우리나라는 146명의 선수가 참가하여 금 5개, 은 8개, 동 5개를 획득하여 종합 7위를 차지했다. 이번 경기 개·폐회식 때 드론을 띄워 형형색색의 상상을 초월하는 영상을 보여 주어 우리나라가 IT강국임을 다시 한번 보여 주었다.

3) 2020년 동경 하계올림픽

Corona-19로 인하여 동경올림픽이 우여곡절 끝에 1년 연기되어 2021년 7월 23일~8월 8일까지(17일간) 개최하였다. Corona-19로 인하여 무관중 형태로 치러지게 되었다.

우리나라는 지금까지 동계·하계올림픽에서 여러 차례 10위 안에 있었는데, 이번에는 금메달 6개, 은메달 4개, 동메달 10개, 합계 20개, 종합순위 16위로 떨어지자 많은 국민이 실망하게 되었다.

전 세계 200여 나라가 경쟁해서 16위에 오른 것도 대단한 일이지만, 지금까지 10위 안에서 돌다가 1984년 이후 37년 만의 최저 수준 16위로 떨어지니 국민 모두 실망하는 눈치이었다.

하지만, 여기서 끝나는 것이 아니고 2024년 Paris 대회가 있고 연이어 올림픽은 개최될 것이니 분발하면 좋은 성적이 나올 것이다.

4) 양궁

대한민국 양궁은 경북 예천군 출신 여자 궁수 김진호부터 시작되었다.

김진호는 예천여중 재학 중 양궁을 시작하였고 예천여고 재학 중 국가대표로 선발되어 1979년 Berlin에서 열린 세계양궁선수권대회에서 30m, 60m, 90m 개인종합, 단체전을 석권하며 5관왕에 올라 그때부터 우리나라 양궁이 국제무대에서 두각을 나타내기 시작했다.

그 후 1983년 Los Angeles에서 열린 세계선수권대회에서 다시 5관왕에 올랐고, 1986년 서울 아시안게임에서 3관왕에 오른 후 김진호는 현역에서 은퇴하였다. 김진호는 여고 시절과 대학 시절 한 번씩 로빈 후드 애로(Robin Hood Arrow, 화살 뒤에 꽂힌 화살) 기록을 가지고 있다.

김진호가 양궁훈련을 받고 세계적인 양궁선수가 되도록 한 근거지는 경북 예천여자중학교이다. 현재 한국 양궁의 메카로 알려진 예천에는 새로운 지명으로 양궁장길이 생겼고, 예천 진호국제양궁장도 세워져 있다. 하지만, 세월이 흘러 이 양궁장이 낙후되어 가고 있다는 안타까운 소식도 있다.

2021년 동경 하계올림픽에서 예천 출신 고등학교 2학년 어린 선수가 금메달을 땄다. 예천이 양궁 메카인 것이 입증되었다. 남자단체전에서도 일본 · Taipei를 꺾고 우승하였다. 이번 동경올림픽에서 양궁 종목에서 금메달을 따지 못했다면 우리나라 전체가 국제 망신을 당할 뻔했다.

양궁은 우리나라가 세계의 으뜸이라는 것이 각종 대회를 통해 널리 알려져, 세계 각국에서 우리나라 양궁지도자를 초청하고 있다. 지금 현재 약 30여 개 나라에 우리나라 지도자들이 파견되어 있다.

5) 축구(Foot Ball)

영국은 오래전에 많은 식민지를 차지하고 제일 먼저 하는 일이 도로를 건설하는 일이고, 다음으로는 널찍한 축구장을 만드는 일이었다. 영국인은 밥은 한 끼 굶어도 축구 시합은 구경해야 할 만큼 국민 모두가 축구 팬이다.

현재 영국에는 4개 리그가 있고 손흥민은 1부 리그에 속하는

Tottenham 팀의 주장으로 활약하고 있다.

손흥민이 찬 볼이 보이지 않는다. 자세히 찾아보니 골키퍼의 가랑이 사이로 쏙 빠져 골인이 되었다. 손흥민의 주특기이다.

2002년 우리나라에서 World Cup 경기를 개최하여 대한민국이 4위를 차지하면서부터 우리나라 축구는 세계에 알려지기 시작했다.

축구 강국은 영국·독일·스페인·브라질 등이 있으나 동양권은 항상 등수 외였다. 하지만 2002년 우리나라 축구가 세계 4위를 차지한 이후에는 동양권에서도 축구 열기가 일어나 많은 나라에서 축구붐이 일어났다.

우리나라가 World Cup 경기에서 우수한 성적을 보여 주자 세계 각국에서 우리나라 우수선수를 선발해 갔다.

World Cup 때 활약한 박지성·안정환·홍명보 등 많은 축구 레전드들이 세계 각국의 축구팀에 선발되어 가서 활약하고 있다가 2022년 현재에는 대부분 귀국해서 축구지도자의 역할을 하고 있다.

현재 진행형인 레전드 손흥민은 아직 끝을 보이지 않고 언제까지 돋아날지는 알 수 없는 상황이다.

지구촌 대축제인 2022 Qutar World Cup 대회가 2022년 11월 20일부터 12월 18일까지 Qutar 수도 도하에서 사상 처음으로 중동지역에서 열렸다. 개회식에는 우리의 방탄소년단 정국이 Qutar 가수와 함께 월드컵 주제가를 불렀다.

우리나라 태극전사팀은 피나는 경쟁을 거쳐 가나전 2:3(패). 우루과이전 0:0(무), 호날두가 속해 있는 포르투갈팀을 2:1(승)으로 격파하면서 8강전에 들어가게 되었으나 우승 후보팀 브라질을 만나 4:1로 패하고 대장정의 막을 내렸다.

6) 야구

야구 하면 미국과 남미이다. 그간 우리나라는 구기 종목에서 우수한 성적을 나타내지 못하고 있다가 경제가 나아지면서 Sports에 대한 관심도, 인기도 높아졌다. 야구는 넓은 공간이 필요하고 특별한 시설을 갖추어야 하는 동시에 우수한 선수들이 있어야 하는데 그간 우리나라에서는 야구에 대하여 큰 관심을 가지지 못하고 있었다. 고작 고교야구로 즐길 수밖에 없었다. 야구의 명문고는 경기고 · 경동고 · 선린상고 · 덕수상고 · 제물포고 · 경북고 · 경남고 · 광주일고 등이었다.

1982년 프로야구단이 창설되면서 야구팬들도 많이 생기고 선수들의 기량도 많이 향상되었다. 그때 창단된 구단은 OB BEARS, 해태 Tigers, MBC 삼미, 삼성 Lions, LOTTE Giants, LG Twins, 한화 Eagles 등이었다.

마운드의 영웅 박철순은 1982년 OB BEARS의 투수로 등장하여 한 시즌 동안 22연승을 기록하는 기적을 이루었고 그의 활약으로 프로야구 원년에 OB는 우승을 차지했다.

2008년 북경올림픽에서 기적이 일어났다. 강호 미국 · 쿠바 · 일본을 제치고 우승을 하여 세계 야구팬들을 깜짝 놀라게 했다. 미국을 8:7로 간신히 누르고 일본과는 계속 지고 있다가 마지막 이승엽 선수의 홈런 한 방으로 역전승을 거두었다. 결승에 가서는 쿠바와 숨 가쁜 경기를 펼치다가 3:2로 승리를 거두어 처음으로 올림픽 대회에서 우리나라 야구가 우승을 차지하게 된 것이다

현재 Canada Toronto 팀에서 투수로 맹활약을 하는 류현진 선수는 우리의 기대에 어긋나지 않게 잘하고 있다. 한동안 어깨 부상을 입고 쉴 때는 우리 모두 안타까워했다. 그의 건승을 빈다.

7) 여자배구(Lady's Volleyball)

수년 전 동양에서 여자배구는 일본을 따라갈 수 없었다. 매년 새로운 기술을 가지고 나타나 다른 나라 여자배구 선수들이 따라갈 수 없었다. 2021년 동경올림픽에서 여자배구팀은 맞수 일본을 누르고 터키도 누르고 메달 문턱에 이르렀으나 강호 Brazil 팀을 이기지 못하여 4위에 머물러 No Medal이 되었다. 그러나 우리 국민은

그들에게 안타까움을 표할 뿐이지, 비난을 하지는 않았다.

나는 여자배구선수 김연경이 Turkey 액자시바시팀에서 Setter Nootsara(현재 태국 현역선수)가 띄워 주는 볼을 때려 득점을 해서 마침내 그 팀이 Turkey 정기리그에서 우승을 하는 것을 보고, 그날 이후 내가 여자배구를 즐겨 보는 계기가 되었고, 확실한 팬이 되었다.

김연경 선수는 국제배구연맹(FIVB)에서 뽑은 2021년 여자 최우수선수로 뽑혔다.

8) 우리 딸도 골프시키자

우리나라에 골프가 들어온 것은 오래되었지만 그간 골프는 남성들의 전유물처럼 여겨져 오다가 여성 골퍼들이 세계대회에 나가서 좋은 성적을 나타내자, 오히려 남성 골퍼들은 위축되어 가고 있고 여성 골퍼들이 인기몰이를 하고 있는 실정이다.

우리나라 여성 골퍼가 미국의 LPGA 대회에서 연거푸 1, 2, 3등을 모두 차지하자, 미국 여성 골퍼들이 흥미를 잃고, 그 나라 선수가 감소하게 되었다는 좋지 않은 여론이 일어나자 대책을 찾는다고 했는데, 그 결과는 신통치 않고 오늘날까지 Korean 미녀 골퍼들은 승승장구하고 있다.

한국이 골프 종주국도 아니고 여성들이 골퍼로서 진출한 역사도 얼마 되지도 않는데도 불구하고 LPGA에서 한국 여성이 우수한 성적을 계속 나타내고 있다.

박세리가 1998년 연못가 해저드에 떨어진 공을 맨발로 연못에 들어가 볼을 쳐 낸 것도 우리 Sports인들의 강인한 성격과 용기를 잘 나타냈던 것이다.

2021년 동경올림픽에 우리 골퍼들이 대거 출전했으나 불행하게도 악재가 겹쳐 메달을 차지하지 못하였다. 그래서 다소 비난의 소리가 들려오지만, LPGA 여성 골퍼는 아직도 건재하다. 그래서 한국 어머니들은 딸들을 골프선수로 만들자는 욕심을 감추지 못하고 있다.

9) 피겨 스케이팅

김연아 선수는 2010 밴쿠버 동계올림픽에서 세계신기록을 세우면서 금메달을 획득하였다. 2014년 소련 땅 소치에서 열린 동계올림픽에서 주최국의 횡포에 눌리어 금메달 놓치고 은메달을 땄다. 오심인 것이 분명한데….

피겨스케이팅 여자 싱글 부문에서 최초로 올포디움(all podium)이라는 대기록을 세우기도 하였다.

10) 태권도

우리나라에서 유일하게 개발한 운동경기 종목의 하나이다. 태권도는 올림픽 정식종목으로 채택되었으며 태권도의 인기는 세계적으로 뻗어 나가고 있다.

6.25 전쟁 중 사회 전체가 공포 분위기였는데, 자기 호신을 위하여 여러 가지 무술이 성행하였다. 원래 우리나라에는 유도가 널리 알려지고, 많은 수련인이 있었다. 유도는 호신적인 무술이고 이에 반해 태권도는 적을 발견하면 선제적으로 위력을 행사해서 적을 제압한다. 사회 분위기에 따라 Sports도 변하는 것 같다.

휴전상태에 들어가면서 태권도는 동호인 또는 선수 자신의 수련용으로 대련보다 품세를 중시하고 있다. 요즈음 국제적인 큰 행사에서 태권도 시범경기를 화려하고, 놀라운 기술로 선보이고 있다.

태권도 고단자가 전 세계 100여 개 국가에 진출하여 태권도장을 운영하면서 많은 수련생을 배출하고 있고, 각국의 군 기관 또는 경찰기관에 가서 군인·경찰들에게 태권도를 지도하고 있다.

올림픽 정식종목으로 채택되면서 외국 선수들의 기량이 엄청 높아져서 금메달도 따 가지고 자랑하는 장면을 보게 되었다

11) 어쩌다벤져스 축구팀

우리들의 각종 Sports 영웅들이 모인 축구팀이다. JTBC가 주관해서 우리나라 Sports 레전드들 중에 축구에 열의를 가지고 있는 선수들이 모여 '어쩌다벤져스' 축구단을 결성하였다. 전 세계에서 이런 축구단은 하나밖에 없는 것으로 알고 있다.

스포츠 레전드들이 현재 각 Sports 분야에서 지도자(감독, 코치)로 역할을 하거나 개인사업체를 꾸려 일하는 분도 있지만, 그들의 인생 제2막을 장식하기에는 부족한 점이 많다는 것이 현실이다.

모든 레전드를 다 모을 수는 없지만 극히 일부나마 함께 모여 축구를 즐기는 것을 많은 사람들이 TV를 통해서 보면서 함께 즐거워하고 있다.

이 기회를 통하여 레전드들의 모습을 접할 수 있어 매우 즐겁다. 이들 태극전사들의 공로는 그 개인만의 영광이 아니고 대한민국 모든 국민의 자랑이고 영광인 것이다. 오랫동안 간직할 일이다.

어쩌다벤져스의 감독은 안정환, 코치는 이동국, 수비 전담 코치는 조원희가 맡고 있고, 현재 30여 명 가까이 선수들이 함께 뛰고 있다. 새로이 입단하려는 레전드들도 상당수 있다고 알려져 있다.

가끔 정식단원이 아닌 고참 레전드들이 참가하여 전문 분야 Sports를 시연하는 모습을 보면, 그들의 따뜻한 동료 의식을 느낄 수 있다.

짬짬이 펼쳐지는 유명인과의 오락도 흥미진진하다. 최근 YouTube 화면에는 레전드들의 경기장면으로 가득 메우고 있다. 김성주 캐스터 · 김용만 MC · 조원희 해설자가 경기를 중계하고 해설하는 모습도 보기에 좋았다.

그간 어쩌다벤져스는 지방으로 원정 가서 도장 깨기도 하고 지역 FC, 직장 대표팀과도 여러 차례 경기를 치렀다.

2021년 전국 조기축구팀 경기에서 어쩌다벤져스팀은 준우승을 거두었다. 창단한 지 불과 1년 만에 전국 FC대회에서 준우승을 한 것은 대견한 일이나 매우 아쉬워하였다. 역시 이들은 레전드다운 승부욕과 끈기를 새삼스럽게 보여 주었다.

가물가물 잊혀 가는 레전드들의 영웅담을 일깨워 주었다.

8 K-POP은 외교사절

K-POP은 돈 벌어오는 외교사절이며 진정한 애국자이다.

K-POP이란 전 세계적으로 인기몰이를 하는, 한국가요를 춤과 엮어서 부르는 장르를 말한다. K-POP 그룹의 활동은 금전으로 환산

할 수 없을 만큼 대한민국 홍보 효과를 가져왔다.

이들의 활동이 전 세계에 알려진 것은 꽤 오랜 역사를 가지고 있다.

1992년 '서태지와 아이들'이 혜성과 같이 나타나서 기존의 공연방식과 아주 다른 면모를 보이면서 인기를 끌었다. 한때 서태지의 심볼 마크와 같이 젊은이들이 모자나 의상에 태그를 그대로 달고 다니는 유행을 일으키기도 했다.

2012년 7월 나타난 K-POP은 싸이의 〈강남스타일〉이다. 말춤이 너무 신기하고 파괴력이 있어 외국 국회의원까지 말춤을 흉내 내기도 하였다. 2013년 미국에서 〈강남스타일〉 앨범이 400만 장 넘게 팔려 나갔고 유튜브 조회수가 30억 건이나 돌파하는 기록도 세웠다.

1996년 H.O.T는 K-POP을 중국에 최초로 알렸다. 한류의 선구자 중 하나이다.

2002년 BOA(보아)는 일본으로 들어갔다. 일본은 자국어만을 선호하는 경향이 있어 보아는 그 어려운 일본어를 배우는 것부터 시작하였다.

2007년에 결성된 걸그룹의 하나인 '소녀시대' 8명의 노래와 춤은 청중들을 황홀하게 만들었다. 유튜브를 통하여 더 많이 알려졌다. 이들의 형형색색 의상은 놀라웠다.

2013년 이후 한참 인기를 끌고 있는 K-POP은 방탄소년단(BTS)다. 미국 시장에는 K-POP 우수 그룹도 들어가기 힘들 정도로 미국

시청자들은 외국인의 POP은 신통치 않게 여기고 있다. 그럼에도 불구하고 BTS는 미국 시장에 두려움 없이 뛰어 들어가 대성공을 하는 기적을 이루었다.

2020년 BTS는 미국에서 'POP의 왕자'라는 칭호도 얻었고 2020년 싱글 차트 2주 연속 1위를 차지했고, 미국 NBC TV는 일주일간을 'BTS WEEK'이라고 이름 짓고 매일 BTS를 소개했다. 무대 배경을 매일 새롭게 단장하여 더 한층 흥미를 자아내게 하였고, 안무도 일반 전문가가 상상하지 못할 정도로 매일 새롭게 꾸몄다. 우리나라 IT기술이 총동원된 것 같다.

2021년에는 세 번째로 UN빌딩에 들어가서 한국어로 연설도 하였다. 이번 기회는 때마침 문재인 대통령께서 UN총회 참석차 미국에 오셔서 BTS를 배경으로 하는 것처럼 무대를 구성하여 문 대통령도 연설을 하고 BTS 멤버들도 우리말로 멤버 모두 한 마디씩 연설하였다.

이어 문 대통령은 BTS와 동행하여 ABC방송에 출연하여 Corona-19 Pandemic으로 겪었던 어려움을 말씀하시고 곧 일상회복이 되도록 하자고 해 갈채를 받았다.

문 대통령은 BTS를 '미래세대를 위한 대통령 특별사절'로 임명하고 UN본부에서 열린 지속가능발전목표 모멘트 행사에서 주제발표 연설을 하였다.

ABC방송은 BTS가 UN총회장 연단에 올라서자 100만 명 이상이 시청했고, BTS의 공연 영상은 1600만 명 넘게 시청했다고 보도했다.

9 우리 부모님들의 교육열, 못 말려

우리 선대 부모님들은 너무 가난하게 살았고, 그 원인을 자기가 배우지 못한 것에 돌렸다. 그래서 우리 부모님들은 한 끼 밥을 굶을지언정 자녀교육에 All-in하고 있다.

우리 부모님들은 먹을거리가 없으면 밀기울떡을 만들어 먹기도 했고, 옷이 낡아 구멍이 나면 헝겊을 대서 바늘로 꿰매 입었고, 다 쓰러져 가는 집에 살면서도 자녀 과외 공부시키고, 대학 보내고, 외국으로 유학까지 보냈다. 학비가 모자라면 빚을 내서 쓰기도 하고, 논밭을 팔아서 보태기도 하였다.

이러한 교육열의 긍정적인 결과가 1960년대부터 나타나기 시작했다. 단기간에 걸쳐 우수한 산업인력을 양성할 수 있었고, 경제발전에 원동력이 되었다.

교육열은 세대를 이어 가면서 식지 않았고 경제가 나아지면서 더욱 가속화되어 고도의 전문인력이 필요하게 되어, 급기야는 수많은 학생들이 해외유학 길에 나서게 되었다.

살림이 넉넉지 않으니 해외유학생도 학비를 벌기 위해 외국에서 아르바이트를 하면서 돈벌이를 했고 이들의 부모님도 더 한층 열심히 일터에 나가서 돈벌이를 했다.

초창기 우리 학생들은 미국 · 캐나다 · UK · 호주 등 영어권으로 유학을 갔으나, 조금씩 발전해서 일본 · 중국 · 필리핀으로 유학을 갔고, 음악 · 미술을 전공하는 학생은 불란서 · 이태리로 유학을 갔다.

1980년대부터는 대학 졸업생만 유학 가는 것이 아니라 초등학생들도 조기 유학을 갔다. 여기서 '기러기아빠'가 생겨났다. 어린아이들만 홀로 외국으로 보낼 수 없으니, 어머니들이 따라가게 되고 아버지들만 혼자 남아 살림살이를 도맡아 했다.

왜 '기러기아빠'냐 하면, 기러기는 짝을 잃어도 재혼하지 않고 홀로 새끼를 극진히 키우는 것으로 알려져, 자녀교육 때문에 어쩔 수 없이 헤어져 살아야 하는 아버지들의 신세를 빗대어 일컫게 되었다.

'기러기아빠'는 대부분 좋은 직장에서 좋은 급여를 받는 분이 많지만, 그렇지 않은 아빠들도 있었다. 자식들을 어떻게든지 보다 나은 교육환경에서 성공하기를 기대하면서 부모들은 온갖 어려움을 견디어 내면서 자녀들의 교육에 몸 바쳤다.

한국인의 이러한 교육열을 세계가 인정하였다.

미국의 Obama 대통령은 재임 중 공식 석상에서 여러 차례 한국인의 교육열을 칭찬하였다. 한국이 빠른 시일 내 고도성장을 하게 된 동기는 한국인의 교육열에 있다고 하면서 본받아야 한다고 역설하였다.

⑩ 칭찬받는 공중화장실

무슨 자랑거리가 없어 공중화장실을 자랑하느냐고 할지 모르지만, 우리나라 공중화장실이 세계에서 최고라고 우리나라를 방문하는 외국인이 한결같이 칭찬을 아끼지 않고 있다.

① 외국의 공중화장실은 거의 사용료를 1$ 내지는 3$ 받는 데 비하여 우리나라 공중화장실은 어디를 가나 무료이다.
② 외국의 화장실보다 청결하다. 다른 나라는 인건비가 높기 때문에 화장실 청소원을 따로 둘 수 없다.
③ 우리나라 공중화장실에는 필요한 소품이 잘 갖추어져 있는 곳이 많다. 화장지는 당연하고, 비누 · 핸드 드라이어 · 거울 · 청소도구 등이 놓여 있다.
④ 화장실에서 즐거운 음악이 흘러나온다. 지하실에서도 Wi-Fi가

설치되어 있어 좋아하는 노래를 들을 수 있다.

⑤ 여성을 위하여 비데가 설치되어 있는 곳도 있다.

⑥ 공중화장실이 곳곳에 설치되어 있다. 지하철역 · 공원 · 운동장 · 시장 · 극장 · 식당 · 카페 · 등산로 등.

⑦ 입구에는 자판기가 설치되어 있는 곳이 많다. 간단한 일회용품 · 의료용구 등이 구비되어 있다.

⑧ 공중화장실 부근에는 화장실의 위치를 알려 주는 표시판이 문자 또는 그림으로 걸려 있다.

⑨ 남녀 화장실이 분리되어 있다. 여자용 화장실은 변기가 더 많이 설치되어 있다.

⑪ 빈틈없는 거리 치안 상태

우리나라의 자랑거리 가운데 마지막 자리를 차지하는 것은 거리 치안 상태이다. 우리나라 전체의 치안 상태가 세계에서 최고는 아니지만, 길거리 치안이 다른 나라에 비하여 좋다는 것이고, 총기사고, 종교분쟁으로 일어나는 사고가 없다는 것이다. 또한 마약 사범이 다른 나라에 비해 비교적 적고, 어린이 또는 여성을 납치하는 사건이 거의 없다.

미국의 Chicago · LA · New York 등 큰 도시에는 매년 수십 건의 총기사고가 발생하고 그중에서도 초등학교 앞에서 무차별 총기난사 사고가 적지 않게 일어나고 있으나 우리나라에서는 이런 끔찍한 사건은 전혀 없을 정도로 치안 상태가 양호하다.

우리나라를 방문하는 외국인에게는 무엇보다 길거리 치안 상태가 중요한데 우리나라 대도시에서의 길거리 치안은 전 세계에서 으뜸이라고 할 수 있다.

그 옛날에는 오토바이를 타고 길거리에서 여성들의 핸드백을 날치기하는 경우도 있었으나 요즈음 이런 사고는 전무한 상태이다.

거리 치안에서 큰 비중을 차지하는 범죄는 소매치기인데 예전에는 지하철 안에서나 버스 안에서나 사람이 운집하는 곳에서는 소매치기들이 극성을 부렸으나 그때는 온 국민이 가난해서 끼니도 제대로 못 챙겨 먹을 때이었다.

경제개발이 되고 의식주 문제가 개선되면서 소매치기는 자취를 감추었다.

현재 우리나라는 CCTV 공화국이라고 일컬어질 정도로 도시 중심가는 물론 농촌에도 곳곳에 CCTV가 설치되어 있어 거리 치안은 완벽한 상태이다.

지금은 택배기사가 물건을 집 앞에 두고 가도 그 물건에 손대는 사람은 없다고 할 수 있고 카페나 식당에서 휴대폰이나 노트북을 그냥 두고 화장실에 갔다 와도 어느 누구 하나 그것을 집어 가는 사람도 없고 편의점에서 여자 혼자 맥주를 마시는 장면을 많이 보게 되는데 여자를 향해 찝쩍거리는 놈팡이들도 거의 사라졌다.

여성에 대한 범죄는 아직껏 적지 않게 일어나고 있는데 대부분 여성들이 혼자서 술 취해서 휘청거릴 때 일어날 수 있으나 이런 경우도 순찰하는 경찰 등이 있어 범죄로 이어지는 경우는 거의 없다.

외국에서는 자동차 도난 사고가 그치지 않고 있는데 의외로 우리나라에서는 자동차 도난 사고가 거의 없다. 자동차가 흔하게 되었고 우리나라에서는 자동차를 훔치더라도 그것을 처분하기가 쉽지 않고, CCTV가 도로에 수없이 설치되어 있으므로 도난신고만 하면 추적이 용이하기 때문에 감히 자동차를 훔칠 생각을 하지 않는 것 같다.

그래서 우리 모두는 행복하다.

제8장

탈출구가 없다. 빼박이다

제8장 줄거리

이 장에서는 우리나라뿐만 아니라 전 세계 모든 나라가 껴안고 있는 난제들의 해결 방책을 찾아보려고 하였다.
나의 몇 마디 제안으로 이 난제들이 풀어질 수 있다면, 이건 난제가 아니다.
이 난제들은 꼬일 대로 꼬여 있고, 엉킬 대로 엉켜있어 좀처럼 해결책을 찾기가 어렵다.
이 모든 난제를 풀려면 Mega 톤 급을 넘어 Giga 톤 급 그 이상의 극약 처방을 내놓아야 한다.
이 장에서 열거하는 국가적 골칫거리는 그 해결책을 쉽게 찾기 어렵다.
정부는 대책이라고 오래전부터 똑같은 대책을 후까시(일본말로 뻥튀기)해서 내놓고 있지만, 그 어느 하나도 실효성이 없고 아까운 혈세만 쏟아붓는 격이다. 솔직히 말하면 면피용 대책일 뿐이다.
혹자는 너무 지나친 비관론이라고 말하고 있으나 우리는 현실을 깊이 있게 인식해야만, 살길을 찾을 수 있을 것이다. 숨긴다고 해결되는 것이 아니다.
누구를 탓할 일이 아니다. 빼박이다.

1 나날이 커져 가는 빈부격차

부(富)라는 것은 육체적 노동으로 얻을 수도 있지만, 내가 이미 가지고 있는(물려받은) 부(富)를 통해서 더 많은 부(富)를 얻을 수 있다. 흔히 '돈이 돈을 번다'고 말한다.

사실, 내 몸뚱어리로 돈을 벌기는 참 어렵기도 하지만, 그 성과도 신통치 않다.

요즈음 부동산 투기 문제가 불거지면서 자주 쓰이는 말은 급여생활자가 월급을 한 푼 쓰지도 않고 30년 동안 몽땅 저축해도 서울 강남에 있는 반듯한 아파트 한 채도 살 수가 없다고 한다.

반면에, 서울 중심가에 있는 웬만한 빌딩 한 채만 가지고 있으면 임대료만 매월 몇천만 원 이상 꼬박꼬박 들어온다. 그걸 몇 년 동안 모으고 굴리면 또 다른 건물이나 아파트를 쉽게 살 수 있다. 그걸 또다시 임대를 하면 돈이 얼마나 더 생길까? 한번 계산해 보자.

정부가 나서고는 있지만 빈부격차는 줄어들기는커녕 오히려 점점 더 심화되어 가고 있다. 지구상에 어느 때나 어느 나라에나 빈부의 격차는 있었고, 그 격차를 줄이려고 많은 노력을 해보았으나, 언제나 그 모양 그 꼴이었다.

우리나라에서는 빈부격차를 비꼬아 말할 때 금수저 · 은수저 · 흙

수저로 표현한다. 사다리로 표현하기도 한다.

부익부 빈익빈(富益富 貧益貧)이라는 용어가 있다.

부자는 날이 갈수록 점점 더 부자가 되고, 가난한 사람은 점점 더 가난하게 된다는 것이다. 이런 양상은 선진국에 비해 후진국에서 더 심하고, 사회주의 국가보다는 자본주의 국가에서 더 두드러지게 나타난다.

그 이유는 자본(돈 · 밑천 · 종잣돈)이 부(富)를 더 많이 끌어모을 수 있기 때문이다. 돈이 많은 사람은 일하지 않고 드러누워 있어도 자기가 이미 가지고 있는 자본이라는 무기가 더 많은 부(富)를 물고 들어온다. 굳이 투기를 하지 않더라도 부동산을 사서 몇 년간 묻어두면 그 값이 인플레와 더불어 그 가치를 더 높여 준다.

요즈음 은행 저축 이자율이 최근 조금 올랐지만 낮은 수준에 머물러 있어 이자가 크게 부(富)를 증가시키지는 않지만, 그래도 수억대 · 수십억대를 은행에 맡겨 두면 웬만한 월급쟁이 월급만큼은 늘어난다.

시중에 흔해 빠진 유동자금이 어디 갈 곳이 없어 이곳저곳 돌아다니는 것이 현실이다. 부동산에 투자하거나, 은행에 적금을 넣거나 증권을 사거나 Fund, 채권을 사거나 모두 부(富)를 증식할 목적인데 역시 많은 투자를 할 수 있는 능력을 갖춘 부자들은 더 많은 부(富)를 쌓게 된다.

월급쟁이(대기업의 CEO는 제외)는 아무리 노력을 해도 부(富)를 모으는 데는 한계가 있다. 그러니 부익부 빈익빈은 날이 갈수록 그 격차는 크게 되어 있다.

부자들은 사치할 수 있고, 호화아파트에 살 수 있고, 방탕한(?) 생활을 할 수 있다. 물론 모든 부자가 다 그렇다는 것은 아니지만 여기에 권력이 끼게 되면 러시아의 차르황제, 중국의 진시황제, 프랑스의 루이 14세, 우리 조상 가운데 임금을 비롯하여 수많은 지배계급에 있던 관료와 양반 등 이들은 부(富)를 한껏 누렸고 더 많은 부(富)를 가지려고 양민(일반 국민)을 괴롭히고 가지가지 악행을 저질렀던 것이다.

그러한 작태가 반복되고 극에 달하게 되면 폭발하여 민란이 일어나고 극심한 분쟁이 일어나 급기야는 세상이 뒤바뀌게 되었다.

이와 같은 전철을 밟지 않으려고 민주주의가 태어났고 개혁을 단행해 왔던 것이다. 그런데 새로 태어난 자본주의 체제하에서도 부익부 빈익빈의 현상은 사그라지지 않았다.

인류가 지금까지 경험한 경제 체제 가운데는 자본주의가 최상이라고 하지만, 자본주의 체제에서는 개인의 자유가 보장되고 여기에는 사유재산이 보호되고, 자본 축적을 누구도 관여하지 않는 것이 원칙이다.

여기에 따른 부작용 · 병폐도 여러 곳에 늘 있기 마련이다.

자본주의 국가에서 남의 재산을 그냥 뺏을 수도 없고, 세금으로 누르는 것도 한계가 있다. 세금을 많이 내면 그만큼 임대료를 더 올리게 된다. 몽땅 전가(轉嫁)되는 것은 아니지만 상당 부분 전가된다고 경제학자들은 말한다.

그러면 공산국가처럼 몽땅 뺏어 국유화하면 되지 않겠나? 그건 아니다.

최근에 젊은이들이 영투(영혼까지 빼내어 증권투자)를 하였다. 이들은 증권전문가가 아니다. 다만, 돈을 조금 더 벌어 보겠다는 욕심 때문에 빚을 내서(증권회사에서 빌려준다) 증권투자를 하게 된 것이다.

하지만, 증권은 '귀신도 모른다', 'AI도 모른다'는 정설을 알아야 한다. 증권전문가라고 각종 매체에 나와서 떠드는 사람도 있으나, 그들의 주장은 하나의 가상이지 현상은 아니다.

누구나 증권 시세를 정확하게 예측할 수만 있다면 그 사람은 몇 달 사이에 주체하지 못할 만큼의 돈을 벌 수도 있을 것이다.

간혹 자기만이 알고 있는 정보라고 하면서 특정 증권을 매수하라고 권유하고 있으나, 그 유혹에 빠지면 쓴맛을 보게 될 것이다. 그렇게 좋은 정보라면 공개할 것이 아니라 자기(전문가)만 가지고 직접 투자를 하면 될 것이 아닌가.

증권 시세를 정확히 예측한다는 것은 거의 불가능하다. 럭비공처럼 어디로 날아갈지 모르고, 청개구리처럼 어디로 뛸지 모른다.

물론, 좋은 종목(절대 망하지 않는 정직한 기업)을 골라 장기투자를 한다면 짭짤한 수익도 얻을 수 있다.

헌데 이런 투자기법을 돈을 많이 가지고 있는 자만 터득할 수 있다. 느긋하게 앉아 있어도 돈이 돈을 벌어 온다. 돈은 가진 자에게만 굴러 들어가는가 보다. 초보자 특히 영끌은 증권 조금 사 놓고 안절부절못한다. 팔까, 말까? 하루에도 몇 번씩 반복한다. 나도 한때 그렇게 한 경험이 있기 때문에 그 행태를 잘 알고 있다.

전 세계 모든 자본주의 국가에서는 하나같이 모두 빈부격차 문제로 고민하고 있다. 빈부격차 문제는 어제오늘 생긴 문제가 아니다. '가난은 나라도 구제하지 못한다'는 옛말도 있다.

그냥 내버려 두자는 말이 아니고 특별한 묘수를 찾기 어렵다는 것이다.

최저임금 인상 문제도 이런 빈부격차 문제를 조금이나마 줄이려는 정책으로 전 세계 모든 나라가 시행하고 있으나 큰 성과는 거두지 못하고 정부와 기업 · 정부와 노동자 · 부자와 빈자 사이에 끼어 갈등만을 조장하고 있다.

8.15 해방 직후 미군정청과 정부가 두 차례 농지개혁을 단행하였다. 지주 것을 값싸게 뺏어 소작인에게 값싸게 팔았다. 70년이 지난 지금 살펴보면, 세대교체는 이루어졌지만, 상당수의 지주는 다시

지주가 되어 있고, 상당수의 소작인은 그대로 소작인이 되어 있다.

지금의 빈부격차는 그 옛날의 빈부격차와는 성격이 크게 다르다. 지금은 절대적 빈곤층은 거의 없어졌고, 상대적으로 빈곤을 느끼는 계층이 많이 늘어났다. 지금은 밥 굶는 사람은 없어졌고, 옛날처럼 끼니마다 밥 얻으러 다니는 거지도 없어졌다. 2022년을 기준으로 해서 딱 60년 이전에 출생한 자는 끼니를 제대로 찾아 먹지 못한 경험을 가지고 있으나, 지금은 그렇게 가난한 자는 거의 없다.

하지만, 오늘 현재 내 이웃을 돌아보면 엄청 돈 많은 부자들이 득실거리고 있는데, 나만은 어째 겨우겨우 입에 풀칠만 하고 하루하루를 고달프게 살고 있나, 상대적 박탈감을 느끼는 계층이 많다는 것이다.

이것도 생각하기 나름이다. 돈이 조금 부족하더라도 마음만 잘 가다듬고 살면 누구보다 행복하게 살 수 있다. 돈이 너무 많아도 탈이다. 그 돈을 관리하다 보면 남과 싸울 수도 있고, 감방에도 드나들 수도 있다. 우리나라 최고 부자들 중에 감방 구경 한 번 안 해 본 사람이 없다. 그리고 가족과 이웃에 큰 고달픔을 주는 사례도 적지 않다.

모든 나라 정부는 빈부격차에 따른 병폐와 잘못을 고치기 위해 여러 가지 처방을 내놓고 있다.

조세제도 · 연금제도 · 의료보험제도 · 복지후생제도 등의 다양한

정책수단을 내놓고 있지만, 이 모든 정책의 효과가 빈부격차를 줄이는 데 큰 효과를 나타내지 못하고 있다. 선거철만 되면 많은 입후보자들이 마치 지상천국을 만들 수 있는 것처럼 떠들어 대고 있지만 모두 헛소리에 지나지 않는다. 이 같은 현실 속에서 실효성 없는 정책이나마 하지 않고 팔짱만 끼고 앉아 있을 수만은 없지 않은가?

맨땅에서 성공한 사람도 수두룩하다.

가난한 농부의 아들로 태어나 소 한 마리를 아버지 몰래 끌고 나와 우리나라 최고 부자가 된 사람도 있다.

우리도 낙심하지 말고 피땀 흘려 꾸준히 노력하면 '쥐구멍에도 볕 들 날'이 있을 것이다.

2 부동산 투기냐, 아니면 투자냐?

어떤 부동산 거래를 놓고 투기인가, 아니면 투자인가 구별하기는 매우 어려운 일이다. 법으로 규정되어 있는 것도 없다. 그러면 무슨 잣대로 가려낼 것인가?

도덕책에도 없다. 하지만 우리는 부동산 투기라는 용어를 많이 쓰고 있다. 굳이 투기·투자를 가려야 한다면 상식적인 기준으로 나누어야 할 것 같다. 땅을 사서 거기에 농사를 짓겠다든지 건물을 짓겠다든지 하는 어떤 용도를 가지고 있다면 부동산 투자라고 할 수 있고, 땅을 사서 어떤 용도에 쓰려는 것이 아니라 이를 되팔아서 이윤을 챙기려고 한다면 투기라고 할 수 있다.

하지만, 법률로써 뒷받침되지 않는 기준은 아무 쓸모가 없다. 어떤 제재나 기속을 할 수 없기 때문이다. 부동산 투자냐 부동산 투기냐를 법률로 구분 지울 수 없다면 그 어떤 제재도 기속도 할 수 없다고 결론을 낼 수밖에 없다.

현재 농지는 농지법에 따라 농사를 직접 짓는 농민에 한하여 농지를 취득할 수 있다. 농지법에 의하면 농민이 아니면 농지를 소유할 수 없도록 규정되어 있으나 실상은 농민이 아닌 자가 갖가지 부정한 방법으로 농지를 소유하고 있는 사례가 허다히 있다.

부동산 투기에 있어서 아파트는 가장 큰 비중을 차지하고 있다. 아파트의 공급은 한계가 있기에 투기의 대상이 될 수 있다. 아파트의 수요는 계속 증가하고 있는 반면에 단기간(5년 이내)에서 보면 투기의 성과가 나지 않을 수도 있으나, 장기적으로 보면 특별한 경우를 제외하고 대체로 크고 작은 수익을 얻을 수 있다.

통상적으로 부동산 시세는 5년 주기로 등락을 거듭한다. 아파트 시세가 정점에 이르면 그 정점에서 계속 오르지 않고 평행선을 그으면서 수년을 지나간다. 일단 정점에 이르면 그 가격에서 제자리 걸음을 한다. 빠져도 눈에 뜨일 만큼 크게 빠지지 않는다. 옆으로 기다가 어느 날 갑자기 뛰기 시작한다. 상습 투기꾼이나 전문가가 아니면 그때를 알아차리지 못한다.

아파트 · 단독주택 · 다세대주택 · 다가구주택 등 주거시설은 누구에게나 안정적인 삶을 누리기 위한 기본요건이다. 이것을 재산 증식의 수단으로 이용한다면 옳지 않은 일이다. 단 하나밖에 없는 아파트 등 주거지를 가지고 있는 자에게는 그 주거지가 값이 올라가든지 내려가든지 아무 상관이 없다. 올라간다고 해서 처분할 것도 아니고 내려간다고 해도 그 사람 삶에 아무런 영향을 주지 않는다. 올라가면 약간 기분이 즐거울 뿐이지 이득을 챙길 수는 없다.

아파트 등 주거시설을 재산 증식의 수단으로 삼고 여러 채를 소유한다는 것은 옳지 않은 일이다.

자유 자본주의 국가에서 이를 제한한다는 것은 어려운 일이지만, 불특정 다수의 삶의 터전을 가로채서 재산 증식의 수단으로 투기를 한다는 것은 법이나 무슨 주의를 떠나서 정당화될 수는 없다.

특별한 재능이 없는 사람이 노후의 생활자금을 얻기 위하여 아파트 한 채를 더 취득한다면 다소 참작할 여지가 있으나, 그 이상 아파트를 5채 · 10채 · 100채 이상을 가지고 있다는 것은 보이지 않는 수많은 이웃을 해치는 부도덕한 일이라고 하지 않을 수 없다.

자본주의의 병폐라고 웃어넘길 일이 결코 아니다. 나의 생명도 중요하지만 남의 생명도 중요하다는 인식을 가져야 한다. 주거지는 사람의 생명줄과 거의 같다. 주거지 하나를 차지하지 못하고 방황하는 뭇 백성들을 가련하게 여긴다면 그 어떤 방안을 찾아야 할 것이다.

국민이 바른길로 가지 않는다면 위정자가 나서야 한다. 국회란 국민을 대표하는 대의기관이다. 굶주린 백성들의 배를 채워주어야 하고 최소한의 의식주 생활만큼은 보장해 주어야 한다.

부동산 투기는 서울 강남 개발에서부터 시작되었다. 그 이전에는 은행 예금이자도 높았으므로 일반인은 부동산을 거들떠보지도 않았다.

강남구 신사동 · 압구정동 · 역삼동 · 서초동이 처음 개발되면서 땅값이 치솟기 시작하였다. 개발 이전에 이곳은 논 · 밭이었고 드문드문 배발이 있었다. 일반인은 이런 땅에 관심도 가지지 아니하였다.

그러나 일부 건축업자와 부자들은 이 땅에 눈독을 들여 사고팔면서 투기를 하여 짭짤한 수익을 챙겼다. 그때는 부동산 투기라는 말도 없었다. 일반인은 한참 후에 소문을 듣고 관심을 가지기 시작하였으나 막상 부동산 시장에 끼어들려고 하니 종잣돈(seed money)이 주머니에 없었다. 그러니 그것은 '그림 속의 떡'과 같았다.

어느 날 법원단지가 서초동에 들어선다는 소식은 알려졌으나 언제 어디에 생기는지는 알 수 없었다. 그때 대형 건설회사 임직원은 그 계획을 구체적으로 알게 되어 도면을 보면서 노른자 위 땅을 사들였다. 그때 사들인 땅을 지금까지 지키고 있는 얄미운 사람도 있다. 반재벌이 되었다.

경제개발이 신속히 이루어지면서 전국 곳곳에 땅값이 치솟기 시작했다. 수많은 투기꾼이 움직이면서 땅값을 부추겨 땅값은 계속 올라갔다.

그때 '경상도 아주머니 뒤꽁무니만 따라다니면 횡재를 할 수 있다'하는 소문도 자자하였다. 가짜 뉴스는 아니었다.

그때 부동산 매매는 시비의 대상이 되지도 않았고 도시계획정보가 흘러나왔다는 의혹도 없었고 부동산 투기라고 시비를 거는 사람도 없었다. 그저 누가 부동산 매매를 해서 큰돈을 벌었다고 하면 그저 부러워할 뿐이었다.

자유주의 경제학자들이 주장하는 수요공급론은 자유경제를 기본으로 하여 수요 측이나 공급 측을 의도적으로 건드리면 왜곡되는 결과를 가져올 수 있다는 이론이다.

주택수요는 언제나 완만하게 상승하고 있으나 공급이 부족하거나 공급이 과잉될 수도 있다. 주택건설업자는 주택을 건설해서 이익이 예상되면 경쟁적으로 주택을 건설해서 공급한다. 경쟁이 심하거나 정부가 건드려서 건설을 부추기면 공급이 과잉이 돼서 안 팔리는 주택이 생긴다. 그때부터 지방에 건설 중인 아파트는 분양이 안 되고 은행융자 갚을 돈이 없다.

군소 건설업자는 급기야는 부도가 난다. 가격을 덤핑으로 하게 되고 그 기간이 5~6년 지속된다. 이렇게 되면 언론은 정부가 잘못해서 이 사태가 벌어졌다고 야단법석이다. 이 기간이 지나면 다시 공급 부족이 나오고 가격은 뛰고 투기다, 아니다 야단법석이다. 2021년의 톱니바퀴가 딱 그 시기에 들어온 것이다.

문재인 정부의 최대실책이 부동산 정책이라고 윽박지르고 있으며 정부는 그 사실을 인정하고 그 책임을 김현미 건설교통부 장관에게 덮어씌우고 물러나게 했으나, 이러한 비난은 무언가 부동산의 흐름을 읽지 못한 데서 일어난 사고였다.

그때 누가 대통령을 하든 누가 건설부 장관을 하든 부동산 가격 특히 아파트 가격이 치솟는 것은 억제할 수 없는 하나의 흐름이라는 것을 인식하지 못하였기 때문이다.

2022년에 들어와서 부동산 가격이 조금씩 내려가기 시작했다. 이것은 정부가 정책을 잘 세워서 내려가는 것이 절대 아니다. 그냥 내버려 두었어도 내려가게 되어 있는 흐름이다.

아파트 건설은 하루 이틀 아니, 단시간 안에 쉽게 되는 것이 아니다. 오랜 시간이 필요하다.

아파트 건설은 민간 건설회사가 주축이 되어야 하고 건설회사가 수지타산을 맞추어 추진하게 되는데 정부가 이래라저래라 간섭한다고 되는 것이 아니다. 다만, 정부는 건설회사가 부당이득을 취하지 못하도록 하면 이에 대한 대책으로 충분하다.

건설업자의 입장에서 보면 도심 요지에 면적이 넓은 아파트를 지어야 이윤을 많이 얻을 수 있기 때문에 80평이 넘는 아파트를 선호하게 된다. 이것은 투기의 대상이 되기 때문에 정부는 세금으로 조정할 필요가 있다.

아파트는 투기의 대상이 되어서는 안 된다. 아파트는 자기의 주거용으로만 이용되어야 한다.

일본의 예를 들면 수상이 30평밖에 되지 않는 아파트에 살고 있다는 것은 널리 알려진 일이지만 우리도 아파트를 자기의 생활공간으로 인식하여야 한다. 그것은 투기의 대상이 결코 아니다.

아파트를 투기의 대상으로 한다면 무거운 세금폭탄으로 막아야 한다. 전가의 보도(傳家의 寶刀)를 휘둘러야 한다. 하지만 1가구 1아파트에 종합부동산세를 부과하는 것은 바보들의 짓이다.

아파트 전세 문제에 대하여는 정부가 관여할 일이 아니라고 결론적으로 말할 수 있다. 10억이 넘는 전세를 사는 사람은 그만한 경제적 여력이 있고, 특별한 사유가 있기 때문일 것이다.

전셋값은 아무리 올라도 정부가 집적거릴 일이 아니다. 그걸 잡겠다고 나설 이유도 명분도 없고, 실효성도 없다. 그대로 내버려 두면 자율조정기능에 의하여 제자리를 찾게 될 것이다.

전 세계 어느 나라에서도 정부가 전셋값을 놓고 걱정하거나 어떤 조치를 취하는 나라는 없을 것이다.

10억이 넘는 자산가라면, 우리나라의 현재 형편으로는 부유층에 속한다. 그들이 전세를 살던, 월세를 살던 그들 나름대로 특별한 이유가 있을 것이다. 예컨대, 자녀들의 학군 문제라든지, 직장 때문이라든지, 극히 예외적으로 허세를 부리려고 하든지 등등 이유가 있을 것이다.

전셋값은 정부가 간섭할 일도 아니지만, 간섭하더라도 불공정한 사례(누구는 걸리고 누구는 안 걸리고)만 일어날 것이다.

수년 전에 일어났던 일을 되새겨보면, 서울 중심지를 제외하고 거의 모든 지역에 전셋값이 아파트나 주택이거나 그 매매가격을 상회하게 되어 세입자가 엄청 손해를 보게 된 사례가 서울 주변에 수 없이 있었다. 그 주택이 경매가 되어 세입자는 손해를 보면서 쫓겨나야 할 형편이었다.

현재도 자칫하면 아파트나 주택 가격이 떨어져 그 옛날의 전철을 밟을 우려가 다분히 있다는 것을 정부 당국은 명심해야 할 것이다.

③ 지구온난화(Global Warming)

1) 지구온난화가 우리나라에 나타난 사례

지구온난화란 지구의 평균적 기온이 더워지고 있다는 것이다. 언제부터 더워지기 시작했고 언제까지 얼마나 더워질 것이라고 예측하는 근거도 뚜렷하지 않다.

하지만, 우리는 체감적으로 지구온난화를 느낄 수 있다. 지구온난화로 인하여 일본 남부에서만 열리던 감귤이 20여 년 전부터 제주도에서 열리기 시작했고 그 후 우리나라 남해지방에서도 열리기 시작했다. 키위나 바나나도 그전에는 우리나라에서 구경도 못 했는데 10여 년 전부터 제주도에서 생산되기 시작하였고, 지금은 남부지방에서도 생산되고 있다.

지난날 사과라고 하면 대구 사과를 일컬을 정도로 대구에서 많이 생산되었으나, 현재, 대구 하양 뜰에서 사과나무가 사라진 지 오래되었다.

지금은 소백산 기슭에 자리 잡고 있는 문경 · 예천 · 영주 · 봉화 Belt에서 맛 좋은 사과가 생산되고 있다. 지구온난화가 계속된다면 멀지 않아 이곳 사과들도 소백산을 넘어갈 것 같다.

지구온난화로 인하여 우리나라에서 일어나고 있는 현상은 여러 곳에 나타나고 있다.

우리나라 기후는 온대와 한대가 적절히 배합되면서 4계절이 뚜렷하게 나타나는 기후였으나, 지금 2022년도에 이르러 아열대성 기후로 변하는 것처럼 느껴지고 있다.

우리나라의 평균기온은 100년 전에 비해 약 1.7°C 정도 상승하였다고 한다.

강남 갔던 제비가 옛적에는 음력으로 "정 2월 다 가고 3월이 왔네."라는 노래처럼 양력으로 치면 4월에 오던 제비가 이제는 3월 중순쯤 나타나고 있다.

우리가 어릴 적 한강 물이 꽁꽁 얼어 한강대교 밑에서 스케이트를 즐기고 놀았으나 오래전부터 한강 물이 얼지를 않는다. 서울에서 눈 보기도 차츰 어렵게 될 것 같다.

2022년에는 봄이 언제 지나간 줄도 모르게 여름이 성큼 다가왔다.

동해 바다에는 명태(한류성 어종)의 개체수가 줄어들고 오징어(난류성 어종)의 개체수가 늘어났다고 한다.

우리나라에서도 벼 2모작이 멀지 않아 가능하게 될 것 같다. 현재에도 채소류 2모작이 가능하게 되었다.

조그마한 텃밭에서도 상추를 봄·여름·가을 세 차례나 심어 맛있게 잘라 먹을 수 있게 되었다.

해수면이 상승해서 해운대 모래밭이 줄어들고 수심이 깊어져 가고 있다. 하지만 우리나라는 아직은 지구온난화에 부정적인 측면보다 긍정적인 측면이 더 우세하다고 본다.

2) 지구온난화의 세계적 영향

북극의 빙하와 알프스 등 고산지대의 눈이 녹아내려 해수면을 높이고 강물이 넘쳐나는 현상이 생겼다. 해수면의 상승은 홍수와 침수 등을 유발하고 있다.

몇 년 후가 될지는 알 수 없으나 지구온난화가 계속된다면 섬나라 일본은 반쯤 바닷속으로 가라앉을 가능성이 있다고 알려지고 있다.

이상기온이 나타나서 갑자기 홍수가 나고 연달아 가뭄이 이어지는 현상도 나타나고 있다.

2021년 8월 29일 미국 남부 뉴저지주에 허리케인이 나타나 가옥이 무너지고, 가로수가 뽑히고, 전기가 끊겼다. 그 허리케인은 계속해서 북진해서 뉴욕에 이르러 엄청 많은 비를 쏟아부어 많은 이재민을 낳았다.

그리고 이어 12월에는 토네이도가 나타나서 중부지방 켄터키주 외 6개 주를 휩쓸었다. 한 시가지는 송두리째 쓰레기더미로 변했다. Biden 대통령이 나서서 이 지역을 재난지역으로 선포하고 연방정부가 가지고 있는 능력을 총동원해서 구호에 나서라고 지시를 했다.

2021년 12월 16일 특종 뉴스에 의하면 북극에 눈 대신 비가 내렸다는 것이다. 깜짝 놀랄 소식이고 정말 지구가 없어지려는 징조가 아닌가 하는 생각마저 들었다.

이러한 이상기후·기후변화는 모두 지구온난화로 일어났다고 단정을 하고 있다. 앞으로 언제까지 이러한 재난이 들이닥칠지 모든 나라들이 우려하고 있다.

지구온난화는 생태계와 농업의 패턴을 바꾸어 놓게 되었다. 온대지방이 아열대 지방으로 변하는 것 같은 느낌이 든다.

지구온난화는 사람의 건강에도 크게 영향을 끼치게 될 것이다. 2020년부터 시작된 Corona-19 Pandemic은 현재 끝이 안 보이고 전 세계 모든 사람들이 두려움에 떨고 있다. 계속해서 변형이 나와서 Vaccine의 효력도 떨어뜨리고 있어 새로운 Vaccine을 계속 개발하고 있는 실정이다.

지구온난화로 인하여 상당수의 식물과 동물들이 멸종위기에 처할 우려도 있고, 물 부족 현상이 세계 도처에서 일어나고, 산불 위험도 커지고 있다. 미국 서부지방에서 자주 일어나는 산불은 사람의 실수로 일어나는 것이 아니고, 자연재해라고 알리어지고 있다.

3) 지구온난화의 주범

19세기 후반부터 바다와 지표 부근에 공기 기온상승 현상이 나타났다.

왜 이런 현상이 나타났을까? 그 원인을 찾아보면 지구 도처에서 이산화탄소(Co_2) 및 기타 대기오염 물질과 온실가스가 대기 중에 모이고 지구 표면에서 반사된 햇빛과 태양 복사열을 흡수할 때 지구 표면은 뜨겁게 되는 것이다. 지구에서 오랫동안 축적된 오염물질이 열을 가두어 지구를 더 뜨겁게 만드는 것이다.

지구온난화의 주범은 크게 두 가지가 있다. 자연적인 것과 인간 활동에 의한 것으로 구분할 수 있다.

첫째, 지구온난화를 일으키는 주범의 하나로 자연적인 것으로 들 수 있으나, 아직도 뚜렷하게 밝히지 못하고 있다.

지구온난화는 태양과 지구와의 관계에서 찾을 수 있으나, 그 관계를 찾기는 매우 어렵다. 설령 그 관계를 찾는다고 하더라도 이것은 하나님의 뜻이지 인간이 논할 바는 아닌 것 같다. 열심히 기도하고 찬양하면 하나님께서 우리의 어려움을 덜어 줄는지는 모르겠다.

이 넓은 천지에서 석탄발전소 몇 개가 가동한다든지 자동차가 몇 대 굴러간다든지, 산림 몇 곳에서 벌채를 한다든지, 쓰레기 몇 점 버린다고 해서 지구온난화가 생길까 하는 의심이 있다.

둘째, 인간의 활동에 의해 지구온난화가 이루어지고 있다. 그러므로 이를 우리 인간의 노력으로 줄여 보자고 UN과 각국이 노력을 계속하고 있다. 이마저도 소기의 성과를 얻을 수 있겠나 하는 의심은 계속 일어나고 있다.

지구온난화는 대기 중의 온실가스(GHGs, Greenhouse Gases)의 농도가 증가하면서 온실효과가 발생하여 지구 표면의 온도가 상승하는 온실효과를 나타내면서 나타나는 것이다.

온실가스의 종류	배출비율	주요발생원
이산화탄소(CO_2)	77%	에너지사용 · 산림벌채
메탄(CH_4)	14%	농업축산 폐기물
아산화질소(N_2O)	8%	산업공정 · 비료사용 · 소각
기타	1%	에어컨 냉매 등

화력발전소 · 차량 운행 시에 사용하는 석탄 가솔린 등에서 발생하는 이산화탄소는 지구온난화의 주범으로 알려져 있다.

산림벌채는 양극 지방 그리고 아마존강 등 수풀이 우거진 곳에서 이루어진다. 산림은 낮에 탄소 동화작용을 하면서 탄소를 들이마시고 물과 중화하여 산소는 내뱉는다.

질소질 비료(농산물의 성장에 필요한 요소)를 사용하게 되면 아산화질소가 나오게 된다.

이산화탄소를 많이 배출하는 나라는 열에너지를 많이 사용하는 미국·중국·EU 등이다. 그래서 저개발 국가들은 지구온난화의 책임을 선진국들이 짊어져야 한다고 주장한다.

4) 지구온난화에 대한 국내 대책

UN에서 지구온난화에 대한 깊은 관심을 가지고 지구온난화를 규제하기 위한 국제협약(UNFCCC)을 성안하여 각국이 동참하기를 촉구할 때 우리나라는 일찍이 이에 참가하였다.

1993년 10월 21일 국무회의에서 기후변화에 관한 국제연합 기준협약을 의결하였고, 1993년 11월 30일 국회 본회의에서 비준 동의를 하였다.

그 이후 교토의정서(Kyoto Protocol)와 파리 제21차 당사국총회(COP21)에서 의결한 온실가스 자발적 감축 목표(NDC)도 서명하였다.

우리나라는 2021년 10월 27일 국무회의에서 2030년까지 온실가스배출량을 2018년 배출량 대비 40%까지 감축하도록 의결하여 UN에 송부하였다.

5) 지구온난화 대책에 대한 찬반 시비

이 넓은 지구 공간에 자동차 몇 대 더 굴리고, 에어컨 몇 대 더 설치하고, 화력발전소도 몇 군데 더 설치하고, 나무도 몇 그루 잘라 버리고, 쓰레기 몇 봉지 더 버린다고 해서 지구온난화가 발생한다는 주장에 대하여는 찬반이 있을 수 있다.

이런 일로 인하여 탄소가 널리 깔려 인체에 해를 끼친다는 주장은 납득할 수 있으나, 기후의 변화까지 가져온다는 주장은 믿을 수가 없다는 것이다. 다만, 이런 요소들이 전혀 없는 것보다는 조금 있는 것이 기후변화에 조금 영향을 끼칠 수는 있는지 모르나 Global Warming을 가져올 정도는 아니지 않느냐는 주장도 있다.

태양계의 변화로 인하여 조그마한 위성인 지구에 영향을 미치는 것은 아닐까 하는 주장도 있다.

우리나라는 멀리 몽골과 중국에 걸쳐 있는 고비사막에서 날아온 미세먼지로 인하여 큰 고통을 받고 있지만, 이에 대한 대책으로 중국에 대하여 입으로 한마디 항의만 할 뿐 아직 별다른 대책이 없다.

지구온난화 역시 빼박 Can't이다. 별 뾰족한 대책이 없다. 기후 온난화에 대한 대응책이 선진국과 후진국에 엇갈려 있다. 후진국들은 이제 경제개발을 하려고 하는데 어쩔 수 없이 탄소의 배출은 지금부터 더 많이 할 수밖에 없다.

선진국들은 이미 개발과정에서 많은 탄소를 배출해서 그것으로 경제개발을 이루었잖느냐? 그러니 선진국은 후진국에 대하여 탄소 저감 조치에 따른 비용을 지원해 주어야 한다고 후진국들은 주장한다.

우리나라 역시 탄소 배출량을 줄이는 여러 가지 대책을 내어놓고 실행하고 있지만, 예를 들어 지금도 중동지방 그리고 인도네시아 · 베트남에 나가서 석탄 이용발전소를 건설하고 있지 않으냐고 다른 나라들이 비난하고 있다.

지구온난화 저감 대책을 마련하기 위해 UN은 몇 가지 협정을 마련하고 독려하고 있으나 선 · 후진국을 막론하고 입으로만 떠들고 있지, 실질적인 노력은 많이 부족한 현실이다.

④ 소멸 위기에 빠진 농어촌

현재 농촌에는 농사짓지 않고 버려진 땅이 널널하게 깔려있다. 농사지을 사람이 없기 때문이다. 젊은이들은 모두 도시로 떠나고 힘없는 할배 · 할매만 남았다.

이 할배 · 할매마저 돌아가시면 더 많은 빈집이 생기고 농토는 잡초만 우거진 황무지로 변할 것이다. 앞으로 20년, 30년 후의 이야기가 아니고, 코앞에 다가온 현실이다.

왜 젊은이들은 고향 땅을 버리고 도시로 떠나가는가? 여기는 일자리가 없다. 그렇다면 농사지으면 될 것이 아닌가?

"농사, 농사 말도 마소. 농사지어 밥은 겨우 먹을 수 있으나 빚만 자꾸자꾸 늘어간다오."

농사를 지어 보지 않은 사람은 농사가 얼마나 힘든지 잘 모른다. 팔다리가 쑤시는 정도는 병도 아니다. 허리가 굽어서 일어날 수도 없다. 그래도 우리 옛 조상들처럼 억지로 농사짓고 살면 될 것이 아닌가? 아니다.

왜냐하면 쌀을 비롯한 모든 농산물이 수입 개방이 되어 우리 농산물이 외국의 것과 가격 면에서 경쟁이 되지 않는다. 국산 농산물의 품질이 조금 낫다고 하더라도 가격이 거의 Double이다. 소비자는 가격이 싼 것을 선택한다. 우리 농산물은 그 가격에 도저히 맞출 수 없다.

그러니 생산원가도 되지 않는 가격으로 내다 팔지 않을 수 없게 되었다. 모든 농산물이 다 그런 것은 아니다. 대표적인 것이 쌀인데, 정부가 지금은 여러 가지 수단을 총동원하여 쌀 가격의 안정을 도모하고 있지만, 장기간으로 보면 이것도 문제이다. 2022년 아직까지는 영 죽을 지경은 아니나, 차츰차츰 멍들어가고 있는 실정이다.

농촌아가씨는 총각들보다 더 예민하다. 시골에서 총각 찾아 결혼할 생각은 아예 하지 않는다. 자기들 엄마가 고생하는 것을 보고 자신은 그 길을 밟지 않으려 하고 있다. 도시에 나가서 공장에 취직하든지 아르바이트를 하더라도 도시생활이 시골생활보다는 낫다고 생각한다.

총각을 찾더라도 도시 나가서 돈벌이 잘하는 직장인을 찾으려 한다. 이래저래 젊은 사람은 도시로 다 떠나고 농촌에는 늙은 할배 · 할매만 남게 되었다.

이들은 한평생 농사짓고 살면서 온몸이 멍들어 신체가 온전치 않다. 숨만 겨우 쉬면서 세월을 보낼 수밖에 없다. 젊은 사람들은 시골살이가 희망이 없다고 모두 떠나 버렸다. 인력이 부족해서 외국에서 들어온 젊은이들을 고용해서 농사를 지어 그럭저럭 조금 성공한 사례도 있으나, 그런 사례는 '가뭄에 콩 나는 식'이다.

몇 년 내에 농촌인구가 늘어날 가능성은 거의 없고 천천히 빠져나가 농촌은 버려진 텍사스가 될 것이다. 시골 면사무소가 있는 동네에 한참 전성기에는 다방만 다섯 군데가 있었는데 지금은 단 한 군데도 없다. 병원이나 약국은 아예 없고, 농협에서 운영하는 마트만 딱 하나 있고, 짜장면집 하나, 국말이 집 하나가 겨우겨우 버티고 있다. 농촌 살림살이가 이만큼 어렵다는 징표이다.

초등학교·중학교 사정도 매우 심각한 단계에 이르렀다. 매년 신입생이 조금씩 줄어들어 금년에는 초등학교 신입생이 겨우 6명에 지나지 않았다. 어떤 다른 곳의 초등학교에는 신입생이 단 1명도 없어 입학식도 할 수 없다고 알려졌다.

그래도 교장선생님·담임선생님·양호교사·서무주임은 있어야 하니 멀지 않아 교직원 수가 학생 수보다 많은 사태까지 벌어질 수 있다.

학령인구 감소	2000년	2020년	2025년	2030년	2035년
(만 6세~17세)	810.8만 명	547.8만 명	510.0만 명	406.8만 명	322.4만 명

면사무소 소재지 이외의 변두리 학교는 이미 폐교를 했고, 여러 해가 지나도록 어떤 다른 용도로 쓸 수 없어 운동장에 잡초만 무성하고 교실은 그냥 쓰러지게 생겼다. 농촌인구가 계속 줄어들고 있

지만, 인구를 빨아들일 묘책은 별로 없다.

이곳은 시 전체 인구가 10만을 조금 넘겨서 간신히 시(市)로서 유지되고 있는데 만약 시(市)가 군(郡)으로 격하되면 시장 · 부시장을 비롯해서 전체 시청공무원의 직급이 한 단계 떨어지고, 급여도 줄어들게 되고, 중앙으로부터의 지원금도 줄어들게 된다. 이런 사태가 가까운 시일 내에 일어날 가능성은 여러 가지 이유로, 특히 지방민의 거센 항의로 인하여 별로 없지만, 인구를 끌어들일 묘책도 없다.

교육부 통계에 따르면 학급당 학생 수가 30명 이상인 초등학교는 서울 22개, 경기 13개, 대구 11개, 부산 10개, 인천 · 광주 · 경남은 3개, 강원 · 경북은 1곳 합계 73개밖에 없다.

저출산 여파로 줄줄이 폐교하고 문 닫은 학교가 이미 초 · 중 · 고 합계 3,824개나 되고, 앞으로 해마다 폐교해서 2028년에 이르면 현재의 2/3만 겨우 남게 될 것이라고 알려져 있다.

각 지역에서 학교가 문을 닫게 되면 그 지역경제는 크게 후퇴할 것이고 그 지역마저 사라질 우려가 있다.

초등학교 입학생이 매년 3% 정도 줄어들고 있다. 그래서 전체 초등학교 6,120개교 중 약 30%인 1,878개교가 폐교하게 된다. 이미 교육부 기준에는 미달하는 학교가 수없이 많이 있다. 교육부는 각급 학교 통폐합을 권고하고 있으나 지역주민의 강한 반발에 부딪혀 계속 미루고 있는 실정이다.

중학교 · 고등학교는 원래 과목별 담당 선생이 있어야 하지만 학생 수가 줄어드니 교사들이 전공과는 관계없이 여러 과목을 함께 맡고 있는 실정이다.

5 퇴출 위기에 놓인 지방대학

경치 좋고, 공기 좋고, 공해 없는 곳에 자리 잡고 있는 지방대학이 오래전부터 폐교위기에 봉착해 있다. 1995년 대학설립 자유화와 정원의 자율화가 선포되면서, 각 지방자치단체와 지방 유지들은 경쟁적으로 대학 유치에 앞장섰다.

대학 설립에 따라 수천 명의 학생과 많은 교직원이 유입됨에 따라 지방의 모습이 바뀌기 시작했다. 한적한 지역에 번듯한 대학건물이 들어서고 도로가 확장되고, 주변 환경이 새롭게 단장하게 되니 보기도 좋았고, 놀기도 좋았고, 주머니 사정도 좋아졌다.

지방대가 지역경제 활성화에 크게 도움이 되었던 것은 사실이었다. 나이 든 노인과 중늙은이만 있던 동네에 패기 찬 젊은 남녀 학생이 거리를 나다니니 활기가 찼었다.

하지만, 1970년대부터 시작된 인구감소 현상은 학령인구의 감소로 나타나서 대학에도 수요공급의 법칙이 나타났다. 대학의 수와 정원이 대학에 입학하려는 학생 수보다 많게 되니 대학은 정원을 채울 수 없게 되었고 뒤따라 재정위기에 봉착하게 되었다.

이러한 위기를 타개하기 위하여 정부와 대학 당국은 안간힘을 다들이고 있다.

- 지방자치단체는 학교재단에 수억 원씩 보조금을 주기도 했다.
- 수학능력시험을 보지 않아도 입학을 허용했다.
- 대학등록금을 감면해 준다.
- 장학금을 대폭 늘려 준다. 매년 300만 원씩 준다.
- 기숙사를 반값으로 빌려준다.
- Smart phone을 거저 준다 등등
- 지방자치단체 시군에서도 여러 가지 특혜정책을 내놓았다. 얼마나 다급하면 주민등록을 옮기는 학생에게는 포상금도 주기로 하고, 공무원이 대학에 출장해서 주민등록 이전 절차를 받기도 하고 있다.

여러 가지 특혜정책에도 불구하고 그 성과는 별로였다. 입학정원이 미달되니 정원감축에 앞서서 담당교수를 전공과목을 변경하여 강의도 하고, 학생유치를 권고하여 결과가 나타나지 않을 때는 폐과와 동시에 교수를 해직하는 사태까지 나타났다.

한편, 지방경제에도 영향을 끼치기 시작했다. 대학 주변에 그 많던 식당, 카페, 오락장, PC방, 노래방들이 차츰차츰 문을 닫기 시작해서 어떤 지역은 폐허가 된 기분이 들었다.

이와 같은 사태가 발생하게 된 까닭은 두 가지로 크게 나누어 볼 수 있다. 하나는 대학이 일시에 너무 많이 설립되었기 때문이다. 가장 먼저 폐교위기를 맞은 위험군의 대학은 지방시·군에 소재하는 116개교이고 이들 가운데 93개 대학은 사립이고 김영삼 정부 때 급격히 늘어난 53개 대학 가운데 10개교는 이미 폐교되었고, 또 13개 대학은 부실대학으로 지정되어 현재 재정지원을 받고 있다. 정부는 대학구조조정을 촉진하기 위하여 폐교하는 대학에도 재정지원을 하고 있다.

간신히 명맥을 이어 가는 대학은 졸업 후 취업이 쉬운 전공학과 중 간호학과 · 항공학과 · 제빵학과 · 전산학과 · 자동차수리학과·경찰학과·철도학과·방송연예학과 등이 남아 있다.

인구의 자연감소로 학령인구가 줄어드는데 사태의 위기감이 나타나게 된 것이다. 학령인구의 감소는 초등학교부터 나타나고 이어 중학교·고등학교·대학 순으로 나타나고 있다. 인구의 자연감소 현상은 이미 오래전부터 나타났고 이에 따라 그 영향이 대학까지 미치게 된 것이다. 이런 현상이 나타날 것이 예상되었으나 정치적 목적·정치적 이익·지방민의 공명성이 앞서서 오늘의 위기를 자초하게 된 것이다.

현 단계에서 대학의 위기를 타개할 뚜렷한 대응책은 마련하기 어려우나, 현상을 똑바로 보고 최소한의 희생을 치르더라도 특단의 조치가 요망된다.

학령인구가 단시간 내 늘어날 가능성은 거의 없으니 이에 맞게

폐과 내지는 폐교를 대학 스스로 단행해야 할 것이고 정부에 지나치게 기대는 것은 바람직하지 않다.

2022년 정부는 대학 스스로 정원을 감축하도록 권고하고 있다. 1조 1,970억 원을 국가 예산으로 책정하여 대학 스스로 구조조정을 하도록 압박하고 있다.

정원감축대학에는 최대 60억 원을 지원하려고 하나, 얼마나 바람직한 성과를 거둘지 기다려 봐야 할 것이다.

❻ 농어촌을 살리는 길

*** 요약**

① 도시에 넘쳐나는 유휴인력을 농촌으로 유인하여야 한다.
② 세법에 규정되어 있는 '별장'이니 '고급주택'이니 하는 전근대적 용어는 멀리 귀양 보내야 한다.
③ 다주택자 산정에 있어서 농촌(읍·면)에 있는 주택은 크기에 상관없이 제외시켜야 한다.
④ 농업인이 아닌 자도 일정 규모(약 500평) 이하의 농지나 산지도 거추장스러운 제한 없이 매입할 수 있어야 한다.

농촌을 살리고, 국가 경제를 선진국 수준으로 끌어올리려면 안일한 정책 수단으로는 불가능하다. 무언가 생살을 도려내는 혁신적인 방안이 절실히 필요하다.

지난번 나의 저서『부끄러운 나의 인생 수첩』에서 언급한, 농촌에 널널하게 깔려 있는 폐가(특히 집주인과 땅 주인이 다른 경우)를 살릴 수 있는 방안을 나의 짧은 지식을 동원해 법령 초안까지 만들어 소개한 바 있으나 별 진전이 없었다.

이 책에서는 또 다른 농촌 살리기의 방안을 몇 가지를 제안하고자 한다.

세법에는 여러 군데 '별장', '고급주택'이란 용어가 나오는데 이 용어부터 지워야 한다. 하지만, 일반인의 정서는 별장·고급주택을 증오하는 경향이 뿌리 깊게 박혀있다. 이와 같은 사고방식부터 바꿔어야 한다. 우리가 해외여행을 하다 보면 아름다운 호숫가, 바닷가, 산골짜기에 그림과 같은 하얀 집을 많이 보게 된다.

Swiss Geneve 호숫가에는 세계적으로 유명한 연예인·체육인·사업가들이 지어 놓은 아름다운 정원이 딸린 저택들을 많이 볼 수 있다. 입장료를 내고 관광객이 들어간다.

일본에는 우리나라 기준으로 보면 별장이 수없이 많이 지어져 있으나, 그곳을 지나가는 젊은이들은 한결같이 '나도 어서 속히 돈을 많이 벌어 저런 집을 지어야겠다'고 생각하지, 그 집을 놓고 저주의 말을 내뱉지는 않는다. 하지만, 우리나라 사람은 그런 별장을 보면 "어느 놈이 얼마나 도적질을 많이 해서 저런 집을 지었을까, 죽일 놈." 하고 지나간다.

아름다운 별장을 보고 서로 엇갈린 주장을 하고 있으나 어느 쪽이 옳으냐고 판단하기는 어렵다. 이 문제에 대한 답을 찾기 위해 우리는 우리의 생각을 먼 훗날로 돌려야 한다.

특히 정원은 몇 년 사이에 되는 것이 아니라 오랜 시간이 걸려야 한다. 어떤 나무는 100년 이상 지나야 제 모습이 나기도 한다.

이런 집들이 집단적으로 있다면 후세사람들이 볼거리로 찾아오게 될 것이다. 남해에 자리 잡고 있는 '독일마을'을 견주어 보면 어떨까? 그러므로 남이 지어 놓은 아름다운 집과 정원을 두고 헐뜯을 것이 아니라, 부러워하고 나도 열심히 노력해서 저런 집을 하나 지어 보아야 하겠다는 사고의 전환을 가져야 한다.

농어촌이 지금까지는 잘 버티어 왔으나 앞으로 여러 가지 풀기 어려운 문제들이 깔려 있어 급진적으로 황폐화될 우려가 있다.

인구절벽과 인구 고령화에 대해서는 특별한 대책이 없는 것 같다. 출산율이 낮고 젊은이들이 떠나게 되니 농촌인구는 감소하기 마련이고, 의료기술이 발전하고, 생활환경이 좋아지면서 고령화가 급속도로 진행되고 있다.

현재 농어촌에는 일할 곳이 없는 것이 아니라 일할 사람이 없는 것이다. 일할 사람이 없으니 품값은 올라가기 마련이다. 그렇기 때문에 기계화가 불가피하지만, 값비싼 농기구를 장만할 돈이 없으니 비교적 수월한 금융에 의존하게 되어 원금상환과 이자 부담이 가중되고 있다.

이렇게 어려운 환경 속에서 농어촌경제를 살릴 수 있는 딱 부러진 대책을 찾기는 어렵다. 내가 농촌으로 귀향하여 그간 6년 동안 보고 듣고 느낀 것을 바탕으로 하여 농촌을 살릴 수 있는 한 가지 방도를 제안 드리고자 한다.

결론적으로 말씀드리면, 농촌으로 인구 유인책을 세워야 한다는 것이다. 현재 농촌으로 가고자 하는 가상인구는 꽤 많다고 알려져 있다. 1년에 약 50만 명 정도이다. 도시에서 오랫동안 직장생활을 하다가 퇴직한 분도 있고, 사업을 하다가 지쳐서 한가로이 쉬고 있는 사람이 Corona-19 사태 이후 엄청 늘어났고, 앞으로도 계속 늘어날 것으로 예측할 수 있다.

요즈음 TV프로에 〈놀면 뭐 하니?〉가 절찬리에 상영되고 있는데 놀더라도 농촌에 가서 놀면 좀 더 편안하게 살 수 있고, 더러는 사소한 즐거움이나마 찾을 수 있을 것으로 확신한다.

여기 농촌은 공기 좋고, 물 맑고 환경이 좋아서 무엇보다 건강한 생활을 이어 갈 수 있다. 같은 운동을 하더라도 먼지 구덩이 체육관에서 하는 것보다 여기처럼 탁 트인 공간에서 산책을 하거나 뜀박질을 하는 편이 우리의 건강에 훨씬 도움이 된다.

농촌 생활은 즐거움도 있고 불편한 점도 있지만 지혜를 모아 길을 찾으면 쉽게 편안한 길을 찾을 수 있을 것이다.

우리나라는 오랜 옛날부터 농자지천하지대본(農者之天下之大本)이라고 해서 농업을 국가의 기본이념으로 생각하고 그 정책 수단 중의 하나로 경자유전(耕者有田) 농민만이 밭을 가져야 한다는 것을 법률적으로 관습적으로 기속해 놓고 있다.

하지만, 우리나라는 제1차산업인 농어업을 지나서 제2차산업인 제조업을 거쳐 제3차산업인 ITC를 기반으로 하는 자동화 · 전산화 · 시스템화 · 산업화 시대에 이르렀다.

제1차 산업인 농어업의 중요성도 한참 뒤지게 되었고, 경자유전(耕者有田)의 철칙도 합리적으로 변해야 한다. 농민이 아닌 자도 농촌으로 진입할 수 있고 그들이 필요한 주거시설도 가질 수 있어야 한다.

지금처럼 고전적 경자유전(耕者有田)의 원칙을 고집하여 도시인들이 농촌으로 진입하는 기회를 가로막는 장벽을 둘 필요는 없다.

지방세법을 보면 '별장'이니 '고급주택'이니 하면서 고율의 세금(자그마치 일반 세율의 4배나 되는 세금)을 부과하고 있다.

어느 후진국가에서 세법에 이런 규정을 두고 있는지 알 수 없으나 적어도 선진국가에서는 이런 벌칙적 규정이 없는 것으로 알고 있다.

우리나라 세법에 규정되어 있는 별장이나 고급주택의 수준은 외국에 비하면 하꼬방(일어) 수준에 지나지 않는다.

지방세법을 보면 '별장'이라 함은 '늘 주거용으로 사용하지 아니하고 휴양 · 피서놀이 등에 사용하는 건축물과 그 부속토지'라고 규정하고, 그리고 '본인 또는 그 가족이 반드시 사용해야 한다'고 규정하고 있으나, 실제로 큰 도시 주변에 이런 건축물이 헤아릴 수 없을 만큼 많이 있지만, 세무당국이 이에 대하여 고율의 세금을 부과하지 않고 있는 실정이고, 재수 없는 놈만 걸리게 되어 있다. 별장이 아닌 것을 별장이라고 치부하고 있다.

세법은 언제나 선명하여야 하는데 이런 애매한 규정을 두고는 세무당국도 집행하기 어렵다.

실제로 농지나 산지는 투기의 대상이 될 수 없다. 서울을 비롯하여 큰 도시 주변의 농지나 산지는 투기의 대상이 될 수도 있으나 전국의 읍 · 면(面) 단위의 농촌에 있는 농지나 산지는 투기의 대상이 될 수 없다.

도시에서 살고 있던 실수요자만을 가려 농촌으로 유입시킬 수 있다면 농촌을 살릴 수 있는 하나의 확실한 방법일 것이다.

다소 경제적 여력을 가지고 있는 도시의 인구가 농촌으로 유입된다면 농촌을 살리는 데 큰 역할을 할 수 있을 것이다. 예를 들어 60대 한 가구가 귀촌을 하게 되면 그 가구가 농촌에 주는 경제적 유발효과는 기대 이상으로 클 것이라고 단언할 수 있다.

주택을 새로 마련하고, 생활일용품을 구매하고, 전기 · 가스 · 유류비 등 지출을 하고, 교통비를 지급하고, 여가활용을 위한 지출을 하고, 적은 세금이나마 지방에서 납부하게 되면 농촌에는 적지 않는 경제적 도움이 될 것이다.

각 읍 · 면(邑面)에 1년에 20가구만 유입된다고 하더라도 그 경제적 효과는 승수(乘數)적으로 나타날 것이다.

농가 주택은 해가 거듭할수록 가격이 떨어지고 있는 현상이고 투기의 대상도 아닌데 농가 주택을 가지고 있기 때문에 과중한 세 부담을 한다는 것은 잘못되어도 크게 잘못되었다.

시골에서 전원생활을 즐기기 위해서 또는 노후의 건강을 지키기 위해서 Second House 한 채를 가지게 되었는데 이로 인하여 2주택, 3주택자가 되어 과중한 세 부담을 하게 되었다.

정말 어처구니없는 국가정책으로 인하여 농촌 살릴 길을 막고 있는 것이다.

2021년 11월 종합부동산세가 고지되면서 도시에 살면서 농가 주택을 소유하고 있는 자는 종합부동산세금 때문에 농가 주택을 매도하려고 하고, 새로이 농가 주택을 사려고 계획하고 있던 실수요자는 모두 계획을 포기하게 되었다.

종합부동산세가 투기를 억제하는 효과는 얼마나 있는지 알 수 없으나 도시민이 농촌으로 진입하는 길을 가로막는 큰 역성과를 거두고 있다.

시골에 있는 집은 몇 년을 가지고 있어도 값이 올라가지 않는다. 현재 시골에는 빈집이 많이 있다. 팔려고 해도 살 사람이 없다.

현재 시골에는 단 1명의 소비인구가 절실한 상황인데 정부가 부동산 투기를 막는다고 시골집까지 투기대상으로 몰아 어처구니없는 세금을 부과하는 것은 잘못되어도 많이 잘못되었다.

시골에 있는 주택은 값이나 크기에 관계없이 세법에서 주택 수 산정할 때 제외시켜야 한다는 원성이 자자하여 2022년 9월 15일 세법이 개정되어, 공시지가 3억 원 이하의 지방 저가 주택(새로운 용어)은 종합부동산세 주택 수 산정에서 제외되었다. 하지만, 여기에도 너덜너덜 붙어 있는 조건은 앞으로 고쳐야 할 것이다.

7 (초)저출산 · (초)고령화 대책이 없다

인구 감소에 관한 통계자료

총인구(2022년)	51,439,038
인구성장률	-0.14
인구밀도	515.2
합계출산율	0.808 → 0.73(2023년)
평균 가구원 수	2.65명
출생아 수	240,562명
사망자 수	317,680명
고령인구 비율(65세 이상)	18.4%
평균 수명	83.61년 → 84.4년(2023년)
수도권 인구	52%
독거노인 비율	8.5%
1인가구 수	7,165,788(13%)
취업자 수(2022년)	27,808,000명
국제결혼 건수	13,102건
혼인 건수	192,507건
다문화가구 수	385,219(0.7%)
자동차 등록 대수	25,503,078대
입국자	2,242,365명
출국자	2,317,328명
국민연금 바닥 시점	2055년

(2022년 기준, 통계청 자료)

1) 총괄

우리나라는 1970년대까지만 해도 합계출산율이 4.71 명으로써 출산억제책을 써왔다. 그때 정부에서 내놓은 구호를 보면 '내일이면 늦으리, 막아 보자. 인구폭발', '아들딸 구별 말고 둘만 낳아 잘 기르자', '덮어놓고 낳다 보면, 거지꼴 못 면한다'고 외치면서 산아제한을 강조하였고, '무자식이 상팔자'라는 옛말도 있었다.

영국의 경제학자 Malthus는 "인구는 기하급수로 늘어나는데 식량은 산술급수적으로 늘어난다."라고 우리에게 가르쳤다. 인도와 중국의 폭발적인 인구증가를 두고 우려를 표하였다.

우리나라 인구가 2000년대에 들어서면서 차츰차츰 감소하더니, 드디어 2018년부터는 합계출산율이 0.98%로 떨어지면서 비상이 걸렸다.

2021년 출생자는 26만 500명인데 사망자는 31만 7,800명으로서 57,300명의 인구가 줄어든 것이다. 이후 계속해서 출산율이 감소하는 것과 동시에 노령화가 겹치면서 (초)저출산국 그리고 (초)노령화국이 되었다.

우리나라의 최근 인구급감 현상을 두고 인구지진(Age Quake)이 다가올 것이라고 예고하고 있다.

급격히 인구가 감소할 뿐만 아니라 커다란 사회적 혼란이 올 것이라고 경고하고 있다.

우리나라보다 일본은 먼저 뼈아픈 인구급감의 경험을 치렀다. 우리나라의 현 상황은 일본을 모델로 하면 쉽게 이해할 수 있다. 일본 역시 현재진행형이고 인구감소와 함께 인구 고령화로 곤욕을 치르고 있다.

일본의 경험을 통하여 우리의 미래를 예측할 수 있다. 우리나라는 2019년 10월부터 출생자 수가 사망자 수보다 적은 인구 Dead Close 현상이 나타났다.

65세 이상 고령자 비율이 전체 인구의 15%를 넘게 되면 인구고령화 시대로 진입하게 되는 것이고, 20%를 넘으면 (초)고령화 시대가 되는 것이다.

이런 상태가 계속되어 앞으로 10년 후에는 현재 부산 인구 337만 명가량 소멸될 수도 있다고 으름장을 놓은 의견도 있으나, 설마하니 나라가 그 지경까지 가겠냐고 위안을 하고는 있지만 그런 위험이 도사리고 있는 것만은 분명한 사실이다.

2050년부터는 매년 40만~50만 명씩 인구가 사라질 것이라고 예상하고 있다.

2) 실패만 거듭한 정부 대책

정부도 저출산과 고령화가 앞으로 큰 문제라고 인식하고 많은 대책을 내어놓았다. 하지만 어느 것 하나 씨알이 먹히는 대책은 없었다.

정부는 일찍이 2003년부터 저출산 · 고령화 대책위원회를 만들어 놓고, 중앙정부와 각 지방자치단체가 200조 원이 넘는 천문학적 예산을 쏟아붓고 수많은 대책을 내어놓았지만 20년이 지난 지금 시점에서 돌이켜보면 그 성과는 Zero라고 평가하지 않을 수 없다.

정부가 무슨 수작을 해도 인구절벽을 깨뜨릴 수 없다는 것이 입증되었다.

저출산 · 고령화 대책위원회가 설치되어 있다는 사실도 최근 나경원 부위원장이 사직을 하면서 세상에 널리 알려지게 되었다. 그 구성을 보면 위원장은 대통령, 부위원장은 장관급이고 정부 각 부처 장관 7명, 민간위원 17명으로 구성되어 있는데 이 위원회가 그간 무슨 일을 했고 그 성과는 어느 정도인가 하는 것은 알려지지 않고 있다.

부위원장은 비상근직이고, 연봉이 자그마치 1억 6,248만 원이라고 알려졌는데 그간 위원회는 몇 차례 열렸는지 물어보지 않을 수 없다.

부위원장을 비롯하여 정부 측 위원은 당연히 무보수로 해야 할 것인데 무슨 명목으로 연봉 또는 수당을 주었는지 궁금하다.

이 위원회는 즉시 해체하고 처음처럼 보건복지부에 소속되도록 개편되어야 할 것이며 전문가다운 전문가들이 모여야 할 일이다.

초저출산·초고령화로 진입하면서 가장 큰 문제점 중 하나는 국민연금이 고갈되어 가는 속도가 빠르게 진행되고 있다는 것이다. 앞으로 30년 후에는 기금이 완전 바닥이 난다는 것이다.

기존 수혜자들이 연금을 다 받아먹고 나면 지금 자라는 세대들은 부담만 지고 연금은 한 푼 받지 못하는 사태가 벌어질 것 같다. 그렇게 되면 정부가 세금으로 메워 줄 수밖에 없는데 그 세금 역시 지금 자라나는 세대들이 떠맡아야 할 것이다.

그간 정부와 지방자치단체는 헤아릴 수 없을 만큼의 대책을 내놓았다. 신혼부부 집 장만 보조·출산 의료비 지원·출산휴가확대·맞춤형 돌봄확대·보육시설 확충·육아휴가확대·난임의료비지원·청년취업지원·기저귀지원·조제분유지급·사교육비부담경감 등등.

거의 모든 정책이 금전적인 지원인데, 지원대상자는 이를 달갑게 여기지 않는다.

최근 서울 강남구 어느 모퉁이에 출산장려금 200만 원이라고 크게 써서 플래카드를 세워 놓았지만 지나가는 젊은이들은 이를 보고

코웃음을 짓고 지나간다.

통계수치를 보더라도 우리나라 출산율이 계속 떨어지고 있다는 사실이 밝혀지고 있다. 그간의 정부 대책이 별로 먹히지 않았다는 것을 증명하고 있다.

쓰나미처럼 밀려오는 현상이니, 이를 막기도 어려운 것이 사실이다.

인구의 고령화는 그만큼 우리가 잘살게 되었고 의료기술이 그만큼 향상되었다는 점에서 자랑거리일 수는 있어도 부정적으로 바라볼 수는 없는 사항이다.

젊었을 때 노후대책을 잘 세워 놓고 늙어서 남에게 누를 끼쳐서는 안 될 일이다.

하지만, 그것이 내 뜻대로 되지 않는 것이 문제이다. 치매나 암, 뇌졸중, 중풍 등의 불가항력의 중병에 걸리면 나도 괴롭지만 자식에게도 폐를 끼치는 것이고, 나라에도 해를 끼치는 것이다. 노인들이 아파서 그동안 벌어 놓은 돈 모두 까먹는다는 이야기도 종종 들린다.

늙으면 누구나 외롭게 된다. 짝을 잃어버리고 혼자 사는 인구가 전체 인구의 15%쯤 된다고 한다. 한날한시에 태어나지 못하였지만, 죽을 때는 같이 죽었으면 좋으련만, 그럴 확률은 거의 없고 아내보다는 남편이 먼저 죽는 경우가 많아 그나마 다행이다.

100세 시대가 다가오면서 늙은이들이 한껏 걱정하는 것은 건강하게 사는 것이다. 하지만 하나님은 인간을 창조하실 때 그렇게 좋게 만들지는 않았다. 인간은 모두 시름시름 앓다가 끝에는 목숨줄을 놓는 것이 정상이다.

그러므로 젊고 능력이 있을 때 최대한 노후 준비를 해놓는 것이 필수이다.

외로움을 극복할 수 있는 길도 찾아야 할 것이다. 이 또한 남이 대신해 줄 수 있는 일이 아니고, 자기 스스로 슬기로운 방법을 찾아야 한다.

자녀 Risk라든지, 황혼이혼이든지, 가족 또는 이웃과 다투는 일은 절대 피해야 할 일이다.

노인은 옹고집을 부릴 가능성이 높다. 자기만 옳다는 착각에 사로잡힐 수도 있다. 실버 타운, 실버 빌리지는 생지옥이다. 여기만은 피하는 방법도 찾아야 할 것이다.

3) 출산을 기피하는 이유

저출산 인구절벽 대책을 세우려면 먼저 왜 젊은이들이 출산을 포기하는가 그 이유를 먼저 밝히고 나서 대책을 찾아야 할 것이다.

첫째, 출산은 여성의 사회 진출에 걸림돌이다

그 옛날에는 여성이 외부로 나가 일자리를 찾기 몹시 어려웠다. 여성은 결혼해서 밥 짓고, 빨래하고, 아기 낳고, 아기 키우고, 밭일 하고, 남편 돕는 일만 하였다.

결혼 적령기에 이른 처녀는 결혼을 하는 것이 선택이 아니라 필수였다. 결혼하지 않거나, 결혼을 못하고 있는 처녀는 집안에서 천덕꾸러기였다.

여성은 경제적으로 전혀 실권이 없었다. 장사를 해서 부부가 돈을 같이 벌어도 그 돈은 한 푼 남기지 않고 남편 주머니에 들어갔고 남편이 직장에 나가 월급을 받아도 고스란히 남편의 통장에 들어가고 부인은 필요한 돈을 조금씩 얻어 쓰면서도 늘 남편에게 미안함을 감추지 못하였다.

그때 여성 가운데 사회적으로 두각을 나타내는 여사는 극히 드물었다. 박마리아(이기붕 부인) · 박순천(정치인) · 김활란(이화여대 총장) · 이숙종(성신여대 총장) · 임영신(중앙대 총장) · 이태영(정대철 의원 모친) · 모윤숙(시인) · 김자경(성악가) · 이철경(서예가) 등 수많은 여성 가운데 겨우 9명이다.

8.15 해방이 되고 나서 여성의 사회진출이 넓고 많아지면서부터 여성의 목소리가 커지고 그 지위가 향상되었다.

그러나 여성의 활동 범위는 극히 제한되어 있었다. 군대 · 경찰 · 법관 · 정치인 · 고위공무원 · 회사의 중역 자리에는 발을 들여 놓을 수 없었다. 유리천장이 꽉 막히어 있었다.

2000년대 이후 여성의 활약상은 놀라울 정도였다. 대통령 · 장관 · 차관 · 국회의원 · 법관 · 경찰간부 · 시장 · 군수 등 수두룩하고, 3개 사관학교에 여생도가 들어가게 되었다. 전투기 조종사 · 함장 · 전투병과 Two star가 나왔고, 기관차 · 버스 · 택시 운전사가 적지 않게 나왔다.

초등학교에서는 여성 교사가 80% 이상 차지하게 되었고 최근 어느 초등학교에는 남교사가 단 한 명밖에 없는 학교가 나왔다.

이와 같은 사회적 환경 속에서 여성들이 굳이 결혼해서 구속받을 필요가 없다는 생각이 가득하게 되었다.

아기를 낳는다는 것은 남녀 합작품이지만, 아내가 싫다고 하면 남편은 따라가지 않을 수 없고, 여성 전문직업인이 결혼을 마다하면 그 아비, 어미도 말릴 수 없는 것이 현실이다. 결혼을 해도 아내가 출산을 거부하면, 남편은 싫어도 따라가지 않을 수 없다.

출산을 하지 않아 인구가 감소하는 것은 여성만의 책임은 아니나, 여성의 책임도 가볍지 않다는 것을 인식해야 할 것이다.

반반한 직장을 가지고 있는 여성들 대부분 일찌감치 결혼을 포기해 버렸다.

결혼해서 출산을 하게 되면 직장에서 쫓겨나기 일쑤이고 출산휴가를 준다고 하더라도 다시 복직이 된다는 보장도 없고, 직장에서 따돌림받을 수도 있다.

그런 이유로 좋은 직장을 버리고 시집가서 아기 낳고 생고생을 할 필요가 없다는 것이 직장여성들의 보편적 생각이다.

둘째, 육아비와 교육비가 너무 부담스럽다

아이를 출산해서 건강하게 기르고 남부럽지 않게 교육시키고 시집·장가보내려면 그 비용이 엄청나다.

부부가 맞벌이를 하더라도 그 많은 비용을 감당하려면 자기 인생을 완전히 포기해야 할지도 모르겠다.

출산비용도 적지 않으며, 산후조리원 비용도 보통사람이 생각하는 것보다는 엄청나다.

그럭저럭 주워 모아 초등학교에 보내고 나면, 그때부터 본격적인 비용이 들어간다. 명품의상비·과외수업비·체력단련비·특기훈련비가 들어가고, 아파트에서 살려고 하면 아이들도 제각기 독방을 달라고 졸라댄다.

학교가 조금 먼 거리에 있으면 차량으로 통학을 시켜야 한다.

선생님에 대한 봉투는 다행히 자취를 감춘 것 같다.

고등학교를 마치고 대학에 들어가려면, 어머니는 피 말리는 전쟁을 해야 한다. 수업을 마치면 학교 정문 앞에 차를 세워 놓고 아이를 기다리다가 아이들 태워 유명 학원에 보내거나, 따로 개인 선생을 두고 보충 수업을 한다. 이게 모두 돈 덩어리다.

대학 졸업하기 전까지 소요되는 비용을 통계청에서 발표했는데 1자녀 약 2억 원, 2자녀 약 3억 7천만 원, 3자녀 약 4억 2천만 원이 소요된다고 한다.

대학 졸업 후의 비용을 합산하면 가공할 숫자이고 그 아이가 대학을 마치고 결혼을 하려면 억대의 자금이 필요하다.

이런 비용을 웬만한 가정에서 부담하기 힘겹다. 그래서 지금 젊은이는 일찌감치 결혼을 포기하거나, 결혼을 해도 아이를 출산하려고 하지 않는다.

결혼을 하지 않겠다는 생각을 가진 젊은이들의 가장 큰 고민이 여기에 있다.

셋째, 젊은이들의 자녀에 대한 가치관이 180도 다르다

'눈에 넣어도 아프지 않은 내 새끼'라고 하는 말은 옛날 태곳적의 이야기이다.

그 옛날에는 불교사상에 따라 내세(來世)를 믿었고 영혼을 보살펴 줄 도우미는 바로 자식밖에 없다고 생각했다.

자식이 내 영혼을 위해 제사 지내고 추모할 것이라고 믿었고 자식이 없으면 내 영혼이 구천(九泉)에 떠돌아다닌다고 믿었다. 하나의 신앙심이다.

그 신앙심이 신시대에 와서는 완전히 무너져 내렸다. 그 결과 나는 나, 자식은 자식이라는 관념이 뿌리째 깊숙이 박히었다.

그 결과 굳이 자식을 낳아 생고생을 할 필요가 없다는 생각이 굳어져서 결혼을 할 필요가 없고 결혼을 하더라도 자식을 낳지 않으려고 하고 있다.

넷째, 독립해서 나 혼자 사는 것이 편하다

결혼하여 가정을 가지게 되면 사소한 골칫거리가 나를 괴롭힐 우려가 있다.

서로 남녀 성이 다르고, 자라난 환경도 다르고, 성격도 다르니 결혼 전에는 알지 못했던 귀찮은 일들이 소소하게 튀어나온다.

남녀가 처음 만났을 때는 사랑으로 맺어질 수 있으나, 막상 생활 전선에 나서게 되면 크고 작은 사건·사고가 끊임없이 일어난다.

시부모와의 갈등·경제적인 어려움·형제 간의 다툼·남편의 나쁜 버릇·부인의 사치심, 허영심, 사고방식의 차이 등등 이런 문제들을 슬기롭게 해결하기란 요즘 젊은이들에게는 쉬운 일이 아니다. 옛 어른들은 '참을 인(忍)' 자 하나로 모든 일을 해결했지만, 자유분방한 요즘 젊은이들에게는 어려운 일이다.

그런고로 결혼을 일찌감치 포기하게 된다. 특히 여성들은 이런

SOLO 정신이 가득하다.

다섯째, 짧은 인생 즐기고 살자

옛 어른들은 '인생을 즐긴다'는 생각을 아예 가지지 않았다. 태어났으니 힘들더라도 숙명적으로 살아야 한다고 생각했으나 요즘 젊은이들은 하루를 살더라도 즐기면서 살려고 한다. 내일을 걱정하지 않는다. 그만큼 풍족해졌기 때문이다.

요즈음 TV를 보면 트로트 공연이 인기 절정이다. 그 옛날과는 수준이 달라졌다. 화려한 조명 · 뛰어난 영상 · 발랄한 연출 오감(五感)을 만족시켜 준다.

여기에 모여든 관객은 대부분 여성이고 한창 신날 때는 정신 줄이 어디로 빠져나간 것처럼 보인다. TV 시청자들도 마찬가지다. 어른 · 아이 할 것 없이 모두 그 시간을 기다리고 TV 앞에 모여들어 출연자와 함께 즐기고 춤추고 있다. 어린이도 덩달아 신바람이 난다.

이렇게 즐거운 것을 결혼이라는 울타리에 갇혀 포기하고 싶지 않다. 혼자서 인생을 마음껏 즐기겠다는 것이다.

갖가지 취미 생활도 마찬가지다. 남자들은 저들끼리 등산 · 낚시 · 여행 · 바둑 등 즐길 시간이 부족하다.

여자들도 친구 만나 재잘거리고, 백화점에 가서 아이쇼핑하고, 미장원에 가서 모양도 내고 카페 가서 커피도 마시고 친구랑 여행도 가고 즐기고 놀 시간도 바쁜데 결혼해서 인생을 헛되게 보내고 싶지 않다는 생각이 보편화되어 가고 있다.

내가 벌어 내가 쓰기도 모자라는데 자식들에게 나누어 줄 몫이 없다. 그래서 결혼을 일찌감치 포기해 버렸다.

여섯째, 딩크(DINK)족의 탄생

두 사람이 결혼해서 부부생활을 정상적으로 하지만, 아이를 갖지 않겠다는 맞벌이 부부를 가리켜 딩크족이라고 한다. 영어로 'Double Income No Kids'의 앞 글자를 따서 딩크족이라고 일컫는다.

딩크족에는 자발적 유형과 비자발적인 유형의 두 가지가 있다. 자발적 유형은 결혼하기 전부터 쌍방이 합의하여 결혼 후 출산을 하지 않고, 아이 없이 인생을 즐기면서 살자는 유형이고, 비자발적 유형은 결혼할 때는 아이를 낳아 기르자고 약속을 했으나, 여러 가지 사정이 있어 아이 낳기를 차일피일 미루다가 보니 차츰 아이를 낳아서 기를 자신이 없어져 사후적으로 출산을 포기한 유형이다.

IMF사태 · Corona-19 사태로 딩크족이 많이 생겨났다. 코로나는 쉬 끝나지 않을 것 같이 보이는데 만혼의 젊은이들이 때를 놓칠 가능성이 다분히 있다.

딩크족은 대부분 맞벌이 부부인데, 아기를 낳지 않겠다는 사유는 직장을 잃을 우려가 있기 때문이다. 부부가 같이 돈을 벌어 따로 주머니를 차고, 여차하면 헤어질 우려가 다분히 있다.

'아(兒) 놓으라'고 부모님들이 안달을 해도 소용이 없다. 지금 세대 젊은이는 영리하고 합리적이기 때문에 좀처럼 자기 의견을 굽히지 않는다.

다른 친척이 재촉을 하면 오히려 되묻는다. 왜 결혼을 해야 하고 아기를 낳아야 하냐고 되묻는다. 더 이상 참견할 수가 없다.

내 인생을 내가 살지 누가 대신 살아 줄 수 없다. 잘되거나 못되거나 본인의 선택에 따를 수밖에 없다.

Feminism이 정당한 시대적 흐름이라고 할 수는 있으나, 지나친 Feminism이 인구의 감소에 적지 않은 영향을 끼치고 있다는 사실은 분명하다.

4) 새로운 대책

한때 우리나라 총인구는 5천 100만 명이었다. 선진국의 대열에 끼려면 1억 정도의 인구가 있어야 한다고 생각하였으나, 오히려 감소하는 추세이다.

어떤 분은 우리나라가 100년 후에는 지구상에서 사라질 염려가 있다고 걱정하기도 하는데 인구가 우리나라보다 적은 나라도 수없이 많이 있고 인구가 감소하더라도 일시에 감소하는 것이 아니므로 그간 이에 대한 적절한 대책을 찾으면 될 것 같다.

첫째로, 인구의 수도권 집중을 막고 지방으로 분산시켜야 한다. 이는 국토의 효율적 이용을 위한 방편이기도 하고, 소득의 격차를 줄일 수 있는 방편이기도 하고, 친환경 정책일 수도 있고, 부차적으로 인구감소를 막을 수 있는 대책이기도 하다. 총인구 54%(1,750만 명)가 수도권에 집중되어 있는 나라는 대한민국밖에는 없다. 인구가 지방으로 분산되면 지방경제를 살리게 되고 적절한 인프라가 구축되고 폐교 위기에 빠진 '초등학교 → 중학교 → 고등학교 → 대학교'도 살릴 수 있는 계기가 될 수 있다.

인구가 지방으로 이동하게 되면, 도시에서 걱정하던 생활비 · 교육비 · 유흥비도 대폭 줄일 수 있으며 건전한 사회생활을 할 수 있으므로 출산에 따른 부담도 대폭 줄일 수 있을 것이다.

모범적인 다른 선진국을 보면 모두 국토를 효율적으로 이용하고 있다. 어느 외국을 보더라도 생산공장 시설이 수도권에 집중되어 있는 나라는 없다.

예를 들어 스위스의 롤렉스 시계는 정밀 공업 · 화학 약품 생산 공장은 모두 지방 곳곳에 흩어져 있고, 제네바 · 베른 등 도심에는 조립하여 판매하는 시설만 갖추어져 있다.

정부는 2012년에 충청북도와 충청남도 사이에 세종특별자치시를 건설하여 정부 중앙부처와 외청을 이쪽으로 이전시켜 수도권의 인구집중을 막으려고 솔선수범하였다.

당초 수도를 이곳으로 옮기려는 계획은 대법원의 판결에 막히어 무산되고 대신 행정복합도시를 건설하게 되었다.

수도권에 있던 중앙행정기관이 순차적으로 세종시로 옮겨 갔다. 2012년에는 국무총리실 · 기획재정부 · 공정거래위원회 · 농림수산식품부 · 국토해양부 · 환경부가 옮겨가고, 2013년에는 교육과학기술부 · 문화체육관광부 · 지식경제부 · 보건복지부 · 고용노동부 · 국가보훈처가 옮겨가고, 2014년에는 법제처 · 국민권익위원회 · 국세청 · 조세심판원 · 소방방재청, 2015년에는 대통령기록관 등 16개의 중앙행정기관과 20개의 소속 기관이 옮겨가고, 외교부 · 국방부 · 법무부 · 행정자치부 그리고 대통령실만 서울에 남아 있게 되었다.

그러나 정부중앙부처가 지방으로 이전하게 된 것은 수도권 인구집중 해소책의 하나로서 바람직한 업적이라고는 할 수 있지만, 단기간에 이에 따른 실적이 효과적으로 나타나기는 어렵다.

각 중앙부처 껍데기는 다 옮겨갔으나 알맹이는 모두 서울에 그래도 남아 있다.

당초 세종시로의 이동 목적은 서울 인구의 집중을 완화하고자 하는 데 있었으나, 현실은 그리 녹록하지 않았다.

공무원은 옮겨갔는데 그 가족과 가정은 쉽게 옮겨갈 수 없는 형편이다. 대부분 학교에 다니는 자녀를 두고 있는데, 이들은 한꺼번에 전학을 시킬 수 있겠는가? 전혀 전학할 의사가 없다. 그 결과 이산가족이 생겨났다. 기러기엄마가 생겨났다.

미혼 남녀를 제외하고 가족이 있는 가장 공무원은 세종시로 가서 하숙을 하거나 홀아비 신체를 면하기 어렵게 되었다. 그래서 세종시의 아파트 시세는 끊임없이 치닫고 있다.

주말이면 금요일 오후부터 서울로 향하는 공무원이 수두룩하다. 월요일 새벽에는 다시 세종으로 가야 한다. 대통령만 서울에 남아 있으니 장관 등 고위 공직자는 1주일에 몇 차례씩 서울로 올라가야 하고 국회가 서울에 남아 있으니 국회 개회 중에는 공무원이 수시로 국회에 출석해야 한다. 여기에 따르는 개인적 부담·재정적 부담도 막중하다.

공기업의 지방 이전도 정부 부처 이동과 거의 마찬가지이다. 다만 공기업은 유발효과가 있으므로 정부 부처보다는 훨씬 효과적이다.

인구 감소는 도시나 지방이나 다 마찬가지지만, 수도권의 인구가 지방으로 이전하게 되면 경제적 사회적 부수 효과가 나타나 현재의 인구를 지탱시킬 수 있는 동력이 될 것으로 보인다.

둘째로, 인구감소대책으로 移民을 적극적으로 받아들이면 어떨까? 더도 말고 덜도 말고 매년 인구 줄어드는 만큼 동남아 지역에 있는 국가로부터 이민을 받으면 될 것 같다. '세계는 하나로!'라는 구호가 있다. 2021년 현재 다문화 가족이 총 385,219명(총인구의 약 0.7%)이 있는데 매년 감소되는 인구 5만 명(약 0.1%)을 감안해서 이민을 적절히 받아들인다면 인구 감소를 심각하게 근심할 필요가 없을 것 같다.

우리 국민은 예로부터 다른 민족을 혐오 내지 경계 대상으로 삼고 배척을 하였다. 우리 국민은 일본 사람은 쪽발이라 부르고 중국 사람은 짱꼴라 또는 때놈이라고 부르고 서양인은 코쟁이라고 비하해서 불렀다.

그러나 지금은 글로벌 시대이다. 외국 특히 이웃 나라가 없으면 우리도 살아남을 수 없다.

월남(베트남)의 예를 들면 1960년대 우리는 미국의 요청을 받아 월남의 베트콩과 싸워 이기지도 못하고 철수를 하였으나 그 후 그들과 화친하여 지금은 서로 '형제의 나라'라고 칭할 만큼 가까운 이웃이 되었다.

2022년 베트남에는 우리 동포가 20여만 명이 살고 있고 베트남으로의 수출액은 609억 불이고 수입액은 267억 불로써 342억 불의 무역흑자를 내놓고 있다.

우리나라는 14년 만에 처음으로 무역적자를 냈는데 베트남의 무역흑자가 우리의 무역적자를 줄이는 데 큰 공헌을 하였다.

베트남은 2022년 경제성장률이 8.2%에 달하였고 우리나라는 베트남에 현재까지 776억 불을 투자하고 있다.

베트남은 아직까지 공산국가체제를 그대로 유지하고 있으나, 우리나라와 인적 · 물적 교류에 있어서는 전혀 불편함이 없다. 상호 간에 지난날의 아픔을 씻고 1992년 수교를 다시 맺으면서 실속 있는 국가 간의 우정을 나누고 있다.

베트남에서 시집온 꽁까이가 한 마을에 40명이나 되는 곳도 있다. 이들은 자조 모임을 수시로 가지면서 베트남 음식을 만들며 즐거운 시간을 보내고 있다.

글로벌 시대에 가족의 국적은 따져서 뭣하나~

한국 신랑과 결혼해서 한국말 배우고 한글 배우고 아기 낳고 살면 무슨 티가 나나!

인구 절벽을 걱정할 필요가 전혀 없다. 다문화 가족 처녀와 결혼해서 아들 · 딸 낳고 살면 모두 Korean이다.

내가 살고 있는 이웃에도 월남에서 시집온 가족이 셋이나 있다. 하나는 시집와서 사내아이 둘을 낳아 초등학교 6학년 · 4학년이고 매일 자전거 타고 거리를 누비고, 마당에서 축구 놀이를 하고 있다. 월남에서 온 부인은 매일 자가용 타고 직장에 나가 일하고 늦게 집에 온다. 남편은 토목 일을 하고 있는데 둘이 같이 벌어 재미있게 살고 있다.

다른 또 한 가정은 할아버지 · 할머니가 계시고 신랑과 함께 복숭아 농사를 일구고 있는데 금년에 월남 며느리가 아들 하나를 낳아 할아버지 · 할머니가 손자 재롱떠는데 넋이 나가 있다. 결혼 2년 차인데 재미있게 살고 있다. 요즈음 그 아기 엄마는 운전 교습도 받고 있다.

글로벌 시대에 외국 신부를 맞아 아들딸 낳고 살게 되면 우리나라 인구는 2+α가 된다. 그들의 자녀를 두고 '튀기'라고 놀리는 경우도 있으나 그 아이들은 분명 대한민국 국민이다. 동남아 지역에서 건너온 이민자의 자녀는 다행스럽게도 우리와 모습이 거의 비슷하니 섞이어 살면 티가 나지 않는다.

2022년 현재 다문화 가구가 38만 명이 넘었는데 이들이 평균 2명의 아들 · 딸을 낳으면 76만 명의 인구가 늘어나는 꼴이다.

물론 다문화가정에도 어려운 점이 많이 있으나, 그중 제일 힘든 일은 언어가 달라 소통이 잘 안 되고 있다는 점이다. 우리 문자는 쉽게 익힐 수 있는데 우리말은 어려워 배우기 쉽지 않다. 이들에게 언어장벽을 깨고 서로 쉽게 소통할 수 있는 기회를 마련해 주어야 할 것이다. 일부 지역에서는 언어 학습소를 만들어 가르치고 있다고 한다.

또 다른 어려움은 취업하기 어렵다는 것이다. 현재까지는 대부분 3D(Difficult · Dirty · Dangerous) 직종에 종사하고 있는데 전문적이고 안정적인 직종을 찾을 수 있도록 길을 열어 주어야 할 것이다.

외국으로부터 미리 전문적이고 기술적인 직종에 필요한 지식을 가지고 왔으면 좋겠다.

우리나라에서도 '튀기'에 대한 거부감 · 위화감이 없어져야 하고 미국이나 필리핀처럼 '튀기'가 자랑이라고 내세울 수 있으면 더욱 좋겠다.

아래는 젊은 남녀들에게 보내는 편지글이다.

짝 잃은 처녀 · 총각에게 보내는 편지

자식은 키우기 다소 힘들더라도, 늙으면 자식밖에 기댈 곳이 없다는 말을 꼭 씹어 봐야 할 조언이다.
40살이 넘도록 시집, 장가가지 않는 젊은이들이나 시집 장가가서도 자식을 낳지 않겠다고 하는 못난이(딩크족)들이나 20년 후에는 기필코 뼈아픈 후회와 외로움을 맛보게 될 것이다.
늙어서 자식들로부터 경제적 도움을 받자는 것이 아니고 병들었을 때 간병해 달라는 것이 아니다.
자식을 먼 발치에 놓아두어도 늘 그립고 자랑스럽고 사랑스럽다.
자주 만나지 못하더라도 (자식의) 존재만으로도 만족스럽다. 자식들이 마음의 위로가 되고, 삶의 버팀목이 된다. 더욱이 딸들은 늙어 죽을 때까지 엄마의 길동무가 된다. 미워도 내 딸이고 고와도 내 딸이다.

출산장려책이라고 내놓는 국가 시책은 어느 하나도 마음에 다가오지 않는다. 모두 쓰잘머리 없는 말장난에 지나지 않는다. 면피용인 것 같다.

이런 헛수작을 할 바에는 젊은이에게 참교육을 시키는 것이 효과적일 것이다.

늙어서 돈만 많이 가지고 있다고 해서 그 외로움을 달랠 수 없다. 아파트에서 혼자 살던 노친네가 돌아가신 지 상당 시일이 지났음에도 불구하고 아무도 모르고 있었다는 뉴스가 나올 때마다 섬뜩한 생각이 든다. 앞으로 100세 시대가 돌아오면 이런 사고는 수없이 나올 것 같다.

그 노친네가 바로 '너'라는 생각도 하지 않을 수 없다.

늦게나마 결혼해서 자식 하나 낳았으면 이런 변고는 겪지 않아도 될 일이다.

아이 낳아 기르는 것이 '보험'에 든 것과 같은 결실을 가져올 수도 있다고 생각할 수는 없는가.

젊은이들이 자식을 낳지 않겠다는 이유도 충분히 이해할 수 있으나, 막상 자식을 낳아 키워 보면 그 어떤 보배와도 바꿀 수 없다고 알게 될 것이고, 내 목숨과도 바꿀 수 있다는 것을 인정하게 될 것이다.

8 우리의 짧은 정치사 요약

무슨 조그마한 나라에서 남북으로 나뉘어 싸우는 것도 서러운데, 이제는 동서로 나뉘어 너는 전라도 나는 경상도로 나뉘어 다시는 안 볼 원수처럼 싸우고 있다. 빼박이다.

이조 500년 동안 친일 · 친명 · 친청 · 친러로 나뉘어 밥그릇을 놓고 목숨 걸고 싸웠지, 그러다가 한번 싸워 보지도 못하고 일본 침략자들에게 나라를 통째로 빼앗겨 36년 동안 가엾은 백성들은 노예살이를 했다.

8.15 해방 덕에 일본군은 자기네 나라로 도망가고 조선이 하나 되어 앞으로 잘살 것이라고 기대했는데 이번에는 색깔 타령으로 남북으로 나뉘어 싸우는 판에 여기에도 외세를 불러들여 같은 민족끼리 싸웠다.

김일성의 야욕으로 전쟁이 일어났지만, 위정자들이 조금이나마 국민들을 돌볼 생각을 했다면 이런 비참한 전쟁은 일어나지도 않았을 것이다.

전쟁은 피투성이 된 채 끝나고 북한에서는 소련군 · 중공군이 물러가고 남한에서는 미군을 제외하고 모든 우방국가 군인들이 자기네 나라로 돌아갔다.

전쟁이 끝나면서 38선은 없어지고 그 자리에 군사분계선이라는 괴물이 만들어지고 철조망을 사이에 두고 오늘에 이르기까지 서로 비방만 하고 있다.

그 후 자유당은 이승만을 앞세우고 부정선거를 저지르고 정권을 차지하려고 했으나, 4.19 혁명이 터져 이승만은 하와이로 떠나고, 이기붕은 경무대에서 가족과 함께 자결을 하였다.

그 후 민주당이 어부지리를 얻어 정권을 잡았으나 거기서도 신파·구파 싸우다가 박정희 장군의 한 방에 모두 날아가 버렸다.

박정희 장군은 목숨 걸고 군사쿠데타를 일으킨 장본인이니, 정치인은 모두 자칫하다가는 비명에 날아갈까 봐 두려워 몸을 도사리고 슬금슬금 기기 시작하였다.

박정희는 교묘한 방법으로 대통령이 되어 잘하는 듯 잘못하는 듯 하면서 영구집권을 하려고 유신헌법을 만들어 자기 비위에 맞지 않으면 거물 정치인이라도 중앙정보부 지하로 끌고 가서 콧수염도 뜯어버리는 작태를 부렸다. '매에는 장사도 없다'는 속담처럼 정치인 모두 설설 기기 시작했다.

박정희 대통령에게도 한계는 있었는지 마지막 날에는 그의 심복이라고 하는 중앙정보부장의 한 방에 조금 일찍 세상을 하직하였다. 김동길 교수가 "한약도 한 재 지어 먹지도 못하고 저승으로 가버렸다."라고 설파하면서 전국을 누비고 다녔다.

자! 이번에는 민주주의가 꽃피우려나 했는데 느닷없이 대머리 장군이 나타나서 사회정화법이라는 것을 내세워 옥석 가리지 않고 마구 삼청교육대로 끌고 가서 지옥훈련을 시켰다.

세월이 흘러가니 이 양반도 힘이 빠져 부산에서부터 일기 시작한 퇴진운동에 무릎을 꿇고 말았고, 뒤를 이어 이번에는 자칭 보통 사람이라는 사람이 바통터치를 했다.

보통 사람은 교묘한 방법으로 적수인 김영삼·김종필을 품 안에 끌어들여 단상 양옆에 자기 부하 세워 놓듯 세워 놓고 3당 합당이란 것을 선언해 버렸다.

그 덕에 순 경상도 양반이 대통령 자리를 차지하게 되었다. 이분은 군대 사조직인 하나회를 해체해 버렸고 금융실명제도 했으나, 이분이 대통령 자리에 앉으면서 남북 간의 소득격차를 줄이는 업적도 남기고, 국민학교를 초등학교로 이름 바꾸는 일도 했고, 중앙청을 옛 일본 총독부 건물이라고 해서 폭파해 버렸다. 업적이라고 할 수 있을까?

그 후 한 분이 전라남도 하의도라고 하는 조그마한 섬에서 태어나 9수가 아니고 4수 끝에 청와대에 입성했다. 나는 이분을 많이 존경하였으나, 어느 날 노태우로부터 거금 40억 원을 정치자금으로 비밀리에 받았다고 실토하는 것을 듣고 그날부터 나의 존경심은 멀리 날아가 버렸다. 광주의 원혼들이 어떻게 생각할까. 그래도 잘~

하셨다고 할까.

이분 다음으로 '의리의 사나이' 노무현이 혜성처럼 나타나 자기는 영호남을 아우르는 대통령이 될 것이라고 열변을 토해 국민들의 열렬한 지지를 받고 드디어 대권을 잡고 여러 가지 업적을 남기고 고향으로 내려갔다. 하지만 불행을 끌어안고 잠들게 되었다.

이분 다음으로 이명박 대통령, 박근혜 대통령 두 분이 있었지만 할 말을 잃어버려 여기서는 언급을 회피한다.

이분 뒤로 문재인 대통령이 국민의 큰 지지를 받고 대권을 차지하였다. 이분은 법을 지키고 민주주의를 사수하겠다는 紳士인 것은 틀림없으나, 임기 초반에는 트럼프에게 끌려다니고 언론에 끝없이 시달리고 있다가 임기 후반에는 자기가 임명한 검찰총장에게 뒤흔들리기도 했다. 조국을 탈탈 털 때부터 알아차렸어야 하는데 미적미적하다가 "윤석열 총장은 문 정부의 검찰총장"이라고 말할 때 내 귀에는 항복의 소리로 들렸다. 드디어 그 검찰총장이 대권을 움켜쥐게 되었다. 앞으로 어떻게 변할까 걱정일 뿐이다.

낡은 정치에 길들여 있는 정치인은 머리를 세탁하기 어렵다. 어서 속히 참신하고 용기 있고 지혜로운 젊은이들이 정치 일선에 나와서 자신의 명예와 조국의 발전을 위하여 헌신하기를 바랄 뿐이다.

일본 사무라이(이들은 깡패가 아니다. 나라를 위해 몸 바친 사람들이다) 정신을 본받아야 한다.

젊은이들이 마음껏 뛰고 날 수 있도록 꼰대(나도 한참 지난 꼰대이지만)들은 서슴지 말고 길을 비켜 주어야 한다.

꼰대 정치인은 미련 없이 떠나야 할 때이다. 여야를 막론하고 지금처럼 국민을 피곤하게 하고 괴롭힐 때는 없었다. 최근에 이르러 더할 나위 없이 실망스럽다. 너와 나도 변해야 하고 나라도 변해야 한다.

Global 시대에 전 세계를 한번 훑어봐라! 지구상에 어느 나라가 지금 좌니 우니 하고 싸우고 있는지. 미·중 간의 다툼은 좌우 대립이 아니고 밥그릇 다툼이다. 세계 제2차대전 때에는 좌가 있었고 우가 있었지만, 지금은 그 유산이 조금 남아 있을 뿐 피차 간에 별로 다를 바 없다. 역사는 언제나 옳은 방향으로 끌려가게 되어 있다.

정치인은 무슨 수를 써서라도 권력을 잡으려고 한다. 나라가 산으로 가든지 국민이 바다로 가든지 그거는 내 알 바가 아니다. 나는 대통령이 되어야 하고, 국회의원이 되어야 하고, 하다못해 시장·군수라도 되어야 한다.

이 좋은 세상(옛날 왕실보다 더 좋은 세상)에서 꼭 대통령 되어야 하고, 국회의원 되어야 하고, 시장, 군수가 되어야 하나.

헛되고 헛된 수작이고 모두 물거품에 지나지 않고 뜬구름에 지나지 않는다는 것을 일찌감치 깨우쳐야 한다. 그런 감투를 헌신짝같이 버릴 수 있는 용기가 자기도 살고 가족도 살고 이웃도 살고 나라도 사는 길이라는 것을 명심하길 바랄 뿐이다.

끝맺음

『집현전 학사들이 만든 훈민정음』의 긴 장정이 끝났다. 그간 역사 자료를 찾아 나의 온갖 지혜를 총동원하여 역사의 진실을 밝혀 보려고 고심하였다.

이씨 조선이 멸망하는 과정을 새로이 밝히면서 우리는 다시 잘못된 길을 가지 않아야 되겠다고 생각했다. 물론 그때는 전제군주 시대였고, 지금은 자유민주사회기 때문에 어느 누구도 지난날의 잘못을 되풀이할 수는 없을 것이다.

하지만, 그때는 없었던 악(惡)이 새로이 생긴 것도 부지기수(不知其數)다. 6.25 전쟁을 거치면서 우리는 경제적으로 너무 어렵게 살았다. 하루 세끼를 찾아 먹지 못하였고, 거지가 우글거렸고, 겨울에 양말 한 켤레가 없어 맨발로 나다녔고, 배우지 못하여 문맹자가 70%를 넘었고, 100리 길도 걸어서 다녔고, 뙤약볕에 밭에 나가 일하다가 일사병으로 쓰러지기도 하였다.

지금 우리의 생활은 그 옛날 임금님보다 낫다. 아파트에서 살면서 여름엔 에어컨, 겨울엔 난방에다가 자가용으로 나들이를 하고,

Smart Phone · TV 등을 가지고 있고, 좀 더 경제적 여유가 있는 사람은 수시로 해외여행을 하고, 남녀 할 것 없이 골프를 즐기기도 한다.

그럼에도 불구하고 우리의 불평 · 불만은 그 옛날과 비교가 되지 않는다.

행복하지가 않다.

왜일까? 머릿속이 복잡하게 엉켜 있기 때문이다.

Happiness = Materials/Desire

행복이란 것은 물질을 욕구로 나눈 수치이다. 아무리 물질(돈 · 재산)이 많더라도 욕구(욕심)가 많으면 행복하지 않게 된다. 반대로 가지고 있는 물질이 적어도 욕심이 적으면 행복하게 되는 것이다.

오늘날 우리는 너무 물욕(物慾)이 많은 것이 탈이다. 손안에 가득 쥐고도 더 먹으려고 허덕이고, 권력도 웬만큼 가지고 있으면서도 더 큰 권력을 가지려고 악을 쓴다.

우리의 하루하루가 어렵더라도 마음 편히 근심, 걱정 다 버리고 마음을 비우고 살면 어떨까? Solomon의 말처럼 세상의 부귀영화는 "헛되고 헛되도다. 모든 것이 헛되고 헛되도다."라는 것을 우리는 깊이 깨달아야 할 것이다.

나의 간절한 기도

하나님 · 석가모니 · 알라신 모든 신이시여!

나에게 축복 주시옵소서

우리 가족에게 축복 주시옵소서

나의 친지에게 축복 주시옵소서

우리나라 모든 백성에게 축복 주시옵소서

북한에 계신 동포들에게 축복 주시옵소서

5대양 7대주에 있는 모든 인간에게 축복 주시옵소서

먼저 하늘나라로 간 영령들에게 축복 주시옵소서

사람에게 해를 끼치는 모든 병균들에게

저주의 봇물을 부어 주시옵소서

-아멘

집현전 학사들이 만든 훈민정음

초판 1쇄 발행 2023년 7월 26일

지은이 이철희
펴낸이 이기봉
편집 좋은땅 편집팀
펴낸곳 도서출판 좋은땅
주소 서울특별시 마포구 양화로12길 26 지월드빌딩 (서교동 395-7)
전화 02)374-8616~7
팩스 02)374-8614
이메일 gworldbook@naver.com
홈페이지 www.g-world.co.kr

ISBN 979-11-388-2128-5 (03910)

• 가격은 뒤표지에 있습니다.

• 파본은 구입하신 서점에서 교환해 드립니다.